왕의 재정 2

빛의 굴레에서 벗어나 성부의 삶을 살다

# 왕의 재정 2

김미진 지음 • 홍성건 감수

NCMN · 규장

· 일러두기
본문에 인용된 성경(개역개정, 쉬운성경, 표준새번역, 현대인의 성경)의 경우, 저자가 임의로 문장 부호를 삽입했음.
이 책에 실명 및 가명으로 실린 간증은 본인의 동의를 얻어 수록했음.

# 한국교회 부흥의 열쇠는
# 재정에 있다

### 돈에 대한 성경적 이해가 반드시 필요한 이유

사람들은 "돈이 많다"는 걸 "돈이 많으니 부자다"라고 오해한다. 그리고 "돈이 많으니 부자이고, 그러므로 행복하다"라는 공식을 대입한다. 마찬가지로 "돈이 없으니 가난하고, 그러므로 불행하다"라고 말한다. 하지만 이것은 돈을 잘 알지 못하는 사람들의 말이다.

사실 어떤 사람은 돈이 많아도 불행하고, 어떤 사람은 돈이 없어도 행복하다. 돈이 사람의 행복과 불행을 결정하는 게 아니기 때문이다. 그런데 이런 공식이 사람들을 어렵게 만든다.

맘몬의 강력한 영향력이 돈에 대한 잘못된 이해를 우리 안에 심는다. 그래서 돈 자체에 가치를 부여하여 돈을 따라가게 하고, 돈을 따라가는 사람들의 삶을 파괴로 이끈다.

결국 다음과 같은 공식이 나온다.

돈이 많다=부자다=행복하다
돈이 없다=가난하다=불행하다

이런 공식이 사람들로 하여금 돈의 유혹을 쉽게 받고, 돈을 따라가게 만든다. 그러나 돈을 명확히 이해하면 '돈을 사랑하지 않고 하나님을 사랑하는 삶'을 산다. 하나님 자체를 사랑하고, 돈을 다룰 줄 알게 된다. 이 책을 통해 누가 행복한 사람인가, 누가 부자인가, 누가 행복하지 않은 사람인가, 누가 가난한 사람인가를 살피고 돈의 올바른 기능과 가치를 알아가길 바란다.


## 하나님을 섬길 것인가, 맘몬을 섬길 것인가?

한 사람이 두 주인을 섬기지 못할 것이니 혹 이를 미워하고 저를 사랑하거나 혹 이를 중히 여기고 저를 경히 여김이라 너희가 하나님과 재물을 겸하여 섬기지 못하느니라 마 6:24

여기서 '재물'은 아람어로 '맘몬'(Mammon)이다. 맘몬은 가나안 땅에 존재하던 고대 근동의 우상 중 하나였다. 특별히 재물을 다루는 신적인 존재다. 맘몬 자체가 신이다. 맘몬이 하나님의 자리에 대신 앉고자 한다. 얼마나 놀라운가!
맘몬은 사람들이 재물을 오해하게 만든다. 그리고 자기 영향력 안으로 끌어들여 그들이 하나님께 쓰임 받지 못하게 한다. 강한 맘몬의 영향력 아래 돈을 사랑하고, 돈을 따라 살도록 만들어버린다. 그래서 재물을 올바르게 다루기 위해 강력한 맘몬의 영을 끊고 대적하는 법을 반드시 배워야 한다.

하나님은 우리를 쓰기 원하셔서 각 사람에게 재물을 맡기셨다. 어떤 사람에게는 10억을, 어떤 사람에게는 1억을 맡기셨다. 또 어떤 사람에게는 천만 원을, 어떤 사람에게는 만 원을 맡기셨다.

재물에는 가치가 통용되는 화폐뿐 아니라 물건도 포함된다. 그러므로 내 옷, 시계, 신발, 차, 집 등도 포함된다. 하나님은 내가 소유한 재물을 통해 나를 테스트하신다. 우리는 자격시험을 보고 있음을 늘 기억해야 한다.

예를 들어, 하나님이 1억을 맡기셨는데 10억을 남기면 "충성되다"라고 말씀하신다. 그러나 1억을 갖고 벌벌 떨며 아무것도 하지 않고 그대로 갖고 오면 "악하고 게으르다"라고 하신다. 하나님은 우리가 1억으로 장사해서 배가하기를 바라신다. 누가복음 19장과 마태복음 25장에서 주님은 명백히 말씀하신다.

## 맘몬이 우리로 빚지게 한다

사역 초기에 김미진 간사와 부산 지역의 연합집회에 갔을 때였다. 30여 명의 목사님을 포함해서 300여 명이 참석한 집회에서 이틀간 종일 강의를 했다. 나는 강의를 하며 빚에 대해 아주 강하게 말했다. 성경이 빚지는 걸 어떻게 말씀하는지 명확하게 설명하며 좀더 부연해서 말했다.

"저는 평생 10원도 빚을 져본 적이 없습니다."

그러자 김미진 간사가 자리에서 일어나 강단 앞으로 와서 말했다.

"아니, 목사님, 그렇게 말씀하시면 성도들에게 은혜가 됩니까? 대부분 빚을 지고 있는데요."

"아니, 간사님, 여기 있는 분들이 얼마나 빚졌다고 그렇게 말씀하세요?"

"목사님, 이분들이 얼마나 빚졌다고 생각하세요?"

"아무리 많아도 30퍼센트 정도밖에 안 될 겁니다."

"아니요, 대부분입니다."

내가 청중 앞에서 "간사님, 여기 있는 분들을 과소평가하지 마세요"라고 하자 김미진 간사가 말했다.

"여러분, 다 눈을 감아보세요. 목사님도 감으세요. 그리고 빚진 사람, 당장 카드 빚을 갚을 형편이 안 되는 사람까지 포함해서 손 한번 들어보세요. 조금이라도 빚이 있는 사람은 손을 높이 들어보세요."

그리고 이어서 말했다.

"목사님만 눈 떠보세요."

나는 그날 큰 충격을 받았다. 내 눈을 의심했다. 100퍼센트가 손을 들고 있었다(그날 이후 나는 세상을 새롭게 이해하게 되었다).

이어서 김미진 간사가 청중에게 말했다.

"여러분, 저는 사업을 하다가 파산하여 큰 빚을 졌습니다. 제 모든 소유를 다 팔아서 갚고도 못 갚은 빚이 50억이었어요. 날마다 빚쟁이들에게 시달렸습니다. 너무 힘들어서 두 번이나 죽으려고 시도했습니다. 절망적인 날들을 보냈지요. 어느 날, 남편이 홍성건 목사님의 재정 강의 테이프를 줬습니다. 재정에 대한 성경적 기반의 내용이었어요. 저는 절박한 심정으로 그 말씀을 따라 살기 시작했습니다. 그리고 놀랍게도 4년 반 만에 50억의 빚을 다 갚았습니다. 하나님의 말씀을 따라 살 때, 그 말씀이 그대로 제 삶에서 경험되었습니다!"

그 순간, 나는 청중을 바라보았다. 그들은 순식간에 줄을 바꿔 섰다. 홍성건에게서 김미진에게로. 내게 비친 그들의 심정은 마치 다음과 같았다.

'빚져 본 적이 없는, 그리고 목사인 홍성건이 어찌 우리 심정을 알랴! 저리 빚져서 큰 곤욕을 치르고, 또한 말씀에 순종하여 살아서 큰 빚을 다 갚은 김미진 간사야말로 우리의 심정을 잘 알 거야.'

그날 이후로 내게는 재정 강의 요청이 별로 없었고, 김미진 간사에게만 요청이 쇄도했다!

한번은 세계 100인의 과학자 중의 한 분인 경건하고 존경받는 장로님을 만났다. 내가 그에게 빚 문제를 말했더니 이렇게 반문했다.

"목사님, 자본주의 사회에서 빚 없이 사업할 수 있습니까?"

나는 강하게 말했다.

"빚지면서 사업하는 건 하나님 말씀의 원칙이 아닙니다."

사실 현실에서는 빚지는 게 매우 심각한 문제다. 그 장로님의 질문은 오늘의 시대에 그리스도인에게 강하게 제기되는 질문이다.

지옥의 왕국에서 마귀는 끊임없이 그의 참모들을 재촉하여 마귀의 왕국이 유지될 수 있는 전략을 내놓으라고 한다. 그러려면 교회와 그리스도인들이 마귀의 왕국에 위협적인 존재가 되지 않을 전략이 필요하다. 마귀의 참모들은 지난 2천 년 동안 여러 가지 전략을 제시했지만 번번이 실패했다. 이때 '맘몬'이라는 참모가 전략을 내놓았다. 가장 인정받는 참모인 맘몬의 전략은 교회와 그리스도인이 빚지게 하는 것이었다. 맘몬이 말했다.

　"제가 성경을 보았는데(귀신들도 성경을 본다. 하지만 순종하지 않을 뿐이다. 약 2:19 참조), 빚지게 하는 게 좋겠습니다. 빚지면 채주의 종이 됩니다. 잠언 22장 7절에, '빚진 자는 채주의 종이 되느니라'라고 했습니다. 빚지면 예수 그리스도의 종이 될 수 없고, 우리의 왕국에 위협적인 존재도 될 수 없습니다. 그러니 그리스도인들이 빚지게 합시다."

　마귀가 화를 냈다.

　"야! 그게 말이 되냐? 성경에 명백하게 기록되어 있는데 통할 것 같으냐?"

　맘몬이 대답했다.

　"제가 한번 시도해보겠습니다. 처음에는 한 명이 빚지게 하겠습니다. 그리고 또 한 명, 또 한 명이 빚지게 하여 빚지는 걸 일반화시키겠습니다."

　이 전략이 통했다. 사람들은 처음에는 빚을 지면서 벌벌 떨었다. 그러나 빚지는 게 점점 일반화되어 "빚 없이 사업할 수 있느냐"라는 질문을 하기에 이르렀다. 이것이 맘몬의 전략이다.

이 시대의 그리스도인과 교회를 살리기 위한 하나님의 명령

어느 교회에서 김미진 간사를 초청했다.

"주일 오후 2시간을 드릴 테니 재정 강의를 해주세요."

"2시간으로는 힘듭니다."

"그러면 몇 시간을 드려야 하나요?"

"최소 하루에 90분 강의를 2번씩, 나흘간 주셔야 할 수 있습니다."

교회 관계자는 깜짝 놀랐다. 무슨 돈 얘기 할 게 그렇게 많냐고. 거기다 '재정 세미나'가 아니라 '재정 부흥회'로 해달라고 하니 더 놀랐다. 교회에서 재정 부흥회를 해본 적이 없기 때문이었다.

부산의 어느 교회에 김미진 간사가 집회하러 갔을 때 수석 장로님이 말했다.

"담임목사님이 못하시는 말씀을 대신하러 오신 거죠?"

김미진 간사가 대답했다.

"장로님, 집회 중에 맨 앞자리에 앉으세요. 그리고 제가 나흘 동안 헌금 얘기를 한 번이라도 하면 제게 말씀하세요."

그 집회 후에 장로님은 김미진 간사의 팬이 되었다고 한다. 이렇게 우리는 교회 집회의 성격을 바꾸고 있다.

지금까지 유튜브에 올라와 있는 재정 강의 영상의 조회수는 1억이 넘는다. 이것은 성령께서 당신의 교회의 마음을 움직이시기에 가능한 일이다. 교회를 움직이는 분은 성령님이시다.

지금 대한민국 교회는 "부흥할 것인가, 이대로 주저앉을 것인가, 하나님의 역사에 쓰임 받을 것인가, 무력할 것인가"의 중요한 기로에 있

다. 주께서 교회 부흥의 열쇠가 '재정'에 있다고 말씀하셨다. 이것은 지금 이 시대의 그리스도인과 교회를 살리기 위한 하나님의 명령이다.


## 감수의 네 가지 기준

### 첫째, 성경적인가?

NCMN(Nations-Changer Movement & Network)의 학교나 세미나 그리고 모든 사역은 반드시 성경적 기반 위에 진행된다. 이 책에서도 모든 게 성경적 기반에 있어야 함을 가장 중요하게 생각했다.

일반적으로 간증을 할 때 그걸 뒷받침하기 위해 성경을 인용한다. 그러나 이 책은 먼저 성경을 통해 하나님의 말씀을 듣고, 그에 따라 순종하여 살 때 일어나는 결과를 적었다. 이것이 건강한 믿음이다.


### 둘째, 사실인가?

나는 저자와 저자의 강의를 듣고 그대로 살아낸 사람들의 삶에 일어난 일을 날카롭게 살폈다. 모든 건 사실이어야 한다. 조금의 거짓말이나 과장은 절대 금지다. 이 책의 간증은 100퍼센트 사실이다.


### 셋째, 말씀에 순종하여 살아내고 있는가?

어떤 사람들은 거창하게 구호만 외친다. 개인적, 공동체적 차원에서 그렇다. 나는 그런 말에는 조금도 관심을 기울이지 않는다. 하나님의 나라는 말에 있지 않고 능력에 있다. 저자는 NCMN의 실행사역 책임자(OD, Operation Director)로서 나와 지근거리에서 동역한다. 그래서 그의 삶을 자세히 볼 수 있다. 특히 그의 삶이 투명하다. 정직을 가장 귀히 여기며 산다. 그는 말한 대로 살고 있다. 더 정확히 말하면, 살고 있는 걸 말한다.

넷째, 이 책이 모두에게 유익을 줄 수 있는가?

우리 주 예수님은 "내가 온 것은 양으로 생명을 얻게 하고 더 풍성히 얻게 하려는 것이라"라고 하셨다(요 10:10). 이것이 복음의 능력이며 기독교의 정신이다. 이 책은 개인과 가정, 교회 공동체와 사업, 더 나아가 국가에 큰 유익을 줄 것이다.

NCMN은 기독교 문명개혁운동을 주도하는 단체다. 이 세상에 하나님의 나라가 임하게 하는 게 목적이다. 이를 교회와 다른 여러 기독 단체와 함께 성취하는 게 사명이다. 이 책이 이를 이루는 데 가장 큰 공헌을 할 것이다.

'왕의 재정' 첫 번째 책이 많은 사람에게 큰 영향을 주었다. 그래서 두 번째 책에는 그 영향을 받고 왕의 재정을 훈련하여 살아낸 사람들의 이야기가 수록되었다. 나는 기대가 크다. 이 책을 통해 한국교회가 부흥하여 통일을 주도하고, 더 나아가 세계를 섬기는 코리아의 주역이 될 것을 바라본다.

홍성건

# 왕의 재정을
# 살아낸 사람들의 이야기

## 불신자와 낙심자가 돌아오다

나는 《왕의 재정》 1권에서 책을 쓴 이유를 설명했다. 하나님께서 이 책을 통해 낙심자와 불신자들이 돌아올 거라고 하셨다. 그리고 주님이 그들에게 소망이 되어주시고, 새 일을 행하실 것이라고 하셨다. 서문의 마지막 대목에 이렇게 썼다.

"이 책은 홍성건 목사님의 제자 김미진의 《왕의 재정》 첫 번째 이야기다. 두 번째 이야기는 홍 목사님과 내 강의를 들은 사람들이 또한 제자가 되어 이어질 것이다. 이들이 믿음으로 사는 삶을 통해 하나님의 약속의 말씀이 그대로 이루어져서 그들의 막힌 재물들이 어떻게 돌파되었으며, 재물의 형태가 바뀌었는지에 대한 이야기가 될 것이다. 이들을 통해 하나님의 나라가 얼마나 놀랍게 확장되는지 기대하라!"

그리고 5년이 지났다.

대구 온누리사랑교회에서 열린 왕의 재정 부흥집회 때의 일이다. 집회 첫날, 신심이 아주 깊은 팔공산 보살이 참석했다. 책과 동영상으로 접한 김미진을 직접 보고 싶었단다. 보살은 집회 후에 예수님을 믿기로 결정했고, 지금은 교회에 출석한다.

집회 둘째 날, 팔공산 보살 한 명이 더 왔다. 셋째 날은 태백산 대보살도 왔다. 마지막 넷째 날에 온 사람은 '박수무당'이라고 불렸다.

셋째 날, 홍성건 목사님이 보살들을 앞으로 나오게 해서 안수기도를 하셨다. 우리 모두 손을 뻗어 함께 기도했다. 기도 중에 팔공산 보살이 눈을 번쩍 떴다 다시 감았다. 세 번이나 반복하는 모습에 주께서 그에게 뭔가를 행하셨음을 내 영적 직관으로 느낄 수 있었다.

기도할 때 무슨 일이 있었는지 그에게 물으니 "땅이 요동하여 갈라지고, 내 몸이 땅으로 내려갔다가 다시 공중으로 올라왔어요"라고 했다. 너무 놀라서 눈을 뜨면 바닥이 그대로 있고, 다시 눈을 감으면 같은 현상이 반복되었다며 대체 무슨 일이냐고 내게 반문했다.

이후 그는 많은 사람에게 불교를 포교했던 걸 크게 회개했다. 또 《왕의 재정》 100권을 구입하여 불자들에게 주며 복음 전하는 전도자가 되었다.

나는 한 보살을 통해 많은 보살이 주께로 돌아오는 하나님의 멋진 계획과 선하심을 보았다(나는 주께 돌아온 보살들을 "팔공산 이모, 태백산 이모, 계룡산 이모, 가야산 이모, 속리산 이모, 설악산 이모, 미얀마 이모, 토론토 이모"라고 부른다). 그들이 직접 간증을 적어 보내왔다.

## 30년 불자, 팔공산 이모 돌아오다 김양숙

30년간 절에 다니다가 주님을 만난 시연이(손녀 이름) 할머니(73세)입니다. 남편이 약사여서 넉넉하게 살다가 사기를 당해 재정의 큰 어려움을 겪었습니다. 그래서 김미진 간사님의 강의가 구구절절 가슴에 와닿았어요.

그동안 제가 만난 대부분의 사람을 불교로 인도한 게 주님께 너무 죄송했습니다. 온 집안이 불교 신자라 가족 전도를 위해 맨 먼저 언니와 형부에게 《왕의 재정》을 보냈고, 동영상 강의도 알려주었지요. 하지만 언니가 저보다 불교에 더 열심이어서 교회에 가는 게 천지개벽을 해도 안 되는 일이라 여겼습니다.

그런 중에 언니가 갑자기 서울의 큰 병원에 입원을 했습니다. 그래서 제가 미진 간사님에게 심방을 요청했습니다. 그런데 심방 후에 간사님이 언니에게 봉투를 하나 주고 갔습니다. 그 안에는 100만 원이 들어 있었습니다. 언니가 깜짝 놀라서 말했어요.

"미진 간사가 혹시 천사야? 예수 믿는 사람들은 저렇게 사니?"

그때부터 언니가 책과 강의 영상을 보기 시작했습니다. 그리고 "하나님이 부처보다 큰 신이라고 하니 예수 신을 믿어야겠다"라고 했어요. 퇴원하고는 형부와 함께 교회에 잘 다니고 있습니다.

저는 지금 아들, 며느리, 손주 그리고 형제들도 전도하여 말할 수 없는 기쁨으로 살고 있습니다. 남은 인생, 땅끝까지 복음 전하는 사명을 감당하겠습니다.

– 어느 날, 팔공산 이모가 반찬을 잔뜩 만들어 홍성건 목사님과 나를 찾

아와 간증했다. "목사님~ 불자들에게 왕의 재정 책과 강의 영상을 보여주고 설명하니 굴비 엮이듯이 줄줄이 교회로 나오고 있습니다. 하나님이 놀랍습니다. 보살을 통해 보살들을 전도하게 하시네요~." 시연이 할머니는 진짜 품위 있는 외모에 의리도 짱이다. 나만 보면 "고맙다. 고맙다"라고 하면서 목사님과 내게 매주 반찬을 만들어준다.

통영현대교회 집회 때, 내 유튜브 제자(동영상을 보고 왕의 재정을 훈련한 사람) 7명이 참석했다. 그들은 소그룹으로 재정 훈련을 하고 있었다. 그들과 함께 식사하면서 놀라운 간증을 들었다.

그들은 유튜브 강의를 듣고 깨달은 걸 실천하기 위해 그중 한 권사님이 중심이 되어 함께 모여 기도한다고 했다. 또한 "돈에 집중하지 말고, 먼저 그의 나라와 그의 의를 구하는 삶을 살라"라는 말씀을 실천하고 있었다.

7명의 불교 신자를 각각 한 사람씩 맡아서 물심양면으로 섬기며 이들을 위해 기도하고, 《왕의 재정》을 주면서 복음을 전하자 6명은 주께 돌아왔고, 나머지 한 사람은 재정 집회에 참석하고 있다고 했다. 그 집회 후에 그도 완전히 주께 돌아왔다는 소식이 큰 위로가 되었다.

순복음대구교회 집회 때, 유튜브 제자들이 보살들과 집회에 참석한다는 연락이 왔다. 몇 명이 아니라 전국에서 온 20명의 보살이 집회에 참석했다. 집회를 마치고 담임목사님 방에서 잠시 교제하는데, 보살들로 방이 꽉 찼다. 그때 일을 생각하면 지금도 미소가 지어진다. 이

후 그들도 주께로 돌아왔다는 소식을 들었다. 한 영혼을 천하보다 귀히 여기시는 하나님의 마음을 보는 시간이었다.

토론토한인장로교회 집회 때는 한 사업가 보살을 만났다(그는 마사지숍을 운영한다고 했다). 그의 꿈이 토론토에 암자를 짓는 거여서 한국에서 많은 불상을 실어왔다고 했다. 그 교회 사모님이 《왕의 재정》을 읽고, 평소 기도제목이던 그 보살에게 선물로 주고는 간절히 기도하셨다.

그리고 왕의 재정 부흥집회 때 한 번만 오라고 권했는데, 그 보살이 오지 않았다. 대신 책을 읽어보니 김미진 간사가 좋은 사람 같아 여독이 풀리도록 90분 동안 마사지로 섬겨주고 싶은데, 보살에게 마사지를 받을 수 있겠냐고 했단다.

나는 '이때가 기회'라는 생각에 담임목사님 부부와 마사지숍으로 갔다. 내가 그에게 말했다.

"나는 마사지를 받으러 온 게 아니고 보살님을 만나고 싶어서 왔어요. 90분을 제게 주기로 했으니, 같이 차 한 잔 마셔요~."

그리고 마주 앉아 대화를 나누었다. 그러는 동안 주께서 내게 그의 과거와 미래의 삶을 보여주셨다. 어려운 시간 속에 있었던 것과 사람들에게 받은 상처가 보였다. 주께서 주신 마음 그대로를 전하며 말했다.

"보살님은 절간을 지을 분이 아니라 예수님을 믿고 교회를 지을 분입니다."

그가 눈물을 뚝뚝 흘렸다. 나는 그날 밤 집회에 꼭 오라고 초청하고 숙소로 돌아왔다. 집회 시간이 되어 가보니 그가 맨 앞줄에 앉아있었다. 그날 그는 보살에서 하나님의 자녀로 돌아왔다! 지금은 새벽기도에 빠지지 않고 다니며 신앙생활을 너무나 아름답게 하고 있다.

### 불당 짓기를 포기한 토론토 이모 박경은

나는 10년 전, 토론토에 암자를 마련하고자 불상을 바리바리 싸가지고 캐나다로 왔다. 그런데 오자마자 사기를 당해 가진 걸 몽땅 잃어 경제적 고통을 겪었다. 곤고한 날을 보내며 불당 짓는 걸 조금 미뤘다.

그러던 어느 날, 알고 지내던 한 교회 사모님이 《왕의 재정》을 주면서 읽어보고, 저자가 직접 오니 부흥회에 참석하라고 했다. 나는 마음이 내키지 않아 거절했다. 그런데 책을 읽다 보니 그가 좋은 일을 하는 사람인 듯해서 긴 여행의 피로를 풀어주고 싶었다. 그래서 내가 운영하는 마사지숍으로 초대했다.

그리고 그의 이야기를 듣고, 그날 밤 교회 집회에 갔다. 나는 비어있는 맨 앞자리에 앉았다. 그때 '아브라함의 씨'에 대한 말씀이 내 심장으로 들어왔다. 어디선가 소리가 들렸다.

'그런데 너는 뭐 했니?'

'그래, 나는 지금껏 뭘 했지?'라고 혼잣말을 하는 순간, 눈물이 주체할 수 없이 쏟아졌다. 고개를 푹 숙인 채로 "관세음보살~ 관세음보살~"을 중얼거렸다. 습관이 되어 교회라는 것도 잊은 채 계속했다. 평생 처음 간 교회이기에 어찌할 줄 몰랐다.

한참 뒤에 고개를 들었는데 십자가가 엄청난 속도로 내게 다가오는 것처럼 느껴졌다. 그리고 또 소리가 들리는 듯했다.

'괜찮아, 진정해!'

눈물의 집회를 마치고 집으로 돌아왔다. 그리고 뭔가를 해야 할 것 같아서 교회 목사님을 초청해서 불상부터 없앴다. 그때부터 기도만 하면 '성경을 보라', '어머니를 구원하라', '형제들을 구원하라'라는 말이 들리는 듯했다. 그리고 내가 물으면 성령님이 친절한 상담자처럼 말씀으로 하나님나라를 알게 하셨다.

하나님은 불당을 세우려던 나를 용서하고 받아주셨다. 나는 지금 한없는 그분의 사랑을 알아가고 있다. 간사님이 집회를 했던 그 교회에 출석하면서 신앙생활을 하고 있다. 한국에 있는 딸과 아들도 예수님을 영접했다. 내 생명이 다하는 날까지 예수님의 복음을 전할 것이다.

– 토론토 이모가 서울에서 열리는 왕의 재정학교에 잠시 방문했다. 병원에 있는 어머니에게 복음을 전하기 위해 왔다고 했다. 그리고 내게 구원의 감격을 알게 해주어서 고맙다고 했다. 우리는 가끔 소식을 주고받는다.


주께서 《왕의 재정》1권에서 말씀하신 대로 불신자들과 낙심자들이 돌아오는 열매를 주셨다. 모든 영광은 오직 우리 주님의 몫이다.


**이단에 빠졌던 자녀가 돌아오다** 이춘자

나는 조선족입니다. 내가 배운 주님은 무섭고 두려운 분, 징계하는 분,

잘못하면 엄하게 채찍질하는 분이었지요. 그래서 자녀교육도 그렇게 하다 보니 아들은 이단에 빠지고, 술과 담배를 하고, 집안에 기쁨과 평강이 없었습니다. 나는 항상 죄책감과 공허감에 빠져있었고, 무언가에 마음이 짓눌려있었습니다.

2017년, 왕의 재정 인터넷 강의를 통해 김미진 간사님의 감동적인 간증 스토리를 들으면서 자상하고, 온유하고, 사랑 많으신 주님의 성품을 발견하며 한없이 울고 또 울었습니다. 강의 영상을 매일 들으면서 내 것으로 적용하기 시작했지요. 주님이 기뻐하는 충성된 자로 살려고 훈련했습니다. 나는 예수님의 제자가 되고 싶었고, 가정의 회복도 꿈꾸었습니다.

그리고 왕의 재정학교를 수료하면서 본격적으로 '살아내기 프로젝트'에 돌입했습니다. 하나님이 기뻐하시는 '가난한 자 섬기기'를 시작했지요. 집에서 밥을 해서 형편이 되는 대로 어려운 이들에게 갖다주었습니다. 남편과 아이들에게 예수님의 온유한 성품으로 말하는 것도 시작했지요. 8개월이 지나자 가정이 변화되었습니다. 남편은 하청업체에 다니다가 그의 실력이나 배움으로는 불가능한 대기업 K자동차의 정직원으로 승진했습니다.

또한 3년이나 이단에 빠졌던 아들이 주께로 돌아왔습니다. 자녀들이 NCMN 히어로캠프에서 성령체험을 한 뒤 술과 담배를 끊고, 그 돈으로 가난한 자를 섬기기 시작했지요. 지금 딸은 구제사역 팀장을 맡아 섬깁니다.

한번은 우리 형편대로 주먹밥 5개를 만들어서 나갔는데, 5명의 노숙인을 만났습니다. 남거나 모자라지 않게 하신 주님의 배려였지요. 작은 경험이지만, 이를 통해 자녀들의 믿음이 성장했습니다.

우리 자녀들이 사회에 선한 영향력을 끼쳐서 세상 문화를 기독교 문화로 변화시키는 세대로 쓰임 받을 걸 믿습니다. 우리는 계속 예수님을 모르는 사람들에게 충성되게 복음을 전할 것입니다. 가족 전체의 회복과 변화를 주신 주님을 찬양합니다.

– 이춘자 자매는 열정이 정말 대단했다. 여러 조선족 형제 자매를 만나면서 건강하지 않은 메시지로 상처받는 게 참 마음이 아팠다(그러나 다른 한편으로 한국교회가 그들을 지속적으로 섬기는 것도 감사하다). 이 자매는 강한 이단에 빠진 아들을 돌이키시는 분이 주님임을 보았다. 이 가족의 회복이 이단에 빠진 가족으로 인해 고통 가운데 있는 사람들에게 소망이 되길 바란다.


## 8년간 천도재를 드리다 정자수

나는 할아버지가 절을 지을 정도로 독실한 불교 집안에서 태어났다. IMF 때 빚 보증을 서서 생활이 어려워졌다. 이를 해결하려고 8년간 천도재를 매년 서너 번씩 정성껏 지냈지만 생활고는 해결되지 않았다.

그때 친한 친구가 《왕의 재정》을 꼭 한 번만 읽어보라고 권유했다. 나는 책에 돈 버는 방법이라도 있나 싶어서 샀다. 그런데 단숨에 읽어 내려가며 불교 신자인 내가 절대 알 수 없었던 충격적인 사실들을 발견했다.

첫째, 기독교는 인간이 아닌, 진짜 신인 전능자 하나님을 믿는 종교라는 것과 둘째, 구원은 오직 예수께만 있다는 것과 셋째, 회개하고 돌이 키면 나도 구원받고 아브라함의 씨의 축복을 받는다는 것과 넷째, 돈을 벌고 쓰는 성경적인 방법과 다섯째, 돈을 벌어도 내가 계속 힘든 이유였다.

나는 《왕의 재정》을 읽으며 하늘나라의 비밀을 깨달았다. 그리고 무언가에 끌리듯이 성경적 재정원칙 강의를 찾아 듣고 또 듣는 중에 기독교로 개종했다. 전능자 하나님을 믿는 기독교, 놀라운 종교로 바꾼 것 자체가 내게는 큰 희망이 되었다.

강의 중에 김미진 간사님이 "충성된 자는 배가자"라고 했다. 나는 하나님께 충성되고 싶었다. 식구들이 지옥에 가는 걸 지켜볼 수만은 없었다. 내 안에 영혼 구원에 대한 열정이 일어났다. 남편과 막내딸, 독실한 불교 신자인 친정엄마와 언니를 전도하기로 결심했다. 배가시켜 잃어버린 영혼을 향한 하나님의 눈물을 닦아드리고 싶었다.

기도하고 또 기도하고, 주님의 은혜를 간절히 바랐다. 주께서 응답하셔서 우리 가족은 모두 교회에 나가 하나님을 섬긴다. 하나님을 더 알고 싶어서 찾아간 NCMN 왕의 재정학교와 세미나를 통해 내 삶의 주인을 혁명적으로 바꾸어가고 있다. 오직 주님으로!

재정학교를 통해 배운 성경적 원칙들을 실행하면서 막힌 재정도 조금씩 풀렸다. 무엇보다 가족 전체가 주께로 돌아올 수 있도록 은혜 주신 주님께 감사하다.

– 나는 정지수 자매를 직접 만났다. 주변의 많은 사람이 이 자매의 간증이 사실임을 증거하는 말을 들었다. 할렐루야!

왕의 재정 훈련으로 막힌 재정이 돌파되고, 하나님나라를 꿈꾸게 된 사람들의 이야기는 본문에서 계속 나눌 것이다. NCMN 본부에 확보된 간증만도 5만 편에 이른다. 이를 모두 책으로 엮으면 엄청난 분량이 될 것이다.

왕의 재정의 모든 성경적 기반을 세워주신 스승 홍성건 목사님께 감사드린다. 가족들과 NCMN 사역의 동역자, 함께 치열하게 살아내 준 왕의 재정학교와 유튜브 제자들에게도 감사를 전한다.

《왕의 재정2》는 주님께서 한국교회에 주시는 선물이라고 하셨다. 왕의 재정으로 한국교회가 견고해지고, 이 나라가 남북통일을 준비하여 열방을 섬기는 코리아가 되길 간절히 바란다.

김미진

# 4부 믿음의 다음세대를 일으켜라

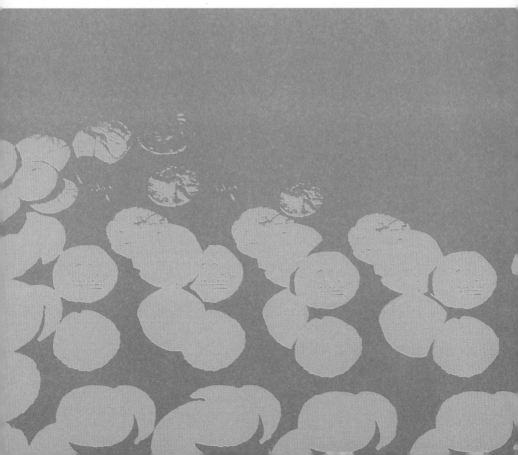

PART 1

# 하나님의
# 초자연적 공급하심을
# 경험하라

CHAPTER 1

# 초자연적
# 부의 이동

초자연적 부의 이동을 믿는가? 나는 믿는다. 경험했기 때문이다.

## 내 양을 먹이라

나는 10년간 인생의 광야에서 겸손함을 배웠다. 그리고 아브라함의 씨가 된 게 내게 가장 큰 수확이었다. 나는 선포했다.

'나는 아브라함의 유업을 이을 자, 아브라함의 모든 축복을 받은 상속자이다!'

광야생활을 하던 어느 날, 주님이 '딸아, 내가 너를 부하게 할 것이다. 너는 귀족들과 함께 앉게 될 것이다'라는 말씀으로 크게 위로해주셨다.

여호와는 가난하게도 하시고 부하게도 하시며 낮추기도 하시고 높이기도 하시는도다 가난한 자를 진토에서 일으키시며 빈궁한 자를 거름더미에서 올리사 귀족들과 함께 앉게 하시며 영광의 자리를 차지하게 하시는도다 땅의 기둥들은 여호와의 것이라 여호와께서 세계를 그것들 위에 세우셨도다 삼상 2:7,8

광야 한가운데서 내 간절함과 갈급함이 주님을 심방 오시게 했다. 어느 날, 주께서 내게 질문하셨다.

'네가 나를 사랑하느냐? 내 양을 먹이라.'

그런데 내게 가장 먼저 든 생각은 '무엇으로 먹이지? 아무것도 없는데…'였다. 주님은 내게 말씀과 영양이 포함된 양식으로 양들을 먹이라고 하셨다. 당시에는 굉장히 부담스러운 말씀이었다. 나는 기도할 수밖에 없었다.

기도 중에 큰 가방을 들고 열방으로 다니는 내 모습을 보여주셨다. 지나고 보니 광야는 주님과 친밀함을 회복하고, 새로운 비전을 받는 장소였다.

여호와께서 그의 기름부음을 받은 고레스에게 이같이 말씀하시되 내가 그의 오른손을 붙들고 그 앞에 열국을 항복하게 하며 내가 왕들의 허리를 풀어 그 앞에 문들을 열고 성문들이 닫히지 못하게 하리라 내가 너보다 앞서 가서 험한 곳을 평탄하게 하며 놋문을 쳐서 부수며 쇠빗장을 꺾고 네게 흑암 중의 보화와 은밀한 곳에 숨은 재물을 주어 네 이름을 부르는 자가 나 여호와 이스라엘의 하나님인 줄을 네가 알게 하리라

사 45:1-3

'영양이 포함된 양식을 어떻게 먹이지?'

매일 고민했지만 내게는 해답이 없었다. 말씀을 통해 하나님께서는 그분이 하나님 되심을 계속 묵상하게 하셨다.

네 하나님 여호와께서 네 조상 아브라함과 이삭과 야곱을 향하여 네게 주리라 맹세하신 땅으로 너를 들어가게 하시고 네가 건축하지 아니한 크고 아름다운 성읍을 얻게 하시며, 네가 채우지 아니한 아름다운 물건이 가득한 집을 얻게 하시며 네가 파지 아니한 우물을 차지하게 하시며, 네가 심지 아니한 포도원과 감람나무를 차지하게 하사 네게 배불리 먹게 하실 때에 신 6:10,11

성경은 그때에 하나님을 잊지 말고 그를 경외하며 다른 신들을 따르지 말라고 말씀한다(신 6:12-15 참고). 하나님께서는 이 말씀들로 내게 네 가지 약속을 주셨다.

**첫째, 네가 건축하지 아니한 크고 아름다운 성읍을 얻게 될 것이다.**
**둘째, 네가 채우지 아니한 아름다운 물건이 가득한 집을 얻게 될 것이다.**
**셋째, 네가 파지 아니한 우물을 차지하게 될 것이다.**
**넷째, 네가 심지 아니한 포도원과 감람나무를 차지하게 될 것이다.**

이 약속을 취하기 위해 내 믿음을 확장하고 증폭시켜야 했다.
'무엇부터 해야 할까?'
먼저는 양들에게 말씀으로 먹이기 위해 매일 10시간 이상 말씀을 연구하고 공부했다. 또 돈이 생길 때마다 비타민을 구입해서 선교지에 보냈다. 그렇게 10년 동안 했지만 아무 일도 일어나지 않았다. 그러자 나를 짓누르는 환경 때문에 낙심하며 지쳐갔다.

'계속해야 하는가?'

나는 흔들릴 때마다 기도노트를 다시 보며 마음을 추슬렀다. 눈에 아무것도 보이지 않는 10년의 광야는 견디기 힘들었지만 다시 힘을 내기로 결정하고, 주께서 주신 비전을 꽉 붙들고 내가 할 일을 매일 꾸준히 했다.

어느 날 C국에서 첫 강의 요청이 왔다. 비싼 항공료를 지불하고 가니 강의실에 딱 두 할머니만 있었다. 그래도 5일간 하루에 6시간씩 총 30시간 동안 중보기도와 영적 전쟁 강의를 했다. 강의를 다 마친 후에 두 분에게 물었다.

"할머니, 중보기도가 뭐예요? 영적 전쟁이란 무엇인가요?"

할머니는 30시간의 강의를 한마디로 정리했다.

"몰라~."

두 할머니의 대답이 나를 절망케 했다. 그러나 물러설 수 없는 한판으로 받아들였다. 주님의 설교 스타일을 연구하니 어린아이와 할머니까지도 이해하기 쉽고 재미있게 하신 걸 발견했다. 그리고 내 스승이신 홍성건 목사님의 설교를 유심히 관찰하며 세 가지 뚜렷한 특징을 발견했다.

첫째, 쉽고 재미있게 한다.

둘째, 배경 설명으로 이해를 돕는다.

셋째, 중요한 메시지는 여러 각도로,

　　　동일한 내용을 다른 언어로 반복하여 이해시키며 설득한다.

'나도 앞으로 강의할 때 저렇게 할 수 있을까?'

스승에게 배운 대로 내 강의에 실행했다. 주님은 내가 철저하고 완벽하게 준비했던 첫 강의의 실패를 통해 겸손한 출발을 시키셨다. 그리고 서서히 강사로 준비시키셨다. 그 이후 청중은 4명, 8명, 16명으로 늘어났다.

나는 4년 동안 딱 네 번의 강의를 했다. 그때 8명의 청중 중 겸손하게 내 강의를 들어준 한 분이 지금 NCMN 왕의 기업 리더인 하갑천 선생님(마음돌봄병원 원장)이다. 우리는 가끔 그때 얘기를 하면서 웃곤 한다.


## 광야에서 정신없이 헌신하다

내가 광야를 하루 빨리 통과하기 위해서는 큰 헌신을 해야 할 것 같았다. 그때는 주님을 잘 몰라서 무턱대고 헌신했다.

'주님! 이 광야를 통과하게 하시고, 다시 한번 기회를 주신다면 아들 유진이가 결혼하기 전에 제가 사는 집 한 채를 빼놓고는 다 주께 돌려드릴게요.'

나는 멋진 헌신이라고 생각했다. 당시 유진이는 초등학교 입학 전이었다. 그런데 시간이 흘러 2017년 10월 어느 날, 아들이 말했다.

"엄마, 저 결혼할 자매가 있어요."

"유진아, 너 지금 몇 살이지?"

"내년에 스물네 살이 돼요."

내가 늘 스물네 살이 되면 결혼하라고 했기에 더 할 말이 없었다. 그래서 2018년 4월 21일로 결혼 날을 잡았다.

'그런데… 왜 세월이 이렇게 빠른 거야~.'

무언가 계속 불편했다. 아들 결혼을 위해 기도만 하면 그때 그 헌신이 떠올랐다! 더 이상 미루면 안 될 것 같았다. 주께서 맡겨놓으신 재산 정리에 들어갔다. 돈이 들어있는 통장을 정리하여 다 주께 드렸다. 돈이 될 만한 보석과 명품도 몽땅 드렸다. 그런데 주께서 초자연적인 역사로 내게 맡겨놓으신 재물이 마음에 걸렸다. 그것마저 주께 돌려드렸다.

그러고 나니 내 통장에 100만 원도 남지 않았다. 아들은 아직 대학생이고, 결혼해서 살 집도 없었다. 결혼까지 넉 달이 남았을 때, 내가 열심히 일한 대가로 2천만 원이 생겼다. 아들도 결혼반지를 사기 위해 아르바이트를 했다. 내가 아들에게 말했다.

"유진아, 엄마가 줄 수 있는 전부가 2천만 원이다. 이것으로 집을 얻어라."

"어머니, 기대하지 않았는데 정말 고마워요~."

아들 유진이와 며느리 주희는 고마워서 어쩔 줄 몰랐다. 둘은 내가 모든 재산을 정리하는 걸 다 봤기에 전혀 기대하지 않았다가 돈을 받으니 감격한 것 같았다.

부동산 중개업을 하는 한 간사님에게 아들 집을 부탁했다. 15평쯤 되는 2억4천짜리 전세가 있다고 했다. 1천만 원을 깎아서 2억3천까지는 된다고 했다. 나는 당장 그 돈이 없으니 보증금 2천만 원에 월세

60만 원으로 계약하자고 했다.

집을 해결하고, 아들과 며느리는 외할머니가 젓갈 장사를 해서 보내주신 200만 원으로 살림을 장만했다. 아는 선교사님이 쓰던 장롱과 침대를 얻고, 꼭 필요한 제품은 중고로 사고, 스스로 인테리어를 하는 등 180만 원을 들여 집을 예쁘게 꾸몄다. 나는 두 아이가 참 기특했다.

그런데 집주인에게서 자기 딸이 갑자기 결혼을 하게 되었으니 월세를 전세로 바꾸어달라는 연락이 왔다. 보증금 2천만 원이 있으니 2억 1천만 원을 더 달라고 했다. 나는 차마 아이들에게 다른 집을 알아보라고 말할 수가 없었다.


## 2억1천

나는 작정기도에 돌입했다. 기도노트에 기도를 적었다.

〈2018년 3월 1일 기도〉

첫째, 아버지, 2억1천만 원 주세요.

둘째, 아버지, 2억1천만 원은 응답받은 것으로 믿고 헌신합니다.
저도 주의 종에게 집 한 채를 플로잉할 수 있게 은혜를 주세요
(2019년 3월 1일까지).

셋째, 예식장 경비와 식사 경비 3천500만 원을 주세요.

그리고 주님께 '아버지, 그동안 제가 하늘은행에 입금한 걸 출금해

주세요~'라고 기도했다. 결혼식 날짜는 점점 다가오고, 마음은 답답
했다. 그런데 2018년 3월 말쯤 왕의 재정학교 진행 중에 플로잉 카드
한 장을 받았다.

| | |
|---|---|
| 물품명 | 2억1천만 원 |
| 받는 사람 | 김미진 간사님 |
| 사연 | 김미진 간사님에게 2억1천만 원을 유진 형제의 |
| | 전세자금으로 플로잉합니다. |

카드를 받는 순간, 나는 숨이 멎는 듯했다. 그때까지 2억1천만 원
을 두고 기도한 걸 누구에게도 말한 적이 없었다.

'오직 주님께만 기도했는데 대체 어떻게…?'

나는 카드를 작성한 사람을 찾았다. 사연을 들어보니, 놀라움 그
자체였다.

2017년 하반기에 한 부부가 12기 왕의 재정학교에 등록했는데, 남
편은 회사 일로 부득이 수료를 못 하고 부인이 먼저 수료했다고 한다.
그러면서 남편과 재정 훈련을 하기 시작했다. 어느 날, 이 부부는 주님
의 음성을 들었다.

'네 주인이 누구냐? 너희의 안정감은 어디에 있느냐?'

부부는 '예수님이 우리 주인입니다. 우리의 안정감은 오직 예수께 있
습니다'라고 대답했다. 그런데 기도 중에 이들의 진짜 안정감이 전 재
산 4억 원에 있음을 알고 주님께 솔직히 고백했다.

'주님, 저희의 안정감이 4억 원에 있습니다.'

주께서 이 부부에게 말씀하셨다.

'그걸 내게 가져오라. 이후로 내가 너희의 안정감이 되어줄 것이다.'

둘은 주님의 음성에 어떻게 반응할지 고민했다. 그리고 각자 기도해서 동일한 음성을 들으면 주의 뜻인 줄 알고, 주께서 주라고 하시는 곳에 주기로 결정했다.

'아버지, 저희의 전 재산 4억을 누구에게 주기를 원하십니까?'

기도노트 〈4억〉

|  | 부인 | 남편 |
| --- | --- | --- |
| 금액 | 2억1천만 원 | 이억천 간사 |
| 누구에게 | 유진 형제에게 | |

부인이 말했다.

"4억 원 중 2억1천만 원을 미진 간사님의 아들 유진 형제에게 주라고 들었어요."

남편이 말했다.

"나는 기도만 하면 이억 천이 떠올라서 이억천 간사님에게 주라는 줄 알았는데, 당신 말을 들어보니 2억1천만 원이네. 이제 이해가 되네."

당시 남편이 속한 소그룹의 담당 간사 이름이 '이억천'이었다! 그들은 서로 기도한 걸 나누며 놀라운 주님의 뜻을 알았다고 한다.

나는 이 부부의 말을 들으며 하나님의 예비하심에 그저 감격했다.

주님의 섬세하심에 감탄했다. 나는 2018년 3월 1일에 기도를 시작했고, 이 부부가 하나님의 말씀을 듣고 기도하기 시작한 것은 2017년 늦가을부터였다. 이로 인해 '내가 모든 것에 순종할 때 내게 가장 합당한 것을 예비하시는' 하나님을 더 신뢰하게 되었다.

그리고 예전 '설화수의 하나님'(《왕의 재정》 1권, 93쪽)을 다시 만나는 큰 기쁨을 준 부부에게 한없이 고마웠다. 형제에게 내 기도노트를 보여주니 그의 눈에 눈물이 고였다. 이들은 처음에는 주님의 음성을 이해할 수 없었다고 한다.

"미진 간사님은 성부인데 왜 이 돈이 필요할까?"

"왜 하필이면 그에게 주라고 하실까?"

가난한 사람이나 미자립 교회나 선교 프로젝트가 아닌, 내게 주라고 하셔서 그들의 마음이 정말 편치 않았다고 한다. 하지만 주님께 순종했고, 주님은 그들을 통해 놀랍고 멋진 간증을 만드셨다. 나 역시 믿음으로 사는 삶을 한층 더 업그레이드할 수 있도록 도전을 받은 사건이었다.


### 30평 아파트의 부의 이동

2018년 3월 1일 기도노트의 두 번째 기도제목은 "2억1천만 원은 응답받은 것으로 믿고 헌신합니다. 저도 주의 종에게 집 한 채를 플로잉할 수 있게 은혜를 주세요(2019년 3월 1일까지)"였다.

이렇게 담대하게 기도할 수 있었던 건, 내가 하늘은행에 저축했던 삶 가운데 반드시 주께서 내 필요에 응답하실 걸 믿었기 때문이다. 나는 '주는 자의 삶을 더 풍성하게 채우시는' 하나님의 약속을 믿었다.

"주라 그리하면 너희에게 줄 것이니, 곧 후히 되어 누르고 흔들어 넘치도록 하여 너희에게 안겨주리라"(눅 6:38).

하나님께서 놀라운 방법으로 응답하셔서 2018년 12월에 30평대 아파트를 구입해서 선물할 수 있었다. 내 플로잉으로 그 성빈은 초자연적 부의 이동을 경험했다(이 일에 증인이 있다. 한 간사가 아파트를 매입해서 등기 이전까지 다 맡아서 해주었다).

세 번째 기도제목은 "예식장 경비와 식사 경비 3천500만 원을 주세요"였다. 이것도 주께서 놀라운 방법으로 채워주셨다. 어느 교회에 선교학교 강의를 갔는데, 평소 존경하던 담임목사님이 강사 사례비와 별도로 아들 결혼식에 사용하라고 500만 원을 주셨다. 나는 몸 둘 바를 몰랐다. 성빈에게 플로잉을 받다니…. 이렇게 고마운 분들을 통해 아들의 결혼식을 은혜 중에 마쳤다.

역동적인 삶을 사는 사람들이 매우 많다. 왕의 재정학교에는 이런 크고 작은 부의 이동이 지금껏 1만 건이 넘는다.


## 150억 부의 이동

어느 날, 한국말이 서투른 한 중국인이 나를 찾아왔다. 자신을 중국의 어느 기업 회장의 비서라고 소개하며 회장의 메시지를 전하기 위해 왔다고 했다.

5년 전쯤 기업이 부도가 나서 회장이 가족과 죽으려고 하자 누군가 《왕의 재정》과 강의 영상을 알려주었다고 한다. 회장의 어머니는 조선족이고 아버지는 한족이라 한국말을 조금 안다고 했다. 책은 중국어로 번역해서 읽었고, 영상으로 공부하며 은혜받아 다시 한번 살아보자고 결단했단다.

그리고 '반드시 성부가 되어 한 강의에 강의료를 1천만 원씩 계산해서 하나님나라에 드리겠습니다'라고 주님 앞에 헌신했다고 한다. 회장은 3년 동안 내 강의 영상을 USB에 넣어서 매일 1강씩 들었고, 마침내 그 강의료를 지급하기 위해 비서를 보냈다고 했다.

그러면서 그의 비서는 약 20억짜리 건물 7채를 내 이름으로 등기 이전하기 위해 한국에 왔다고 말했다. 충격이었다! 통도 컸다! 나는 문서를 챙겨서 홍성건 목사님에게 가져갔다.

"목사님, 제가 강의료로 받은 것입니다. 목사님이 필요한 곳에 사용하십시오."

목사님과 나는 7개의 문서를 들고 기념사진도 찍었다. 목사님이 기도하신 후에 "중국과 열방 선교를 위해 사용해야 합니다"라고 하셨다. 그렇게 그 재물은 중국과 열방으로 100퍼센트 흘러갔다.

"기독교 문명개혁운동을 주도하라!"

이것이 NCMN의 사명이다. 이를 위해 비전센터 부지로 강원도 고성에 5만 평의 땅을 매입했다. 청년과 청소년 히어로캠프, 사역자 훈련, 목회자 훈련, 초·중·고등 기독학교 설립 등을 위한 구체적인 프로젝트가 진행 중이다. 우리도 돈이 많이 필요하지만 먼저 중국 복음화를 위해 사용하는 게 합당하다고 결정하신 목사님에 대한 내 존경심이 더 깊어졌다.

이 외에도 매우 놀랄 만한 간증이 아주 많다. 우리 가운데 놀라운 일을 행하시는 주님께 찬양을 드린다! 앞으로 이 나라의 통일 사역을 위해 7조 원을 하나님나라에 드리기를 기대한다. 나는 이 일을 위해 오늘도 최선을 다하고 있다.

초자연적 부의 이동의 기본적인 뜻이 무엇인가? 하늘에서 뚝 떨어지는 재물을 말하는 게 아니다. 내 한계를 넘어서는 공급이다. 예를 들면, 내 힘과 능력으로는 아무리 사업을 잘해도 매월 1천만 원 이상 순익을 본 적이 없는데, 주께서 재물 얻을 능력을 주셔서 매월 5천만 원, 혹은 1억 원의 순익이 생기는 것이다.

주께서 이방 나라의 재물을 보내주신다. 흑암 중의 보화를 움직이시고, 은밀한 곳에 숨은 재물을 움직이신다.

"네 하나님 여호와를 기억하라 그가 네게 재물 얻을 능력을 주셨음이라"(신 8:18).

"나는 내 큰 능력과 나의 쳐든 팔로 땅과 지상에 있는 사람과 짐승들을 만들고 내가 보기에 옳은 사람에게 그것을 주었노라"(렘 27:5).

하나님 보시기에 옳다고 인정받을 수 있다면 반드시 재정의 돌파가 일어난다.

## 관계를 통한 부의 이동 김남연

저는 일본 동경에서 23년간 다니던 의료기기 회사를 나와 창업을 준비하는 중에, 김혜영 간사님을 통해 왕의 재정학교를 알았습니다. 훈련을 하며 믿음 없는 나를 보았고, 얼마나 많은 빚을 졌는지도 알게 되었지요. 하지만 훈련이 너무나 힘들어 빠져나갈 궁리만 했습니다. 마침 제가 속한 경제단체에서 세계대회를 한국에서 개최하는 데다가, 한국에 출장 갈 일도 있어서 핑계 삼아 빠져나오려 했습니다.

더욱이 훈련에 다 참가하고 아웃리치까지 하려면 한국에서 출장 도중에 세 번이나 돌아와야 했습니다. 그러나 참가하지 않으려는 제 마음이 너무나 불편해서 엄청난 대가 지불을 하면서 결국 1기 왕의 재정학교를 어렵게 수료했습니다.

그리고 제가 성부가 되어 열악한 환경에서 예배드리는 우리 교회의 성전 이전을 도울 수 있기를 기도하게 되었습니다. 또한 사업에 필요한 사람을 붙여주시고, 획기적인 사업 아이템을 주시기를 기도했습니다.

현재 판매하는 초음파 진단기의 세미나가 있어서 오사카에 갔을 때입니다. 예전 회사의 부하직원 두 명에게 도움을 청하여 세미나를 마친 후 저녁 식사를 하려고 호텔에서 나와 횡단보도 앞에서 택시를 기다리고 있었습니다.

그런데 신호등을 컨트롤하는 박스 위에 너무나 멀쩡한 가방이 놓여있었습니다. 깨끗한 가방이라 조금 이상하다는 생각이 들었습니다. 같이 있던 부하직원은 바로 파출소에 갖다주자고 했지만, 저는 안에 무엇이 있는지 확인할 필요가 있다는 생각이 들었습니다. 가방에는 영어로 된 계약서와 가방 주인인 듯한 사람의 홍콩 ID 카드와 명함통이 있었지요.

'만약 이 사람이 내일 출국할 경우 이 ID 카드가 없으면 굉장히 곤란하겠구나.'

해외출장이 많은 저로서는 그냥 지나칠 수가 없었습니다. 그래서 명함의 전화번호로 연락했습니다. 가방 주인은 가방 분실로 거의 패닉 상태라고 했습니다. 우리의 숙소를 알려주었더니 15분 정도 후에 도착했습니다. 당황한 모습으로 오자마자 가방의 내용물을 살피며 안심하는 표정을 지었고, 마지막으로 안쪽에 있는 포켓을 열어보았지요.

그 안에 꽤 많은 돈이 봉투에도 담기지 않은 채 들어있었습니다. 그 액수가 30만 엔(한화 약 300만 원)이었는데, 제게 사례금으로 3만 엔을 주었습니다. 여러 번 거절했지만 꼭 받아달라고 하여 직원들과 1만 엔씩 나누고, 제가 받은 돈으로는 그들과 저녁 식사를 함께 했지요.

다음 날 동경으로 돌아오는 신칸센을 타려는데 그에게서 연락이 왔습니다. 그도 마침 비즈니스 미팅을 위해 동경에 간다며 만나자고 했습니다. 저는 동경에서 그를 만나 놀라운 얘기를 들었습니다. 그가 새로운 비즈니스로 의료기기 아이템을 찾으러 왔다고 한 겁니다.

그래서 제가 판매하고자 하는 여러 가지 제품을 열심히 설명했고, 그도 상당히 관심을 보였습니다. 그는 신제품뿐 아니라 중고 의료기기도 병행하여 판매하는 사업을 전개하려고 하니 같이 일을 해보자고 제안했습니다.

얼마 후에 그에게서 진짜로 주문이 왔습니다. 오더 리스트에는 많은 품목이 적혀있어서 확인을 위해 홍콩으로 전화했습니다. 종류별로 한 대씩 필요하냐고 물으니 한 아이템당 적어도 열 대가 필요하다고 했습니다. 제품을 다 준비하는 게 상당히 어려웠지만 하나님께서 놀랍게도 돕는 사람을 붙여주셔서 감당하게 하셨습니다.

제가 왕의 재정학교에서 배운 성경의 원칙대로 살아내려고 하니, 너무나 오묘한 방법으로 이끌어주십니다. 창업 후 1년 동안 많은 기적을 체험했습니다.

그리고 절대 전도할 수 없을 것 같았던 두 친구를 전도할 수 있었지요. 이 모든 것으로 인해 하나님께서 일하고 계심을 깨달았습니다. 앞으로도 제가 하나님 중심으로 살 때 삶이 어떻게 전개될지 기대가 큽니다. 제 삶을 통해 하나님께 영광 돌리기 위해 멋지게 살아내고 싶습니다.


## 새로운 사업의 문을 여시다

주님께서 소유하시는 기업을 세우려고 기도하던 중에 (주)엔씨그룹을 설립했다. 첫 제품으로 전기 코드가 필요 없고, 충전하지 않아도 자체 발열하여 몸의 온도를 올려주는 이문벨트를 만들었다. 그러나 쏟아지는 짝퉁(가품)으로 엄청난 손실을 입었다. 턱없는 가격 경쟁에 밀려 재고가 발생했고, 2년 연속 적자를 면치 못하다가 결국 실패를 인정하고 포기했다.

주님께서 소유하시는 기업으로 시작한 첫 사업이 실패하니, 주님 앞에서 내 마음이 낮아졌다. 다행히 사업체에 빚이 전혀 없어서 다음 사업을 기획하며 준비할 수 있는 마음의 여유가 있었다.

나는 실패의 원인을 분석하면서 주 앞에 머무르는 시간을 가졌다.

"네 하나님 여호와를 기억하라 그가 네게 재물 얻을 능력을 주셨음이라"(신 8:18).

이 말씀을 묵상하며 다시금 용기를 냈다. 이즈음에 하나님께서 새로운 사업의 기회를 주셨다. 미국에서 일하다가 한국으로 귀국한 유튜브 제자를 만났다. 주께서 그가 앞으로 주의 일에 다리 역할을 하게될 거라고 말씀하셨다.

기도하며 다음 시즌을 준비할 때, 그가 나와 미국 기업의 한 회장과의 만남을 주선했다. 어떤 사람인지 자세히 모르는 상황에서 '오직 하나님의 나라를 위해 사업하는 성령충만하신 분'으로 소개받았다.

나는 홍성건 목사님, 남편과 함께 샘 캐스터(Samuel Caster) 회장을 만났다. 처음 그를 보는데 주께서 '네 영적 아버지다'라는 마음을 주셨다. 이후 그는 나를 양녀로 받아주었고, 우리는 아버지와 딸로 교제했다. 영어로 대화를 할 때, 그가 내게 한 질문이 또렷이 기억에 남았다.

"미진 자매의 비전은 무엇인가요?"

나는 주저함 없이 대답했다.

"말씀으로 하나님나라를 견고하게 하며, 전 세계의 절대 필요가 있는 어린이들에게 영양이 포함된 양식을 공급하고 싶어요."

짧은 만남이었지만 이는 주님의 시간표 안에 있었다. 그와 헤어진 후에 그가 세계적으로 매우 유명한 사람임을 알았다. 그는 영양제를 만들어 세계 시장에서 성공했고, 비영리단체인 '매나릴리프'(MannaRelief)를 세워서 140개국의 영양결핍 아이들에게 영양을 공급하고 있었다. 그런데 회사가 커지면서 '영양공급 프로젝트'를 충분히 이해하지 못한 주주들에 의해 어쩔 수 없이 프로젝트가 중단되어 회사를 나올 수밖에 없었다고 했다. 그래서 동역자를 두고 기도하는 중에 나를 소개받았다고 했다. 그는 이전보다 훨씬 더 좋은 영양제를 이미 개발했으며, 같은 비전을 가진 사업 파트너를 구하고 있다고 말했다. 참으로 놀라운 주님의 인도하심이었다!

## OREGIN(오레진), 하나님의 선물

나는 사업 제안을 두고 많이 고민하며 오래 기도했다. 많은 재정이 들어가는 사업이라 조심스러웠다. 혼잣말로 중얼거렸다.

"하나님께서 병자들을 초자연적으로 고치시면 되는데…. 돈도 들지 않고, 사람들도 고생하지 않고…."

묵상을 통해 마음 깊은 곳에서 주님께서 말씀하셨다.

"강 좌우 가에는 각종 먹을 과실나무가 자라서 그 잎이 시들지 아니하며 열매가 끊이지 아니하고 달마다 새 열매를 맺으리니 그 물이 성소를 통하여 나옴이라 그 열매는 먹을 만하고 그 잎사귀는 약재료가 되리라"(겔 47:12).

성령의 역사를 말하는, 이미 알고 있는 말씀이었다. 그런데 사업을 위해 기도할 때 이 말씀을 계속 묵상하게 하셨다.

"그때에 히스기야가 병들어 죽게 되매 아모스의 아들 선지자 이사야가 그에게 나아와서 그에게 이르되 여호와의 말씀이 너는 집을 정리하라 네가 죽고 살지 못하리라 하셨나이다. 히스기야가 낯을 벽으로 향하고 여호와께 기도하여 이르되 여호와여 구하오니 내가 진실과 전심으로 주 앞에 행하며 주께서 보시기에 선하게 행한 것을 기억하옵소서 하고 히스기야가 심히 통곡하더라"(왕하 20:1-3).

"내가 네 기도를 들었고 네 눈물을 보았노라 내가 너를 낫게 하리니 네가 삼 일 만에 여호와의 성전에 올라가겠고 내가 네 날에 십오 년을 더할 것이며"(왕하 20:5,6).

하나님께서 히스기야를 낫게 하신다는 말씀이었다. 처음에는 담담했다. 그런데 성령께서 다음 구절을 주목하게 하셨다.

"이사야가 이르되, '무화과 반죽을 가져오라' 하매 무리가 가져다가 그 상처에 놓으니 나으니라"(왕하 20:7).

분명 하나님이 고치셨는데, 무화과 반죽을 상처에 바르도록 하여 고치셨다!

'딸아, 나는 여러 가지 방법으로 사람들을 치유한다. 오레진은 네게 주는 내 선물이다. 받아라.'

하나님의 선물로 OREGIN(오레진) 사업이 시작되었다. 엔씨그룹의 두 번째 사업은 영양제 사업이 되었다. 주께서 이 사업을 통해 전 세계의 아이들을 먹이라고 하셨다. 참으로 놀라움 그 자체였다.

미국의 최신 리서치와 논문들이 먹거리가 만성 염증, 비만 및 질병을 일으키는 주요 원인이 됨을 밝히며, 우리 몸을 당을 태우는 몸에서 지방을 태우는 몸으로 전환하기 위한 식단 가이드를 제시했다.

오레진의 '에이스발란스바'는 유일하게 월등한 성적으로 가이드가 제시한 모든 기준을 통과했다. 1,2위의 격차가 크게 났고, 모든 기준에서 뛰어난 성적을 거두었다.

샘 회장은 탁월한 영양제인 에이스발란스바 외에도 에이스메타, 에이스이뮨, 에이스제놀(뉴질랜드 청정 지역의 천연 추출물로 만듦)을 만들었다. 그는 많은 질환이 만성 염증에서 출발하는데, 이 영양제가 면역 조절에 도움을 주어 염증에 효과적으로 대처하는 데 탁월하다고 말했다.

또한 뇌질환에 도움을 주는 성분이 '제놀'인데, 뇌관문을 통과할 수 있는 천연 추출물이 원료인 제놀의 원가는 다른 제놀에 비해 몇 배나 높지만 꼭 그걸 사용해야만 한다고 했다(제놀 성분이 들어간다고 해서 다 동일한 효과가 나지 않는다고 했다).

사업의 성공은 '정직한 제품'을 만드는 것이다. 샘 회장은 성경적 재정원칙을 사업에 그대로 적용하고 있었다. 그는 기도했고, 오레진 영양제를 우리에게 몽땅 거저 주었다.


하나님께서 100퍼센트 소유하시다

오레진은 매나릴리프를 통해 전 세계의 영양결핍 아이들을 먹이기로 했다. 기업 이윤을 줄이고, 영양제 한 병을 팔면 한 명의 영양결핍 아이에게 한 달간 영양을 공급하는 "1:1:1 프로젝트"를 진행 중이다. 현재 약 100여 개국의 아동들을 먹이고 있다. 나는 오레진 영양제 수익의 90퍼센트를 하나님나라에 드리고, 10퍼센트로 살기로 헌신했다. 그런데 공동대표인 남편은 오레진 전체를 NCMN 비영리 단체로 완전히 기부하고, 수익 전액을 하나님나라에 기부할 걸 제안했다. 나는 물론 대찬성이었다!

그리고 개인 사업일 때는 병원으로만 공급하던 걸 사업체를 비영리 단체로 기부하면서 일반인도 판매원(이들을 'LC':Life-Changer라고 부른다)을 통해 또는 본사 홈페이지를 통해 구매가 가능하도록 했다.

나는 오레진이 개인 기업일 때는 어디에서도 말하지 않았다. 돌아다니며 영양제를 판다는 오해를 받고 싶지 않았기 때문이다. 그러나 비영리 단체로 기부한 요즘은 담대히 말하고 다닌다.

"여러분, 오레진 한 병이 팔릴 때마다 한 명의 영양결핍 아이가 살아나요~. 그리고 하나님나라는 확장됩니다!"

오레진의 많은 판매원(LC)들이 같은 비전으로 모였다. 주께서 놀랍게 축복하고 계신다(www.oregin.com).

CHAPTER 2

# 정말
# 부자(성부)가
# 되고 싶은가?

### 진정한 부자로 거듭나다

《왕의 재정》에서 제시하는 성경적인 방법을 훈련하고 실천해서 전혀 다른 인생을 사는 많은 사람들의 경험담을 들어보라. 2억 빚을 3년 만에, 12억 빚을 2년 만에, 20억 빚을 1년 만에 갚은 사람들. 죽으려고 할 때 만난 '왕의 재정' 강의와 훈련으로 수백억 원의 빚을 갚고 거듭난 사람들. 진정한 돈의 주인을 바꾼 그들은 진정한 부자로 거듭났다!

부자가 되기 위해 필요한 건 간단하다. '살아내는' 것이다(《왕의 재정학교 워크북》 개정판에 '살아내자! 살아내자! 살아내자! 프로젝트'를 실었다). 현재 상황을 바꾸려면 당신의 사고와 행동이 변해야 한다. 실천! 오직 실천만이 가정과 기업의 가계부 적자가 사라지고, 통장의 잔고가 쌓이게 할 수 있다.

살아내야만 통장의 잔고가 마이너스에서 플러스로 바뀐다. 왕의 재정은 복잡하지 않다. 단순한 진리를 알려준다. 당신의 사고와 행동이 변하고, 살아내기로 결정만 한다면 삶이 송두리째 변화될 것이다!

높은 수준의 삶으로 당신을 초대한다. 책에서 제시하는 방법은 매우 간단하지만 효과는 강력하다. 내가 만들어낸 게 아니라 주님의 방법이기 때문이다. 지긋지긋한 돈의 노예가 아니라 진정한 돈의 주인이 되고 싶다면《왕의 재정》1,2권에서 제시하는 원칙과 실천 워크북으로 살아내라! 가정, 기업, 교회를 막론하고 규모가 크든 작든 돈 문제는 동일한 원리가 적용된다. 이 책에서 제시하는 걸 실천하라!

살아내면 더 이상 내가 돈의 노예가 되지 않고, 돈이 내 노예가 된다. 왕의 재정 메시지는 많은 이들의 양심을 찌른다. 그래서 어떤 사람들은 나를 비판하며 악성 댓글을 달지만 나는 개의치 않는다.

내가 증거하는 모든 건 오직 내 안에 행하신 주님의 일들이다. 주께서 내가 전하는 게 주의 말씀이요 진리임을 보증하신다. 또한 많은 사람들이 나와 같은 경험으로 주님께 영광을 돌리고 있다.

> 실천할 생각이 없다면 이 책을 덮어라! 시간 낭비다.
> 오직 행동과 실천으로 당신 통장의 잔고가 바뀔 것이다!
> 행동과 실천만이 당신의 삶을 송두리째 바꿔놓는다!

### 빚쟁이에서 성부로  김재성

2017년 10월 초에 영상으로 김미진 간사님을 만났다. 처음에는 '이단'이라고 확신하며 무슨 말을 하는지 들어보자는 심정이었다. 그런데 얼마 지나지 않아 눈물이 흐르기 시작했다. 진짜 복음을 듣는 감격에 가슴이 벅차올랐다. 영상으로 받은 은혜를 살아내고 싶어서 치열한 경쟁을 뚫고, 2017년 10월 NCMN 12기 왕의 재정학교에 입학했다.

나는 14년 전에 하나님을 인격적으로 만났다. 돈이 생기면 무조건 하나님께 헌신했다. 주님께 헌신하고 싶은 마음이 커져 급기야 은행 대출을 받고 지인에게 수시로 돈을 빌리면서까지 헌신했다. 당시 나는 빚지는 것도 능력이라고 생각했다. 그렇게 헌신한 물질만 30억 원이 넘었다.

그러다 2018년 1월에는 빚이 20억 원이 넘었다. 그럼에도 물질로 더 헌신할 수 없는 지경에 이른 게 안타까울 뿐이었다. 당연히 사업에 문제가 속출했고, 큰 위기에 직면했다. 교회에 가는 것도, 사람을 만나는 것도 힘들었다. 무엇보다 주님께 더 헌신할 수 없는 현실이 가장 힘들었다.

나는 왕의 재정학교에서 홍성건 목사님과 김미진 간사님의 성경적 재정원칙 말씀을 들으면서 인생의 마지막이라고 생각하며 새로운 결단을 했다.

"내 아들아 네가 만일 이웃을 위하여 담보하며 타인을 위하여 보증하였으면… 잡히게 되었느니라 내 아들아… 이같이 하라… 노루가 사냥꾼의 손에서 벗어나는 것같이, 새가 그물 치는 자의 손에서 벗어나는 것같이 스스로 구원하라"(잠 6:1-5).

빚진 나는 마치 사냥꾼의 손에 걸려든 노루와 새의 신세였다. 사람들에게 보이는 나와 실제의 내가 너무나 달랐다. 교회에서는 칭찬받았고, 직원들에게는 존경을 받았다. 사람들에게는 성공한 사업가처럼 보였지만 나는 외국으로 도피하고 싶었다. 하지만 피한다고 해결되는 게 아니었다. 내가 달라져야 했다.

재정학교의 모든 콘텐츠와 프로세스는 '살아내는 것'에 초점을 맞춘다. 정말 죽을 각오로 살아내기로 결정해야만 했다. 소그룹 조원들, 간사님과 "살아내자 프로젝트"에 돌입했다. 온전한 십일조와 '최선의 1'을 다해 빚을 갚아야 했다. 나는 소그룹 조원들과 김미진 간사님 앞에서 내 결단을 선포했다.

"1년 안에 20억 빚을 다 갚을 것입니다!"

단돈 1만 원부터 갚으라는 말씀에 순종하여 허리띠를 졸라맸다. 더는 새 옷을 사지 않았고, 외식을 줄이며, 세 자녀에게도 꼭 필요한 비용만 지출했다. 회사는 구조조정을 했고, 불필요한 지출을 줄여나갔다. 빚을 갚을 수 있는 모든 걸 팔았다. 그리고 더는 빚내지 않았다. 정말 돈의 노예가 아니라 주님의 종이 되고 싶었다. 그렇게 하니 빚이 점점 줄었다. 10년 동안 계속 늘기만 하던 빚이 갚아지는 게 놀라웠다. 그것도 LTE급, 빛의 속도로! 이유가 뭘까?

나는 빚을 갚는 도중에도 성령께서 말씀하시는 건 가능한 범위에서 물질로 헌신했다. 불가능한 상황에서 주께서 물질의 헌신을 말씀하실 때, 우리 부부는 인색하지 않았다. 다만 주님이 말씀하시는 대로 순종하여 드렸다.

그리고 선포한 대로 1년 만에 20억 원의 빚을 완전히 청산했다. 이제 빚이 10원도 없다! 정말 날아갈 것 같다. 나는 북한 통일을 위해 2조 원을 드리기로 헌신했다. 또 최전방 선교지에 1천 개 교회를 짓겠다고 서원했다. 지금까지 10개의 교회를 지었다. 매달 이 일을 실천할 것이다. 왕의 재정 훈련이 내 인생을 송두리째 바꾸어놓았다.

재정 훈련 중에 EB-1 비자를 받게 된 것도 하나님의 놀라운 선물이었다. 내 세 자녀는 3년째 미국에서 공부하고 있다. 유학비와 생활비가 엄청나게 들었다. 나도 미국으로 가서 사업을 확장하고 싶었지만, 산더미처럼 쌓인 빚과 한국의 사업장 운영으로 결정이 쉽지 않았다.

특히 트럼프 정부가 들어서면서 영주권 통과가 거의 불가능할 정도로 막혔다. 이런 때에 주께서 미국 영주권을 신청하라는 감동을 주셨다.

'이 마음이 정말 주께로부터 온 게 맞나?'

주 앞에 머물 때 주님이 더 구체적으로 말씀하셨다.

'EB-1 비자로 영주권을 신청하라.'

나는 어안이 벙벙했다. EB-1 비자는 신청 자격부터 내게 해당되지 않았다. 특정한 학문 분야에서 국제적으로 뛰어난 업적을 인정받은 사람에게만 주는 특수 비자이기 때문이었다. 그래서 내가 비자를 받을 만한지 객관적으로 입증하기가 매우 어려웠다.

왕의 재정학교에서 가장 확실히 배운 게 "광신자가 되지 말고 믿음의 사람이 되라"였다. 그래서 주께 받은 감동을 무시하지 않고 순종하여 시도하기로 했다. 내가 준비할 수 있는 자료를 모아서 2018년 8월에 EB-1으로 미국 영주권을 신청했다(만일 영주권이 나온다면 세 자녀의 학비도 해결이 되었다).

이 일을 대행해주는 사람도 내 자료로는 승인이 불가능하다고 했다. 내가 주님의 음성을 듣고 비자를 신청한다고 말하니, 주변 사람들이 비웃었다. 주님을 비웃는 것 같은 마음이 들어서 기도에 돌입했다. 주님께 간절히 부르짖었다. 재정학교에서 배운 게 떠올랐다.

"주의 뜻이 잘 분별되지 않을 때는 '양털시험'을 하세요. 어떤 결과가 나오든 반드시 주의 뜻에 100퍼센트 순종을 결단하고 해야 합니다."

우리는 아브라함의 늙은 종(창 24:42-49)과 기드온(삿 6:36-40)처럼 주의 뜻을 알기 위해 양털시험을 했다.

'주님, 제가 미국에 가는 게 주의 뜻이라면 2018년 12월까지 EB-1 비자를 주세요. 승인되면 사업 확장을 위해 보내시는 줄 알겠습니다. 그러나 거절되면 주의 뜻이 아닌 걸로 알고 미국행을 포기합니다. 아이들도 귀국시키겠습니다.'

우리는 주의 뜻에 따라 어떤 결과든 100퍼센트 순종하기로 결정하고, 모든 걸 주님께 맡겨드렸다. 그때부터 내가 해야 할 '최선의 1'을 하기 시작했다. 승인되었을 때와 거절되었을 때를 대비했다. 승인되면 사업 확장을 위해 무엇부터 시작할지 여러 가지 사업 아이템을 정리했다. 또 거절되면 아이들을 데리고 나와야 하기에 한국에서 다닐 학교를 알아보았다.

기도 중에 주신 말씀을 붙잡고, 무엇을 하든, 어디로 가든 주님의 뜻 한가운데 있기로 하고 온전히 주님의 손에 맡겨드리니 마음에 평강이 임하고 자유로워졌다.

"네 장막터를 넓히며 네 처소의 휘장을 아끼지 말고 널리 펴되 너의 줄을 길게 하며 너의 말뚝을 견고히 할지어다"(사 54:2).

그리고 2018년 12월 6일 아침, 비자를 담당한 변호사로부터 문자를 받았다.

"축하드립니다. 비자가 승인되었습니다."

EB-1 비자 통과! 기적이 일어났다. 서류를 넣은 지 단 4개월 만이었다. 20억 원의 빚을 1년 만에 다 갚은 것과 EB-1 비자가 나온 기적이 왕의 재정학교 기간에 일어났다. 우리에게 믿음으로 사는 삶을 가르쳐주신 홍 목사님과 미진 간사님에게 감사의 마음을 전하기 위해 감사헌금을 가져갔다. 그런데 출석하는 교회를 섬기라면서 안 받으셨다. 두 분의 청빈함에 더 고개가 숙여졌다.

앞으로의 삶은 오직 하나님나라 확장을 위해 내게 주신 것 100퍼센트를 주인이신 하나님께 드릴 것이다. 뉴욕 한복판에 기독교 문명개혁운동이 일어나는 일에 헌신할 것이다.


## 하나님의 수학 공식


$$5+2=7$$
$$5+2=5000+12$$


이 수학 공식에서 당신의 답은 무엇인가? 7인가? 그렇다면 당신은 가나안 땅을 정탐한 후 믿음 없이 보고한 열 명의 정탐꾼에 속한다. 가나안 땅은 주께서 말씀하신 것처럼 젖과 꿀이 흘렀다. 아름다운 땅임을 증명하기 위해 그 땅의 포도송이를 두 사람이 메고 왔을 정도였다. 열두 정탐꾼의 보고는 정확한 사실에 근거했다(민 13,14장).

첫째, 여리고를 비롯하여 우리가 정복할 성읍들은 난공불락의 요새이며 환경적으로 정복이 불가능하다(고고학자들에 의하면 당시 여리고 성벽 위로 전차 두 대가 나란히 지나갈 정도였다고 한다. 밑에서부터 굉장히 두껍게 쌓아올려진 성이었다).

둘째, 그 땅의 족속들의 군대가 너무 강하여 군사적으로도 우리는 절대적 열세다.

셋째, 그들 중에는 아낙 자손인 거인족이 있다. 그들에 비하여 우리는 메뚜기 같다. 신장 면에서 절대적 열세다(아낙 자손인 골리앗의 키는 2.7-3.1미터였다).

이 보고를 정리하면, "환경적, 군사적, 신장 면에서 정복 불가능"이다. 이를 들은 이스라엘 백성들은 소리 높여 울었다. 이때 함께 정탐했던 갈렙이 말했다.

"잠깐만 내 말을 들어보라. 열 명의 보고는 사실이다. 그러나 그들의 계산이 잘못되었다. 내 하나님께서 '능히 그 땅을 취할 것이다'라고 말씀하셨다. 하나님은 전능자이시다. 말씀하신 하나님이 그 땅을 우리에게 주실 것이다. 그러므로 그들을 두려워 말고 올라가 그 땅을 취하자. 그들은 우리의 밥이다!"(민 13:30, 14:6-9 참고).

이 말을 들은 백성들이 더욱 완악하여져 돌로 갈렙을 치려고 할 때, 하나님께서 그들 가운데 임재하셨다.

"너희 열 명의 정탐꾼들은 너희 믿음대로 그 땅에 들어가지 못하고 광야에서 죽을 것이다. 또한 그들의 말을 듣고서 내 말을 믿지 않고 거역한 백성들도 광야에서 죽을 것이다. 그리고 광야에서 태어난 다음 세대가 그 땅에 들어갈 것이다. 그러나 갈렙은 그의 믿음대로 들어가 그 땅을 취할 것이다"(민 14:10-24 참고).

믿음이 무엇인가? 내 한계를 넘는 것이다. 믿음으로 주님의 능력을 경험하는 것이다. 믿음의 사람들은 "5+2=5000+12입니다"라고 대답할 것이다. 이 대답은 주님의 능력을 이 땅으로 끌어오게 하는 통로가 된다.

믿음이란 내 소원을 이루는 것도, 내가 바라는 걸 믿는 것도 아니다. 하나님의 언약과 약속을 믿고, 내가 할 일에 순종하며 말씀하신 그분이 이루심을 전적으로 신뢰하는 것이다.


## 돌파는 훈련에 있다 고재진

나는 광주 왕의 재정학교 2기를 수료했다. 아버지는 1급 장애인이고, 어머니는 내가 초등학교 6학년 때 가출했다. 나는 주변의 폭력에 휘말렸다. 찢어지게 가난한 환경이 싫어서 탈출하고 싶었다. 빨리 돈을 벌고 싶어서 스물일곱 살에 골프 회원권 관련 사업을 시작했다.

2009년에 성경적 재정원칙을 공부했지만 '빚지지 말라는 말은 세상 물정을 잘 모르는 목사님의 생각이지, 누가 자기 돈으로 사업을 하나? 빚 얻는 것도 능력이다'라는 생각으로 무시하며 지나쳤다.

사업은 잘 돌아갔다. 돈을 더 벌려고 빚을 내며 믿지 않는 자와 동업하여 새로운 사업에 투자했다. 그러나 빚으로 벌인 사업이 힘들어지면서 사방에서 돈을 빌리기 시작했다. 일수, 차 대출, 사채, 심지어 꽁짓돈(고리의 사채)까지 끌어들였다. 결국 파산에 이르렀다. 담당 변호사가 3-5년 실형을 각오해야 한다고 했다.

나는 두 번에 걸쳐서 목숨을 끊으려고 시도했지만 세 아이가 눈에 밟혀 포기했다. 죽지 못해 살고 있을 때 《왕의 재정》을 보고, 광주 왕의 재정학교에 입학했다. 그리고 죽을힘으로 한번 살아보자고 결심했다.

재정학교 기간에도 내 상황에는 변화가 없었다. 하루도 거르지 않고 돌아오는 약속어음을 막기 위해 매일 돈을 빌리고, 또 빌렸다. 결국 더 버틸 수 없는 지경이 되었다. 밤에 잠들면서 아침이 오지 않기를 간절히 바랐지만 어김없이 아침은 찾아왔다.

재정학교에서 믿음의 예산안을 세우라고 하는데 어디서부터 어떻게 세워야 할지 막막했다. 나는 조원들에게 "미진 간사님도 내 상황이면 믿음의 예산안을 세우지 못할 것입니다"라고 말했다. 당시 내 빚은 22억이 넘었다. 그중 당장 급한 빚이 15억 원이었다. 아무 변화 없이 답답한 가운데 재정학교를 수료했다.

그런데 소그룹 담당 간사님이 NCMN 왕의 기업으로 들어가서 훈련을 더 받으라고 조언했다. 나는 광주에 있으면 죽을 것 같아 도피 겸 NCMN 왕의 기업에 참석하러 서울로 올라갔다. 매월 셋째 주 금요일 오전 9시부터 오후 5시까지 종일 강의, 예배, 기도, 소그룹 모임이 이어졌다.

홍성건 목사님, 김미진 간사님이 말씀으로 성경적 사업 원칙을 제시하셨다. 나는 금요일 새벽 3시면 광주에서 차를 타고 서울로 올라왔다.

하지만 상황은 더 악화되었다. 왕의 기업 모임에서 정원석 간사님이 브랜드와 아이덴티티에 대해 강의하는데, '다 망한 기업에 무슨 브랜드며 아이덴티티냐? 돈 버는 방법이나 가르쳐주지'라고 생각하며 귀를 닫았다. 갈수록 두려움과 불안이 나를 사로잡았고, 숨조차 쉴 수 없었다.

어느 날, 여느 때처럼 왕의 기업 모임에 참석하여 강의를 들었다. 그런데 누군가 '죽을래, 살래?' 이렇게 묻는 것 같았다.

"너희가 두려워하는 칼이 애굽 땅으로 따라가서 너희에게 미칠 것이요 너희가 두려워하는 기근이 애굽으로 급히 따라가서 너희에게 임하리니 너희가 거기에서 죽을 것이라"(렘 42:16).

이 말씀은 전쟁이 두려워서 애굽 땅으로 도망하는 자, 기근(배고픔)이 두려워서 애굽으로 내려가는 자의 불신앙을 크게 책망한다.

"여호와의 말씀이니라 너희는 너희가 두려워하는 바벨론의 왕을 겁내지 말라 내가 너희와 함께 있어 너희를 구원하며 그의 손에서 너희를 건지리니 두려워하지 말라"(렘 42:11).

당시 '바벨론의 왕'은 나를 압박하는 모든 것이었다.

'그걸 겁내지 말라. 너를 그의 손에서 건지는 분은 주님이시다.'

그날 강의가 내 시선을 바꾸었다. 같은 조에 편성된 동역자들의 도움으로 말씀 묵상을 다시 시작하면서, 세 분의 강사님 말씀이 귀에 들어오기 시작했다. 그리고 절망적인 내 삶에서 벗어나 살아내기 위해 '믿음의 예산안'을 짰다.

먼저 지출보다 수입이 많은 구조로 만들기 위해 돈이 되는 모든 걸 팔았다. 마지막 내 자존심인 차도 팔아 치웠다. 훈련에 본격 돌입하면서 내 '최선의 1'을 다했다. 내 환경에 개입하여 역사하시는 주님이 간절히 필요했다.

또한 왕의 기업 전체 모임 예배 시간에 하나님께서 내 내면을 보게 하셨다. 허영심, 경쟁의식, 비교의식, 리더들에게 순복하지 못하는 교만을 보았다. 내 멋에 살던 내 실상이 하나도 잘난 게 없음을 깨달았다. 나는 필사적으로 살아내기 위해 모든 걸 버려야 했다. 그리고 교회 리더들과 왕의 기업 리더들에게 순종하기로 결정했다. 교회와 왕의 기업의 비전을 공유하여 내 것으로 취하면서 훈련할 힘이 조금씩 생겼다.

《왕의 재정학교 워크북》을 통한 훈련 결과는 정말 놀라웠다. 전년 8월 NCMN 광주 체인저 리더십학교(변화를 주는 지도력학교) 때 오후 6시까지 2천200만 원을 막지 못하면 모든 게 끝날 수 있는 상황이었다. 오후 5시가 넘어가고 있었지만 내 수중에는 100만 원도 없었다.

휴대폰을 만지작거리며 "돈을 빨리 빌려야 하는데 누구에게 전화할까?"라고 중얼거렸다. 그동안 나는 어떻게든 내 걸 지키기 위해 발버둥쳤다. 그런데 그날은 이런 고백이 나왔다.

"주님이 '이제 그만!'이라고 하시면 여기까지입니다. 돈을 빌려서 해결할 수는 없습니다. 빌릴 데도 없고요."

죽기를 각오하니 오히려 마음이 편안했다. 그런데 오후 5시 45분에 직원에게서 전화가 왔다.

"지난주에 상담했던 고객이 계약금을 보낸다고 연락이 왔습니다."

"그게 얼만데?"

"사장님, 2천200만 원입니다."

눈물이 왈칵 쏟아졌다. 그날 나는 결심했다.

'이제는 요단강을 건너자! 은혜의 재물로 사는 게 아니라 진리로 주시는 재물로 살아내자!'

그 이후로 지금까지 단 한 번도 돈을 빌리지 않았다. 개인과 회사의 부채도 모두 갚았다. 2년 반 만에 돌파가 일어났다. 출석하는 교회도 더 열심히 섬겼다. 그리고 먼저 가난한 자를 돌보는 사람으로 바뀌었다(지금은 예전보다 훨씬 풍부한 삶을 살며 더 좋은 차를 탄다).

나는 "오직 주님만이 내 주인이십니다"라고 고백한다. 또 수익의 90퍼센트를 하나님나라로 흘려보내는 삶을 살기로 결단한다.


### 식당 종업원이 되다

잠언 6장 1-5절의 말씀이다.

"내 아들아 네가 만일 이웃을 위하여 담보하며 타인을 위하여 보증하였으면"(1절).

내 아들아 네가 빚졌다면

"네 입의 말로 네가 얽혔으며 네 입의 말로 인하여 잡히게 되었느니라"(2절).

너는 잡히게 되었다. 영향력 없는 삶을 살게 되었다.

"내 아들아 네가 네 이웃의 손에 빠졌은즉 이같이 하라 너는 곧 가서 겸손히 네 이웃에게 간구하여 스스로 구원하되"(3절).

이같이 하라! 너 스스로 구원하라!

"네 눈을 잠들게 하지 말며 눈꺼풀을 감기게 하지 말고"(4절).

게으르지 말라!

"노루가 사냥꾼의 손에서 벗어나는 것같이, 새가 그물 치는 자의 손에서 벗어나는 것같이 스스로 구원하라"(5절).

빚 갚기 위한 '최선의 1'을 다하라.

이 말씀은 빚진 자에 대한 강한 말씀이다. 빚진 자는 잡히게 되어있다. 누구의 손에 잡히는가? 사냥꾼의 손에 걸린 노루와 그물 치는 자의 손에 걸린 새처럼 채주에게 잡힌다. 전혀 영향력을 발휘할 수 없는 삶을 말한다. 그래서 빚을 갚기 위해 목숨 건 탈출을 해야 한다.

주님이 주신 빚 갚는 전략은 다음과 같다.

첫째, "스스로 구원하라"라고 두 번이나 말씀하신다(3,5절).

　　　남이 도와주기를 바라는 게 아니다. 나는 빚 갚기 위한 어떤 수고도 하지 않고 그저 하나님께서 도와주시기만을 바라서는 안된다. 수동적이고 소극적인 자세가 아니라 능동적이며 적극적인 자세를 취해야 한다.

둘째, 부지런하라.

　　　잠언 6장 6-11절은 빚 갚기 위한 전략의 말씀이다.

셋째, '최선의 1'을 다하라.

　　　다음의 수학 공식이 이를 가장 잘 설명한다.

0×1억=0(나는 아무것도 하지 않고 요행만 기다린다)

1×1억=1억(내가 최선을 다할 때, 하나님의 능력을 경험한다)


이 말씀에서 빚 갚는 방법이 충격적이었다. "스스로 구원하고 부지런하라"라는 단순한 전략이 내 마음을 무척 무겁게 했다. 나는 처음 사업을 시작할 때 투자를 받았기에 다시 시작할 때도 투자를 받으려고 했다. 그러나 잠언은 빚을 갚기 위해 지금 당장 내가 해야 하는 목숨 건 탈출을 말씀하셨다! 나는 그 계획서를 주님 앞에 겸손히 가져가야만 했다.

50억 원을 빚지고 노숙자 같은 삶을 사는 내가 무엇을 할 수 있단 말인가? 참담했다. 그러나 다른 방법이 없었다. 내 '최선의 1'을 결단해야만 했다. 밖으로 나가서 당장 내가 할 수 있는 일을 이리저리 살피다가 길거리 벽에 붙어있는 전단지를 보았다.

"식당 주방 아줌마 구함 – 주방 보조. 한 달에 120만 원."

난 당장 연락해서 출근하기로 약속했다.


• 주인 바꾸기(빚 갚기) 프로젝트 시행 원칙

　1) 빚진 원인을 파악하여 제거한다. 예) 충동구매, 과소비, 사치품 등

　2) 오늘부터 더 이상 빚내지 않는다.

　3) 오늘부터 1만 원이라도 원금을 갚는다.

　4) '이 물건이 내게 꼭 필요한가?' 3번 질문하고 구입한다.

- 나의 빚 갚기 프로젝트

원금: 50억!

수입: 식당 종업원 급여 120만 원

매달 빚 상환액: 100만 원

집 월세: 20만 원

식비: 식당에서 남는 걸 얻는다.

처참했다. 이 계산대로라면 빚 갚는 데 500년이 걸렸다. 하지만 당시 식당 종업원은 내가 할 수 있는 '최선의 1'이었다.

다음 날 나는 식당으로 출근했다.

"아줌마~."

그때까지 나는 "사장님", "대표님", "회장님"이었다. 망했어도 사람들이 "김 사장님"이라고 불렀다. 처음 들어보는 "아줌마" 소리가 몹시 낯설었다. 하지만 열심히 일했다.

그런데 점심 시간이 끝난 뒤에 식당 사장님이 나를 부르더니 반나절 일한 금액을 주며 내일부터 출근하지 말라고 했다. 물을 틀어놓고 그릇을 씻으면 물값은 누가 감당하냐고 했다.

하지만 물러설 내가 아니었다. 다른 식당에 전화했더니 경험자를 구한다고 했다. 반나절 경험도 경험이지 않은가? 그곳에 출근하여 열심히 일했다. 저녁에 일당을 주더니 또 오지 말란다. 물을 틀어놓고 그릇 씻는 게 원인이었다. 그렇다고 포기할 순 없었다. 또 다른 식당으로 출근했지만 같은 이유로 나오지 말라고 했다.

그렇게 세 군데 식당에서 쫓겨났다. 내가 무엇을 잘못하고 있는지 주 앞에서 점검했다.

'지금 나는 하나님의 공급장소와 공급방법 안에 있는가?'

당시 나는 주님의 음성 듣는 삶을 잘 몰랐다. 주의 음성이 들리지 않았다. 그러나 기도하면 계속 떠나지 않는 생각이 있었다. 망할 때 안경점을 거의 반값 급매로 넘겼는데, 그곳에 직원으로 취업을 하고 싶었다.


## 안경점 사장에서 종업원이 되다

내가 매매한 안경점 사장님에게 사정을 말했다. 안경사 자격증이 있어서 300만 원의 급여를 받기로 하고 취업할 수 있었다. 안경점에 내가 사장일 때 함께 일했던 직원은 몇 명만 남아있었고, 새로운 직원이 많았다. 책임부장도 바뀌었다. 당시는 IMF 상황이어서 급여를 많이 받는 직원은 감원됐다.

적자가 계속되자 사장님은 예전에 나와 함께 근무했던 부장도 내보내겠다고 했다. 그 집에는 초등학생 자녀가 둘이나 있었다. 내가 사장님에게 부탁했다.

"사장님, 그를 자르지 말고 내 월급을 150만 원씩 나누어주세요. 그리고 우리 둘이 장사를 잘해서 매출을 많이 올리면 각각 300만 원을 주고, 일정 금액 이상 올리면 10퍼센트 성과급도 주세요."

그러자 사장님이 불가능한 매출 목표를 정해줬다. 나는 그 부장과 함께 간절히 주님께 매달렸다. 손님을 몰아서 우리에게 보내달라고 기도했다(당시 그 부장은 예수를 믿지 않았다).

매출이 떨어지면 당장 둘 다 해고될 판이었다. 우리는 손님 한 사람한 사람에게 친절하게 최선을 다했다. 손님들은 우리의 친절에 감동했고 또 다른 사람을 소개해주었다. 심지어 식구들도 데리고 왔다. 하나님께서는 첫 달부터 우리에게 배당된 매출 목표액을 훌쩍 넘겨서 성과급까지 받게 하셨다. 그 부장은 그 일로 교회에 나가게 되었다.

내가 안경점 사장일 때, 남편은 도망가고, 1급 장애인 아들과 사는 가난한 엄마가 안경점 뒷골목에서 살고 있었다. 나는 그녀가 안경점 앞에 좌판을 펴고 아이스크림 장사를 할 수 있게 배려했다. 그리고 매달 쌀과 생활비를 50-100만 원씩 주었다.

그런데 사장이 바뀐 다음에는 좌판을 못 세워 처참하게 살고 있었다. 내 마음이 정말 괴로웠다. 나도 도울 수 있는 형편이 아니어서 한가지 방법을 강구했다. 안경점에서 매일 주는 점심과 저녁 식대 2만 원을 모아서 그 엄마에게 주고, 나는 도시락으로 해결했다. 반찬은 늘김치뿐이었다.

하루는 안경점에 붙은 창고에서 밥을 먹는데, 새로 온 부장이 내 도시락 뚜껑을 신경질적으로 닫으며 말했다.

"왜 식비를 주는데 도시락을 싸 와서 매장에 김치 냄새를 풍깁니까?"

나는 할 수 없이 창고 밖 뒷골목에 박스를 펴고 앉아 도시락을 먹었다. 새 부장은 나를 못마땅하게 여겼다. 지금의 사장도 모셔야 하고 옛 사장도 있으니, 무조건 내 꼬투리를 잡아서 쫓아내려 했다.

한번은 내 단골손님이 왔다. 이들은 내가 여전히 사장인 줄 알고 나를 "사장님~"이라고 부르면서 대화했다. 나는 망했다는 말을 굳이 하고 싶지 않아 가만히 있었다. 그런데 그 부장이 오더니 "김미진 선생은 이제 사장이 아닙니다. 망해서 안경점을 매매했습니다. 새로운 사장님이 계시니 그냥 '김 선생'으로 호칭해주세요"라고 했다.

정말 창피하고 속이 상했다. 그는 내 자존심에 큰 상처를 입혔다. 그러나 나는 '여기서 울면 지는 거다. 버텨야 한다'라고 마음을 다잡았다. 그가 나를 쫓아내기 위해 손님들 앞에서 계속 창피를 주었지만 난 살아남기 위해서 웃어야 했다. 그는 종일 나를 못살게 굴며 무시했다. 근무시간인 오전 9시부터 오후 10시까지 13시간 동안 이 일은 계속되었다.


## 무지개

나는 상한 마음으로 집에 와서 어린 유진이를 재우고 교회로 갔다. 0시 30분이었다. 본당 문을 걸어 잠그고 강단으로 올라가 십자가 앞에 꿇어 엎드렸다. 종일 꾹꾹 눌렀던 감정이 폭발했다. 나는 두 주먹을 불끈 쥐고 벌벌 떨며 소리를 질렀다.

"야~ 이놈! 넌 부장이고, 난 사장이야! 내가 사장이라고!"

그래도 분이 풀리지 않았다.

"내가 너를 용서하지 않을 거야! 야~ 이 못된 놈아!"

한참을 고래고래 고함을 질렀다. 혈기를 내고 나니 힘이 없어 쓰러져서 펑펑 울었다. 아무도 없는 캄캄한 본당의 시계는 새벽 1시 30분을 가리키고 있었다. 그런데 어디선가 이런 소리가 들렸다.

"사~ 장~ 님~, 사장님~."

순간 겁이 났다. 교회에 무슨 귀신이 있나 싶었다. 잘못 들었나 생각할 때, 그 소리가 또 들렸다.

"사장님~ 사장님~."

겁이 나서 강대상 안쪽으로 숨었다. 그런데 또 들렸다.

"사장님~."

나는 잔뜩 겁먹은 소리로 말했다.

"누가 있어요? 누구세요?"

알고 보니 사랑하는 친구 이경희(당시 우리 교회 부목사님 사모님)였다.

"미진아, 울지 마라. 내가 너를 평생 사장님이라고 불러줄게~. 김미진 사장님~."

경희는 나보다 먼저 와서 혼자 기도하다가 장의자 밑에서 잠들었는데, 내가 하도 고함을 쳐서 놀라서 깼다고 했다. 그날 우리는 서로 붙잡고 얼마나 울었는지 모른다! 그 친구는 그렇게 내 버팀목이 되어주었다.

얼마 지나지 않은 어느 날, 우리는 기도하면서 무지개를 보았다. 경희가 말했다.

"미진아~ 주께서 안경점을 다시 네게 돌려주실 것 같아."

나는 믿기지 않았다. 다시 매입하려면 큰돈이 있어야 했다. 무슨 수로 다시 내 것이 된다는 말인가? 믿어지지 않는 약속의 무지개를 본 이

후에도 그 부장 때문에 안경점에 출근하는 일이 생지옥에 들어가는 것처럼 힘들었다. 3개월이 지난 어느 날, 여전히 무너진 마음으로 교회에서 기도했다. 그런데 주께서 권위에 순종하라는 마음을 주셨다. 난 종업원이니 그를 "부장님"으로 모시라고 하셨다. 사실 그때까지도 내가 종업원임을 받아들이기가 힘들었다.

매장 구석구석에 내가 해놓은 인테리어와 내 손으로 만든 것들이 그대로 있었다. 그래서 여전히 내가 주인이라고 착각했다. 주님의 말씀에 순복하여 다음 날 부장에게 용서를 구하고, 권위에 순종하겠다고 말했다. 하지만 마음은 엄청 서러웠다.

몇 개월이 더 지났다. 어느 날, 안경점에 품위 있고 고상한 사모님(안경점 사장 부인)이 찾아왔다. 그녀는 몹시 화가 난 상태였다. 부부 사이에 힘든 일이 발생한 것이다.

이 사건으로 주님께서 놀랍게 개입하셨다. 돈 한 푼 없는 내가 안경점을 다시 인수할 수 있었다. 친구의 말처럼 안경점이 다시 내 것이 되었다! 그때까지 나는 불가능한 환경만 바라보고 주님의 능력을 제한했으나 사랑하는 내 친구 경희가 믿음 없는 나를 붙잡아주었다.


## 하나님의 공급장소와 공급방법 안에 있으라

여호와의 말씀이 엘리야에게 임하여 이르시되, '너는 여기서 떠나 동쪽으로 가서 요단 앞 그릿 시냇가에 숨고 그 시냇물을 마시라. 내가 까마귀들에게 명령하여 거기서 너를 먹이게 하리라.' 그가 여호와의 말씀과 같이 하여 곧 가서 요단 앞 그릿 시냇가에 머물매 까마귀들이 아침에도 떡과 고기를, 저녁에도 떡과 고기를 가져왔고 그가 시냇물을 마셨으나 땅에 비가 내리지 아니하므로 얼마 후에 그 시내가 마르니라 왕상 17:2-7

하나님은 엘리야에게 공급장소를 '그릿 시냇가'로 지정하시고, 공급방법을 '까마귀'라고 말씀하셨다. 엘리야는 즉시 순종했다. 그런데 비가 내리지 않아 얼마 후에 시내가 말랐다. 이때 영적으로 예민하게 깨어있어야 한다. 하나님이 명하신 약속 장소에 있으면 그분이 일하시기 때문이다.

물이 부족하자 주께서 공급장소와 공급방법을 바꾸어 해결하셨다. 이때 까마귀를 바라보며 의지하면 안 된다. 내게 헌금을 많이 해주는 사람(까마귀)을 의지하지 말고, 까마귀를 보내시는 하나님을 전적으로 의지하고 바라보아야 한다. 내 주변 사람을 바라보지 말고 하나님만 의지해야 한다.

여호와의 말씀이 엘리야에게 임하여 이르시되, 너는 일어나 시돈에 속한 사르밧으로 가서 거기 머물라 내가 그곳 과부에게 명령하여 네게 음식을 주게 하였느니라 왕상 17:8,9

하나님은 공급장소를 그릿 시냇가에서 '사르밧 땅'으로, 공급방법을 까마귀에서 '과부'로 바꾸셨다. 사르밧 땅의 가난한 과부를 향한 하나님의 사랑은 그녀가 가진 전부를 요구하셨다. 오병이어의 기적을 베푸시기 위한 하나님의 계획을 그녀가 어찌 알았겠는가?

때로는 과부에게 그랬던 것처럼 내 전부를 요구하시는 이해되지 않는 상황이 발생할 수 있다. 영생을 얻고 싶었던 부자 청년에게도 그러셨다. 그가 예수께 왔을 때, "네게 있는 걸 다 팔아서 가난한 자에게 주라"라고 하셨다. 돈을 사랑한 부자 청년은 그 말씀을 듣고 예수님을 떠났다. 사실 예수님은 돈이 아니라 그의 마음을 요구하셨다.

예수님은 그에게 은혜와 영생과 영원한 상급을 주고 싶으셨다. 그러나 부자 청년은 돈 앞에서 무너졌다. 그는 믿음에 가난한 자였다. 반면에 사르밧 땅의 가난한 과부는 말씀에 순종함으로 영육이 모두 부요해졌다. 극심한 가뭄과 기근으로 가난한 과부의 소유는 통에 든 한 움큼의 가루와 병에 담긴 기름 조금뿐이었다. 그녀는 이것으로 음식을 만들어 먹고 아들과 죽으려 한다고 말했다(왕상 17:8-13 참고). 이 상황에서 하나님은 과부에게 믿음을 보이라고 하셨다.

엘리야가 그에게 이르되, '두려워하지 말고 가서 네 말대로 하려니와 먼저 그것으로 나를 위하여 작은 떡 한 개를 만들어 내게로 가져오고 그 후에 너와 네 아들을 위하여 만들라. 이스라엘의 하나님 여호와의 말씀이 나 여호와가 비를 지면에 내리는 날까지 그 통의 가루가 떨어지지 아니하고 그 병의 기름이 없어지지 아니하리라' 하셨느니라. 그가 가서 엘리야의 말대로 하였더니 그와 엘리야와 그의 식구가 여러 날 먹었으나 여호와께서 엘리야를 통하여 하신 말씀같이 통의 가루가 떨어지지 아니

하고 병의 기름이 없어지지 아니하니라 _왕상 17:13-16_

하나님을 경험하고 싶은가? 주님이 말씀하신다면 벼랑 끝에 서는 용기와 대가 지불을 결정하라. 엘리야와 과부는 순종으로 하나님의 역사를 경험했다. 가난한 과부의 통의 가루와 병의 기름이 없어지지 않는 기적은 말씀에 순종함으로 탄생했다.

현재의 직장이 나를 향한 하나님의 공급장소이며, 회사 대표를 통해서 공급받는 시즌임을 안다면 직장에 절대 소홀하지 않을 것이다. 또한 하나님은 어떤 사람에게는 그가 운영하는 사업을 통해 공급하신다. 초자연적 공급만 하나님의 공급이라고 믿는 사람은 내가 할 일은 하지 않는 광신자가 될 수 있다.

내 인생 가운데도 공급장소와 공급방법이 자주 바뀌었다. 직장생활을 할 때가 있었고, 도·소매 장사를 할 때가 있었다. 무역을 하고, 물건을 제조 판매하고, 유통할 때가 있었다. 지금은 영양제를 만들게 하신다. 그러므로 하나님 음성 듣는 삶을 통해 예민하게 발견해야 한다.

지금 하는 일이 계속 막히는가? 계속 누적 적자에 허덕이는가? 주님 앞에서 점검하고 질문하라.

> "나는 지금 하나님의 공급장소에 있는가?"
> "지금 이것이 하나님의 공급방법인가?"

그리고 간절히 주님을 의지하고 기도하라.

한번은 어떤 사람의 사업 컨설팅을 해주었다. 그런데 그는 예전에 아주 잘되었던 시절만 생각하며 사업장 정리를 하지 못했다. 이미 적자가 시작된 지 7, 8년이 지났고, 누적되어 어떤 소망도 없어 보이는데 말이다. 하나님의 공급방법과 공급장소는 바뀔 수 있음을 알아야 한다(추천 세미나: NCMN '하나님 음성 듣기 세미나' / 추천 도서: 《왕의 음성》, 홍성건, 김미진 공저).

## 벼랑 끝에 서는 용기 권혜혁

나는 대학 시절 캠퍼스 전도에 힘쓰며 전적으로 주께 헌신했다. 복음으로 세상을 변화시키고 싶었다. 그러나 열정이 앞선 내 노력과 방법으로는 한계에 부딪혔다. NCMN에서 말하는 'Nations-Changer(네이션 체인저)'가 되고 싶었지만, 세상에 영향을 끼치며 살아가는 방법을 찾지 못했다.

졸업 후에는 경제 영역에서 일했다. 하지만 그때까지 돈을 다루는 성경적 재정원칙을 배운 적이 없었다. 그래서 경제 영역을 장악하고 있는 맘몬이 심어주는 세상적 사고방식으로 실패감과 패배감에 휩싸여 살았다. 한편으로 주께서 나를 구원하셨기에 무조건 헌신하고 희생하며 살아야 한다는 의무감으로 하는 신앙생활은 무겁기만 했다.

어느 날, 왕의 재정 강의를 통해 경제 영역의 성경적 원리를 들었다. 정말 충격적이었다. 하나님은 경제 영역 안에서도 주인이시고, 공급자 되며 다스리시는 분임을 깨달았다. 영상에서 김미진 간사님이 망한 게

억울해서 하나님께 따지는 장면을 보았다.

그동안 주님을 위해 헌금한 걸 나열하며 '왜 나를 망하게 하십니까?'라고 물을 때 '내가 언제 네게 헌금을 강요한 적이 있느냐?' 하시는 주님 음성에 간사님은 주께서 마치 닭 잡아먹고 오리발 내미시는 느낌을 받았다고 했다.

그 고백이 어떤 압박에서 나를 완전히 자유케 했다. 그때부터 매일 강의를 듣고 또 들었다. 다른 사람과 대화하는 시간 외에는 거의 강의를 들었다. 그러자 간사님이 돈 이야기를 하는 게 아님을 점점 깨달았다. 한마디로 "네 주인이 누구냐"라고 도전하고 있었다. 믿음으로 사는 삶에 대한 것이었다.

믿음으로 사는 삶을 체계적으로 훈련하고 싶어서 NCMN 3기 왕의 재정학교에 입학했다. 입학 전부터 인터넷 강의를 통해 배운 빚 갚기 프로젝트를 시행했다. 외식하지 않고, 새 옷을 사지 않고, 아끼고 절약하여 집 대출금과 학자금 대출을 모두 갚았다.

그리고 본격적인 재정학교 훈련이 시작되었다. 맘몬의 영향력을 제거하는 과정에서 부정직한 방법으로 재물을 얻은 것들을 바로잡아야 했다. 물려받은 회사를 키우는 과정에서 서류를 조작하여 따낸 인증서와 국가사업을 다 취소했다. 불의하게 혜택을 받은 건 다시 대가 지불하며 회사를 정결하게 했다.

훈련을 받으며 내가 왜 빚을 지게 되었는지 원인 파악을 할 수 있었다. '경계성 없는 지출의 삶'이 문제였다. 물질을 내 마음대로 사용하는 '내가 주인인 삶'에서 돌이켜 주님만 주인 되시고 나는 청지기로 관리해야

함을 철저히 배웠다. 그래서 주인에게 묻고 지출하는 걸 통해 오히려 더 풍성히 섬기고, 누리고, 나누는 삶을 살 수 있었다.

하나님 음성 듣는 최고의 훈련은 플로잉(주님의 음성 듣고 주는 삶)이었다. 2주 차 훈련 내용은 교만한 물건(분수에 넘치게 빚지면서 구입한 것)을 주님 앞에서 깨뜨리는 것이었다. 주께서 집에 있는 자전거 2대를 보여주셨다. 나는 누구에게 주라는 음성을 못 들었기에 비지정으로 재정학교에 가져갔다. 비지정 플로잉은 주님 앞에서 기도한 물건이 나오면 기도한 걸 겸손하게 전체 앞에 말하고, 주님의 공급으로 인정하여 가져가는 것이다.

놀랍게도 김미진 간사님이 손을 들었다. 남자용, 여자용 자전거 각각 한 대씩을 기도했다고. 정확하게 기도한 사람이 있다는 것과 내가 하나님의 음성을 잘 들었다는 감격, 그 짜릿함을 잊을 수 없다. 간사님이 자전거를 받았고, 학생 중에 자전거 한 대씩을 놓고 기도한 사람들이 있어서 그 자리에서 다시 그들에게 흘려보냈다.

강의 수강을 마치고 적용 기간 아웃리치 1주 차를 가기 위해 집을 나서는데 '컴퓨터를 담당 간사님에게 플로잉하라'라는 감동이 왔다. 내가 들은 음성을 확인해보고 싶어서 간사님에게 물었다. 간사님은 '흰색 컴퓨터를 주시면 주님의 공급으로 알겠습니다'라고 기도했다고 했다. 참으로 놀라웠다! 내 컴퓨터는 흰색이었다.

나는 플로잉을 통해 하나님 음성 듣는 걸 예민하게 배워갔다. 또한 왕의 재정학교에서 벼랑 끝에 세우시는 주님 앞에 용기 있게 서는 법도 배웠다.

"예수께서 그를 보시고 사랑하사 이르시되 네게 아직도 한 가지 부족한 것이 있으니 가서 네게 있는 것을 다 팔아 가난한 자들에게 주라 그리하면 하늘에서 보화가 네게 있으리라 그리고 와서 나를 따르라 하시니"(막 10:21).

주께서 이 말씀으로 나를 부르셨다. 나는 순종하기로 했다. 그러나 혼자 결정할 일이 아니었다. 나는 양털시험을 하기로 했다. 주께 '아내에게 들은 말씀을 나누지 않겠으니, 주께서 동일한 말씀으로 그녀에게도 말씀하시면 우리 부부를 부르신 줄 알고 순종하겠습니다'라고 기도했다.

그다음 주가 되자 아내가 주께 들은 말씀이 있다며 내가 받은 말씀과 동일한 말씀을 나누었다! 우리는 벼랑 끝에 서기로 결정하고, 전 재산인 아파트를 팔아 빚을 먼저 다 갚고, 남은 금액은 하나님나라의 프로젝트(가난한 자)로 흘려보냈다.

어느 날, 주께서 내 차(SM5)를 누구에게 주라고 하셨다. 훈련할수록 "믿음으로 사는 삶이 가장 쉽고, 믿음으로 살지 않는 삶이 가장 어렵다"라던 김미진 간사님의 말씀이 실감났다. 훈련을 통해 이미 모든 것의 주인은 오직 주님으로 완전히 바뀌어있던 터라 즉시 순종하여 주님이 말씀하신 분에게 흘려보냈다. 기꺼이 대가 지불하여 순종했다.

얼마 지나지 않아 믿기지 않는 놀라운 일이 일어났다. 11기 재정학교 500명이 보는 앞에서 주께서 내게 새것이나 다름없는 고급 차(벤츠 E350)를 멋지게 공급하셨다. 간사님의 '설화수의 하나님'은 살아계신 내 하나님이시다!

새로운 사업 아이템도 생각나게 하셨다. 주께서 허락하시는 사업인지 확인이 필요했다. 아이템을 사업으로 만들려면 자금이 필요했고, 빚 지지 않기 위해서는 사업자금을 주님께 구하는 것 외에는 다른 방법이 없었다. 우리는 필요자금을 누구에게도 말하지 않기로 결정했다.

그런데 어느 날 장인어른이 부르셨다. 예전에 내가 장인어른 회사에 근무했을 때 하나님께서 배가로 축복하셔서 사업이 번창했는데 제대로 보답을 못했다며 1억5천만 원을 주셨다. 정말 놀라웠다. 우리는 원룸에서 지금 사는 작은 아파트로 이사했다. 그리고 아주 작게 사업을 시작해서 소망을 가지고 열심히 일하고 있다.

더 놀라운 간증이 있다. 우리 부부는 결혼 10년이 지나도록 아이가 없었다. 아이를 갖는 게 거의 불가능했다. 그런데 말씀에 순종하여 가난한 자들을 섬겼을 뿐인데 믿음으로 사는 삶의 놀라운 이자율로 하나님께서 너무 사랑스러운 아들을 선물로 주셨다.

왕의 재정 훈련 당시는 빚을 갚고 나니 가정과 기업의 재정이 없었다. 그런데 몇 년이 지난 지금, 4억의 재물이 초자연적으로 생겼다. 우리 부부는 기도하고 하나님나라의 프로젝트에 모두 드렸다. 순종할 수 있는 힘을 주신 주님, 풍성하게 하신 주님께 모든 영광을 돌려드린다.

– 나는 이 부부를 옆에서 지켜보았다. 치열하게 훈련하며 살아내는 모습이 너무 대견하고 고마웠다. 노숙인을 마음으로 섬기는 이들의 삶에서 예수님의 향기를 맡는다.

CHAPTER 3

# 믿음으로
# 사는 삶

순종하는 자에게 다음 걸음을 보이시는 하나님

믿음으로 사는 삶은 저절로 되지 않는다.

**첫째, 영적인 권위의 자리에 있다고 되지 않는다.**

　　예를 들면, 목사, 선교사, 장로, 권사라고

　　믿음의 사람이 자동으로 되지 않는다.

**둘째, 신앙의 연수로 되지 않는다.**

　　수십 년 신앙생활을 하고, 심지어 모태신앙이라도

　　믿음의 사람이 자동으로 되지 않는다.

**셋째, 성경 말씀을 지식으로 많이 안다고 되지 않는다.**

　　성경 지식이 많다고 믿음의 사람이 자동으로 되지 않는다.

　믿음으로 사는 삶은 '하나님 말씀에 순종하는 행동'이 반드시 동반된다. 믿음으로 살 때 하나님을 경험하며, 신뢰하는 사람으로 바뀐다. 그래서 먼저 된 자가 나중 되고, 나중 된 자가 먼저 되는 일이 있다고 주님은 말씀하신다.

예수 믿은 지 1년밖에 되지 않아도 말씀에 순종하는 믿음의 사람이 될 수 있다. 저절로 믿음의 사람이 되지 못하기에 우리는 늘 깨어있어야 하고, 주님 앞에 두렵고 떨리는 마음을 가져야 한다.

내 인생의 어느 영역이든지 새로운 간증이 없다면 죽은 신앙인이다. 몇십 년 전의 은혜와 간증으로 오늘의 사역을 감당한다면 참으로 부끄러운 사역자이다. 어제의 기름부음으로 오늘의 사역을 감당할 수 없기 때문이다!

주의 말씀은 내 발의 등불이요 내 길의 빛입니다 시 119:105, 표준새번역

하나님이 말씀하시는 스타일을 연구해보라. 아브라함을 부르실 때, "네 고향과 친척과 아버지의 집을 떠나라"라고 명하셨다. 그러고는 어느 땅인지 명확하게 말씀하지 않으시고 "내가 네게 보여줄 땅으로 가라"라고 하셨다(창 12:1 참고).

"믿음으로 아브라함은 부르심을 받았을 때에 순종하여 장래의 유업으로 받을 땅에 나아갈 새 갈 바를 알지 못하고 나아갔으며"(히 11:8).

그는 어느 땅으로 가야 하는지 전혀 알지 못하고 오직 말씀에 순종해서 갔다.

사무엘은 어떤가?

"폐하시고 다윗을 왕으로 세우시고 증언하여 이르시되 내가 이새의 아들 다윗을 만나니 내 마음에 맞는 사람이라 내 뜻을 다 이루리라 하

시더니"(행 13:22).

하나님의 결정은 사울을 폐하시고 다윗을 왕으로 세우는 것이었다. 사무엘에게 말씀하시길, "내가 베들레헴 이새의 집에서 한 왕을 보았으니 내가 네게 알게 하는 자에게 기름부어 왕으로 세우라"라고 하셨다(삼상 16:1-3 참고). 사무엘은 누구를 왕으로 기름부어야 할지 모른 채 이새의 집에 도착했다.

그리고 이새의 일곱 아들 중 맏아들 엘리압을 보는 순간 이렇게 생각했다.

"그들이 오매 사무엘이 엘리압을 보고 마음에 이르기를 '여호와의 기름부으실 자가 과연 주님 앞에 있도다' 하였더니 여호와께서 사무엘에게 이르시되 '그의 용모와 키를 보지 말라. 내가 이미 그를 버렸노라. 내가 보는 것은 사람과 같지 아니하니 사람은 외모를 보거니와 나 여호와는 중심을 보느니라' 하시더라"(삼상 16:6,7).

첫째, 하나님께서는 외모가 아니라 중심을 보신다.

사람은 외모를 보지만 하나님은 중심을 보신다. 나는 여기서 소망을 발견했다. 누구에게나 동일한 기회를 주시는 하나님이 참 좋다.

- 외모: 학벌, 능력, 재력, 집안 배경, 얼굴, 키 등은 세상의 기준이다.
- 중심: 믿음, 충성, 온유, 겸손, 정직 등은 하나님의 기준이다.

하나님의 사람인 사무엘마저 엘리압의 외모에 속을 뻔했다.

둘째, 하나님께서는 말씀에 순종하는 자를 통해 일하신다.

누구에게 기름부을지 모른 채 순종하여 이새의 집으로 간 사무엘은 실수할 뻔했다. 그러나 결국 그의 순종으로 주께서 왕으로 기름부을 자 다윗을 알게 하셨다.

셋째, 하나님께서는 순종하는 자에게 다음 걸음을 말씀하신다.

아브라함과 사무엘의 공통점은 처음부터 끝까지 알지 못했다는 것이다. 하나님은 어디로 가야 하는지, 누구에게 기름부어야 하는지 말씀하지 않으셨다. 그러나 순종하여 한 걸음을 내디딜 때 마침내 가나안 땅으로 인도하셨고(창 12:5), 기름부을 자를 정확히 알게 하셨다(삼상 16:6-12).

하나님의 뜻을 알고 싶은가? 주님은 우리가 순종하여 출발하면 목적지까지 정확하게 이끄신다. 하나님께서는 처음부터 끝까지 말씀하지 않으신다. 첫걸음을 순종해야 다음 걸음을 말씀하신다. 이것을 《왕의 재정》1,2권에서 보물찾기처럼 찾아보라.

## 명품 시계가 명품 차가 되다

기도 중에 이런 마음이 쏙 들어왔다.

'제자가 스승의 물건을 갖고 싶지 않겠느냐?'

맞다. 나도 홍 목사님의 물건을 갖고 싶었다. 목사님이 쓰시던 아이패드를 받았을 때는 마치 엘리야의 기름부음이 엘리사에게 온 것처럼 정말 기뻤다. 그래서 내 물건을 제자들에게 나누기 시작했다. 그중 가장 아까운 것 하나는 주님이 보시지 못하게 잘 숨겨놓았다!

몇 달이 지났다. 숨겨놓은 명품 시계가 계속 마음에 걸렸다. 할 수 없이 꺼내어 주님 앞에 내놓았다. 그걸 사랑하는 제자인 이재희 간사에게 주라고 하셨다. 그에게 주었더니 매우 감격했다. 그는 자기가 타던 벤츠를 주님의 말씀에 순종하여 기꺼이 흘려보냈다. 나는 이런 제자들이 자랑스럽다.

또 시간이 흘렀다. 내 차는 작은 국민차인데, 주행 기록이 20만 킬로미터가 넘었다. 그러나 아들의 결혼으로 재정이 바닥인 상태여서 차를 바꾸지 못하고 있었다. 매일 집회를 다니느라 고속도로를 3시간 이상 달리는 내게는 차가 가장 중요한 물건이었다.

내 차를 보다 못한 스승님이 자동차 구입 비용 마중물로 500만 원을 플로잉하셨다. 그 후 바로 두 명의 제자도 플로잉을 보내왔다. 그러나 차를 구입하기에는 턱없이 부족했다. 차 구입을 위해 주님께 기도드리며 재정을 저축하는데, 갑자기 어머니의 가르침이 생각났다.

"딸아, 항상 주의 종을 먼저 살피거라~."

수고를 많이 하는 한 선교사님이 생각났다. 자동차 관련 일을 하는 간사를 통해 작은 차를 구입해서 선교사님께 먼저 보내드렸다. 내 마음이 참 기뻤다. 그리고 내 차 구입을 위해 다시 허리띠를 졸라매고 재정을 모았다.

얼마 지나지 않아 안과의사인 사랑하는 제자로부터 플로잉 메시지 한 통을 받았다. 새벽 기도 때 주께서 마음을 주셨다고 했다.

"사랑하는 미진 간사님의 발이 되어드리고 싶습니다. 가장 좋은 차를 구입하세요. 계좌 이체하겠습니다."

그리고 명품 차 구입비를 보냈다. 놀라운 일이 내 인생에 벌어졌다. 늘 주기만 했는데 2018년에는 엄청나게 받게 하셨다. 남의 재정에 충성하라고 배웠기에 지금까지 타고 다니던 차종을 주문했다. 그런데 경유차라 국가 정책상 당분간 판매하지 않는다고 해서 중형차를 구입했다.

두세 번 착용하고 숨겨놓았던 명품 시계와 명품 차, 스승과 제자들의 순종이 주님 앞에 나를 부끄럽게 했다. 주님을 경험하는 크고 작은 사건을 통해 나는 날마다 배우며 성장하고 있다. 명품 시계를 명품 차로 바꾸어주신 풍성하신 주님을 자랑하고 싶다.


하나님께 쓰임 받는 사람들의 특징

주님은 그분을 인격적으로 깊이 만난 경험이 있는 사람들을 사용하신다. 그런 이들과의 만남을 통해 나를 향한 그분의 사랑을 깊이 경험한다. 하나님의 능력과 마주치면 담대한 믿음의 사람으로, 하나님을 향한 흔들리지 않는 신뢰를 가진 사람으로 바뀐다.

모세는 쓰임 받기 전에 기적을 체험함으로써 능력의 하나님을 만났다. 하나님께서 그를 통해 앞으로 하실 일들이 모두 그분의 능력으로만 가능했기 때문이다.

하나님의 말씀에 따라 손에 든 지팡이를 땅에 던졌더니 뱀이 되었고, 뱀의 꼬리를 잡았더니 다시 지팡이가 되었다. 손을 품속에 넣었더니 문둥병이 생겼고, 다시 품속에 넣었다가 빼니 깨끗하게 되었다(출 4:1-12 참고).

요셉은 웅덩이, 노예시장, 보디발의 집, 왕의 감옥에서 비전을 이루어가시는 하나님의 깊은 섭리를 보았다. 그리고 어느 상황에서든 그를 보호하시는 그분을 만났다.

아브라함은 믿음으로 잘 출발했으나 두려움으로 아내 사라를 두 번이나 다른 남자에게 시집 보내는 믿음의 실수와 실패를 경험했다(창 12:10-20, 20:1-11 참고). 하지만 이를 통해 긍휼의 하나님, 용서와 용납의 하나님, 다시 기회를 주시는 하나님을 깊이 만났다.

롯을 구하는 과정에서 아브람의 장막에서 태어나 그가 훈련시킨 318명이 북방 4개국을 쳐 조카 롯과 포로들과 빼앗겼던 모든 소유를 되찾았다. 이를 통해 아브라함은 전쟁은 하나님께 속한 것이고, 오직 하나님만이 역사의 주인이심을 경험했다(창 14:14-16 참고).

기드온은 대중적으로 쓰임 받기 전에 먼저 개인적으로 함께하시는 하나님을 만났다. "양털에만 이슬이 젖고 주변 땅은 마르게 하소서"라고 기도했더니 그대로 되었다. 또 "이번에는 주변 땅에만 이슬이 있게 하시고 양털은 마르게 하소서"라고 했더니 그대로 되었다. 이 양털 시험을 통해 하나님을 경험한 기드온은 그 후에 용사가 되어 주의 사명을 성취했다(삿 6:36-40 참고).

엘리야는 사르밧 과부의 죽은 아이를 살리시는 하나님의 능력을 경험했다. 그 후에 바알의 선지자 450명과 갈멜산에서 겨루어 이겼다.

그는 하나님의 능력의 불을 경험했다(왕상 17, 18장 참고).

다윗은 골리앗 사건으로 만군의 여호와 이름의 능력을 경험했다. 전쟁은 오직 하나님께 속한 것임을 알았다. 그리고 밧세바 사건으로 아들을 데려가신 하나님께 순복하며 죄와 용서에 대한 하나님의 마음을 깊이 알았다.

다니엘과 그의 세 친구는 또 어떤가? 성경의 수많은 증인을 일일이 기록할 수 없다. 성경 속의 사람들이나 지난 2천 년간 신약 교회의 역사에서 대중적으로 쓰임 받은 사람들의 이야기를 들어보라. 그들은 모두 개인적으로 하나님과 깊이 만난 사람들이었다.

개인적으로 하나님을 깊이 만나려면 하나님과 만나는 시간을 따로 만들어야 한다.

첫 번째, 가장 확실한 방법은 성경 말씀을
　　　　매일 꾸준히 읽고 묵상하는 것이다.
두 번째, 말씀에 순종하는 삶을 통해 하나님을 경험할 수 있다.
세 번째, 시간을 따로 내어 좋은 세미나, 훈련학교 등에서
　　　　하나님에 대해 배우고 훈련하는 것이다.

하나님을 아는 데 시간을 드려라!

## 목회의 터닝포인트 정철한

1997년 9월 15일, 주님은 나를 대구 땅으로 인도하셨다. 아는 사람 하나 없는 낯선 땅에서 어떻게 사역을 해야 할지 몰라 밤낮으로 주님께 엎드렸다. 대구 온누리사랑교회를 개척하여 8명으로 시작한 교회가 150명으로 부흥 성장했다. 한국교회를 섬기고 싶은 마음에 큰 차를 사고, 음향장비와 영상장비를 구비하고, 찬양단을 세워서 전국으로 다니며 부흥회를 인도했다. 가는 곳곳에 치유가 일어났고, 스러져 가던 작은 교회들이 다시 세워졌지만, 많은 재정 투자로 우리 교회에 크고 작은 문제들이 생겼다.

내가 밖으로만 나가니 부흥하던 교회 성장이 정체되었고, 재정이 어려워지면서 성도들이 지쳐서 교회를 떠났다. 결국 나는 15년간 지속한 부흥 사역을 내려놓았다. 그리고 2014년, 대구 주암산에서 밤낮으로 간절히 부르짖으며 주께 나아갔지만 교회에는 아무 변화도 일어나지 않았고, 내 몸은 병들었다.

그해 9월 말부터 잔기침을 하더니 10월 초가 되자 체중이 8킬로그램이나 빠졌다. 영양 부족으로만 생각하고 있다가 종합검사를 받았는데 폐, 췌장, 흉선 이상과 류머티즘 증상이 발견되었다. 의사의 권유로 경북대병원 호흡기내과 박재용 원장님을 소개받아 검사한 결과, 폐암 말기로 몸 전체에 암이 퍼졌다는 판정을 받았다.

박 원장님이 아내를 불러 "3-6개월밖에 살 수 없으니 맛있는 것 많이 드시게 하고, 좋은 곳에 여행 다니세요. 병원에서 치료할 방법이 없습니다"라고 말했다. 나는 참담했다. 목회자와 부흥사로서 최선을 다한 결과가 이것인가? 교인들은 떠나고, 큰 빚으로 교회는 파산 직전이고, 몸은 병들어 죽게 되었으니…. 억장이 무너졌다. 그러나 정신을 차려야 한다고 다짐했다.

'내 하나님이 누구신가? 죽어서 나흘이나 지나 냄새나는 나사로를 살리신 전능자 아니신가? 문둥병자가 고침 받고, 벙어리가 말하고, 눈먼 자가 눈을 뜨고 앉은뱅이가 일어나는 기적의 나라가 하나님의 나라가 아닌가? 네 믿음이 너를 구원했느니라. 그렇다. 믿음! 이것이 하나님의 나라이다. 이대로 죽을 수는 없다. 살아보자!'

전 성도와 함께한 금식기도는 눈물바다였다. 그렇게 2개월이 지나고 다시 종합검사를 받았다. 며칠 후, 놀라운 검사 결과가 나왔다.

"폐와 췌장 등으로 퍼진 모든 종양이 사라졌습니다!"

나보다 의사가 더 놀랐다. 몇 명 남지 않은 교인들은 하나님의 능력을 직접 목격했다. 하나님이 나를 살려주셔서 제2의 인생을 얻었다. 나는 완전히 다시 목회를 시작하자는 마음으로 주님의 인도를 기다렸다.

그즈음 친한 목사님으로부터 NCMN을 소개받아 6기 왕의 재정학교에 입학했다. 첫날부터 적응이 쉽지 않았다. 조폭같이 생긴 조 간사님이 "형제님~"이라고 부르는 것 자체가 충격이었다. 20년 목회한 목사이며 부흥사인 내게 형제님이라니, 참기가 힘들었다. 내 권위가 땅바닥에 떨어지는 느낌이었다.

내가 "나, 목사야" 하고 말하니, 간사님이 "목사님~ 형제님이라고 부르면 안 되나요?"라고 했다. 기가 막혔다. 첫 수업을 마친 후에 앞으로 수업에 잘 따르겠다고 서약하는 시간이 있었다. 하지만 나는 화가 나서 대구로 내려와버렸다. 그리고 무거운 마음으로 교회 강단에 엎드렸다.

'주님, 제2의 목회를 위해 기도하는 중에 왕의 재정학교로 인도받았는데, 제가 계속 다녀야 합니까? 조폭 같은 간사가 20년 목회한 목사에게 형제님이라고 부릅니다.'

자존심이 상해서 주님 앞에 엎드렸다. 한참이 지난 후에 주님이 말씀하셨다.

'아들아, 너는 형제가 아니고 자매더냐? 내가 너를 다시 살리지 않았더냐? 모든 걸 다 내려놓아라!'

주께서 내 교만한 마음을 보게 하시며 겸손하게 배우라고 하셨다. 그날 나는 새롭게 태어났다.

나는 재정학교 2주 차에 간사님과 조원들 앞에서 "제가 교만했습니다. 훈련 잘 받겠습니다"라고 고백하고 훈련에 돌입했다. 우리 4조는 가장 문제가 심각한 사람들만 모아놓은 것 같았다. 학교 책임자인 김미진 간사님이 말했다.

"소그룹 조를 편성할 때 누가 누군지 모르기에 리더십 간사님들이 기도를 많이 합니다."

주님의 인도를 받으면서 조를 편성하는데, 다 짜고 보면 놀랍다고 했다. 간사님이 "비슷한 사람들끼리 조가 편성됩니다. 조원의 모습에서 나를 발견하고 훈련하십시오"라고 말했다.

나는 기가 막혔다.

'이런 교만하고 오만하고 자기중심적인 4조에 내가 편성되다니!'

그러나 한 주, 두 주 지나면서 "나는 죄인 중에 괴수입니다"라는 사도 바울의 고백이 생각났다. 정말 그랬다. 조원들의 모습을 통해 주님은 내 교만을 깊이 다루셨다. 마음 문을 열고 강의 말씀을 깊이 받아들이기 시작하면서 은혜가 되었고, 하나님나라의 소망이 되살아났다.

학교는 역동적이었고, 성령행전을 이 시대에 쓰는 놀라운 현장이었다. 나는 조 간사님을 도와서 조원들과의 연합에 힘썼다. 그 결과 "죽음의 조"가 바뀌어 죽지 않는 "불사조"라는 별명을 얻었다. 성령께서 "교만한 조"를 "겸손한 조"로 바꾸셨다. 하나님은 제2의 목회를 위해 나를 새롭게 빚고 계셨다.

재정학교는 내 목회의 터닝포인트였다. 그다음으로 등록한 '체인저 리더십학교'를 통해 참된 리더의 모습을 익혔고, '쉐마말씀학교'를 통해 말씀을 새롭게 정리했다. NCMN의 학교와 세미나를 통해 내 갈급함이 채워졌고, 양적인 교회 부흥만 바라보던 걸 내려놓았다. 또한 성도를 바라보는 아비의 마음이 생기니 성도들도 치유되었다.

그리고 대구 땅에서 처음으로 '왕의 재정 부흥회'를 했다. 부흥회 이후 교인들의 묶인 재정과 교회의 재정이 한꺼번에 풀어지면서 교회의 큰 빚을 다 갚았다.

내게도 제2의 인생이 열렸다. 교회 빚이 없으니 날아갈 것만 같았다. 임직자들도 NCMN 훈련에 참가하여 같은 비전으로 나아가게 되었다. 또한 5K 운동본부에서 교회 부흥을 위해 잘 짜놓은 전략을 배우고 교회에 접목하자 주일학교부터 배가로 부흥되었다. 지금은 좌석이 차고 넘치게 배가되어 성전건축을 하지 않으면 안 될 정도여서 전 성도와 함께 기도하고 있다. 인생의 세컨드 찬스를 주신 우리 주님을 높여드린다.

수백 명의 목사님들이 NCMN 스쿨을 수료하면서 놀라운 간증을 한다. 성령행전의 역사를 보는 학생과 간사들의 모습에서 하나님을 향한 열정과 구원의 기쁨과 은혜가 넘친다. 말씀을 심장에 깊이 새기는 사람들에게서 많은 도전을 받았다. NCMN의 사명 선언문인 "기독교 문명개혁운동을 주도하라!"에 네트워크 교회로서 동역하여 사명을 감당하고 싶다.


## 하나님의 능력을 제한하지 말라

하나님의 능력은 오늘날에도 그대로 집행된다. 어제나 오늘이나 영원토록 동일하신 그분의 능력을 제한하거나 의심하지 말라. 믿음의 수준을 레벨업 시켜라. 놀라운 일들이 NCMN 사역 안에서 국내외적으로 일어난다.

매 스쿨에 참여했던 500명 이상의 학생과 간사가 증인들이다. 스쿨마다 10퍼센트 정도는 목회 사역자와 선교사가 참석한다.

- 안 들리던 귀가 열렸습니다.
- 못 걷던 다리로 걷게 되었습니다.
- 안 보이던 시력이 회복되었습니다.
- 펄펄 끓었던 열병이 순간에 사라졌습니다.
- 온몸의 아토피가 치유되었습니다.

- 백혈병을 완전히 치유받았습니다.
- 10년 이상 임신하지 못했는데 아이를 가졌습니다.
- 이마에 생긴 혹을 수술하려고 했는데 그냥 없어졌습니다.
- 자궁의 큰 혹 몇 개가 하루 만에 사라졌습니다.
- 각종 암이 치유되었습니다.
- 수년간의 혈루증이 멈추었습니다.
- 알코올 중독이 끊어졌습니다.
- 성 중독이 끊어졌습니다.
- 예배 중에 방언이 터졌습니다.

사역 중에 일어난 일들을 다 기록할 수 없을 정도다. 기록된 말씀의 사건은 오늘날에도 믿음의 사람을 통해 그대로 집행되는 걸 아는가?

"한 나병환자가 나아와 절하며 이르되 주여 원하시면 저를 깨끗하게 하실 수 있나이다… 내가 원하노니 깨끗함을 받으라 하시니 즉시 그의 나병이 깨끗하여진지라"(마 8:2,3).

"한 백부장이 나아와 간구하여 이르되 주여 내 하인이 중풍병으로 집에 누워 몹시 괴로워하나이다… 예수께서 백부장에게 이르시되 가라 네 믿은 대로 될지어다 하시니 그 즉시 하인이 나으니라"(마 8:5-13).

"열두 해 동안이나 혈루증으로 앓는 여자가 예수의 뒤로 와서 그 겉옷 가를 만지니… 네 믿음이 너를 구원하였다 하시니 여자가 그 즉시 구원을 받으니라"(마 9:20-22).

"예수께서 거기에서 떠나가실새 두 맹인이 따라오며 소리 질러 이르되 다윗의 자손이여 우리를 불쌍히 여기소서… 이에 예수께서 그들의 눈을 만지시며 이르시되 너희 믿음대로 되라 하시니 그 눈들이 밝아진지라"(마 9:27-30).

"아직 예수께서 말씀하실 때에 회당장의 집에서 사람들이 와서 회당장에게 이르되 당신의 딸이 죽었나이다… 예수께서 그 하는 말을 곁에서 들으시고 회당장에게 이르시되 두려워하지 말고 믿기만 하라 하시고… 달리다굼 하시니 번역하면 곧 내가 네게 말하노니 소녀야 일어나라 하심이라 소녀가 곧 일어나서 걸으니 나이가 열두 살이라 사람들이 곧 크게 놀라고 놀라거늘"(막 5:35-42).

하나님의 능력은 회당장의 죽은 딸을 살리셨고, 죽은 지 나흘 되어 냄새나는 나사로도 살리셨다.

"이 일들을 증언하고 이 일들을 기록한 제자가 이 사람이라 우리는 그의 증언이 참된 줄 아노라"(요 21:24).

"예수께서 행하신 일이 이 외에도 많으니 만일 낱낱이 기록된다면 이 세상이라도 이 기록된 책을 두기에 부족할 줄 아노라"(요 21:25).

"말 못하는 사람이 말하고 장애인이 온전하게 되고 다리 저는 사람이 걸으며 맹인이 보는 것을 무리가 보고 놀랍게 여겨 이스라엘의 하나님께 영광을 돌리니라"(마 15:31).

하나님의 나라가 임할 때 마음이 상한 자가 고침 받고, 포로 된 자에게 자유가, 갇힌 자에게 놓임이 선포되는 걸 현장에서 목격한다. 치유의 기적이 일어나면 기도해준 사람에게 집중하게 된다. 절대 그러지 마라. 그들은 아무 능력이 없다. 고치신 분은 우리 주님이시다.

그들은 그 시간에 주께서 통로로 사용했을 뿐이다. 선한 수고에 감사한 마음은 전하되, 오직 우리 주님께만 영광을 돌려라. 주님만 찬송 받으셔야 마땅하다.


## 업혀 왔다가 걸어서 나가다

2017년 말, 새가나안교회에서 재정 부흥회를 인도할 때 3일째에 주께서 말씀하셨다.

'딸아, 내일 불치병을 고치겠다. 기도하는 시간을 가져라.'

굉장히 부담스러운 주님의 음성에 고민하다가 담임목사님과 상의했다. 감사하게도 목사님이 나를 믿어주셨다. 그래서 집회 마지막 날에 홍성건 목사님을 특별 초청해서 치유집회를 했다. 나는 그날 주께서 누구를 고치실지 몰랐다. 그저 불치병이 고쳐진다는 것만 알았다.

집회가 끝나고 많은 사람이 고침을 받았다고 담임목사님이 말했다. 그중 담임목사님의 처남(목사)의 딸이 있었다. 자매는 대학에 다니다가 갑자기 걷지 못하게 되었다고 한다. 좋은 병원에 다 다녔지만 병명과 원인을 못 찾았다. 딸은 휴학하고 집에서 지내던 중 업혀서 집회에 참석했다. 그런 그녀가 집회 후에 집으로 돌아가서 바로 줄넘기를 할 정도로 치유되었고, 지금은 온전히 걸을 수 있다고 한다.

하나님은 역사하시는 분이다. 그분의 능력을 이 땅에 집행하는 데는 오직 믿음이 필요하다. 엘리야가 승천한 후 엘리사가 하나님께 질문했다(왕하 2:14 참고).

"엘리야의 하나님은 어디 있습니까?"

이렇게 질문하지 말라. 그 하나님은 여전히 우리와 함께 계신다. 오히려 그분이 우리에게 질문하실 것이다.

"엘리야의 하나님은 언제나 여기에 있다. 그러나 나의 엘리야들은 어디에 있느냐?"


## 나를 다시 살리신 하나님 정연순

예수 믿지 않는 친정을 떠나 신학교에 다니던 시절, 지인의 소개로 결혼을 했다. 남편은 3대째 예수를 믿는 가정에서 태어났다. 내 결혼생활은 마음껏 예수 믿고 사역을 펼칠 수 있을 거라는 기대감과 설렘으로 출발했다. 그러나 곧 고통과 수렁의 시간으로 바뀌었다. 나는 편두통과 어지럼증, 위경련이 심했는데 병원비가 없어 육체의 고통 속에 나날을 보내야 했다.

뒤늦게 신학을 한 남편은 목회를 하면서도 하나님 앞에 버려야 할 것들을 버리지 못했다. 그리고 나는 가정의 생계를 책임져야 했다. 여자로서 견디기 힘든 불의한 일이 15년간 지속되면서 비참한 사역자의 삶을 살았다. 빚은 끝없이 늘었고, 신용불량자로, 파산으로 삶의 소망이 완전히 끊어졌다. 남편으로부터 받은 고통으로 결혼생활은 상처투성이였다. 그러나 목회자 가정이기에 사람들에게 다 말할 수도 없었다.

어느 날 지하철을 타고 가면서 우연히 왕의 재정 영상을 보았다. 강의가 지워지지 않고 계속 뇌리에 남았다. 그날부터 동영상 강의로 공부하면서 내가 정말 속빈(세상에 속해있는 가난한 사람)임을 깨달았다. 하나님 앞에 너무 죄송하게 살아온 시간을 눈물로 회개했다. 그리고 다시는 빚지는 삶을 살지 않으리라 결단했다.

내 인생에 가장 추운 시간이었지만, 하나님을 깊이 만나기로 결심하고 NCMN 4기 왕의 재정학교에 입학했다. 내 내면을 갈아엎고 새로운 삶으로 인도함을 받는 시간이었다.

"너희는 이전 일을 기억하지 말며 옛날 일을 생각하지 말라 보라 내가 새 일을 행하리니 이제 나타낼 것이라 너희가 그것을 알지 못하겠느냐 반드시 내가 광야에 길을 사막에 강을 내리니"(사 43:18,19).

재정학교를 수료한 뒤 삶에 조금씩 변화가 일어났다. 빚지는 삶을 거절하고, 내가 할 수 있는 '최선의 1'을 다해 빚 갚기를 시작했다. 대부분은 지인에게 빌렸던 돈이었다. 재정학교 기간 중에 다시는 빚지지 않는 삶을 살기 위한 훈련에 돌입했다. 그러는 동안 빚을 탕감받기도 했다.

"모든 것의 주인은 하나님이십니다! 모든 것의 공급자도 하나님이십니다! 내 안정감은 오직 하나님께 있습니다!"

이렇게 고백하고 외치고, 훈련 또 훈련했다. 정말 빚이 빠르게 갚아지는 놀라운 경험을 했다. 초자연적인 크고 작은 공급과 기적 같은 일들이 일어났다. 이는 나로 하여금 하나님을 다시 신뢰하고 일어서게 했고, 믿음으로 사는 삶의 두려움도 없애주었다.

비참한 속빈 사역자의 삶에서 돌이켜 하나님을 알아가는 데 전적으로 시간을 드렸다. 그러자 훈련을 통해 배운 걸 실천할 수 있는 힘이 생겼다. 믿음으로 사는 삶의 도전으로 내 인생이 완전히 바뀌었다.

어느 날, 기도 중에 주께서 나를 한 번도 해보지 않은 사역으로 부르셨다. 장애인과 노숙인 사역이었다. 주님은 '이곳이 앞으로 네 사역지'라고 말씀하셨다. 그들에 대한 이해가 거의 없었지만, 주께서 내 안에 그들을 긍휼히 여기는 새 마음을 부어주셨다. 나를 부르시고 그분의 사역을 맡겨주셨다.

'비참한 생계형 사역자의 삶'에서 건져내어 회복시키시고, '참된 성빈의 삶'으로 인도하시는 주님으로 인해 감사와 기쁨과 소망이 충만했다. 나는 NCMN 5K 운동 구제사역 중 서울역의 노숙인 500명과 장애우들, 폐휴지 줍는 어르신들, 사각지대에서 어려움을 겪는 이들을 위해 반찬을 만들어 섬기고, 그들의 머리 모양을 다듬어주고, 손톱, 발톱을 깎아주고, 발을 씻겨주고, 상처를 치료해주면서 주님의 마음을 더 알아가고 있다. 주께서 맡기신 30여 명을 충성되게 섬기고 있다.

새로운 사역을 하며 고질병이던 편두통, 어지럼증, 위경련이 모두 치유되었다. 또한 NCMN 5K 운동을 통해 북한을 심장에 품고 기도하게 되었다. 우리는 북한의 고아, 과부, 객들을 섬기기 위해 구체적으로 전략을 짜고, 통일이 되면 가장 먼저 구제팀으로 들어가기 위해 열심히 준비하고 있다.

"나를 보내신 이가 나와 함께하시도다 나는 항상 그가 기뻐하시는 일을 행하므로 나를 혼자 두지 아니하셨느니라"(요 8:29).

만신창이였던 나를 바꾸어 사역자로 쓰시는 주님께 찬양드린다.

- 처음 연순 자매를 만난 때를 분명히 기억한다. 마치 걸어 다니는 송장처럼 느껴지던 그가 무서운 속도로 사역자로 바뀌어갔다. 그는 주님께 순종하는 사람이다. 지금은 놀라운 사역자로 거듭났다.

# '살아내자! 살아내자! 살아내자! 프로젝트'
# 시행 전 숙지 사항

1. 신용카드 현금서비스, 월급 담보 대출, 주택 임대 후 소유(렌탈 이자 19-30퍼센트)를 멀리하라.
   - 저소득층이 이 제도를 이용하면 밑바닥에서 헤어 나오기 힘들다. 가난한 자를 착취하는 합법적 수단으로, 돈을 빌려주는 자가 이익을 취하는 제도다.
   - 소득의 20-30퍼센트 선에서 이자나 원금+이자가 지출되는 집에 대한 담보 대출을 제외하고 다른 빚을 지면 안 된다.

2. 환급형 보험은 좋은 투자 상품이 아니다. 유의하라.
   - 비환급형 보험, 의료비 보장보험은 좋은 대비책이다. 돈이 없을수록 보험에 가입해야 한다.

3. 개인 파산은 정말 말리고 싶다. 인생이 바뀌는 최악의 경험을 한다.

4. 걸음마를 하듯 한 걸음씩, 착실하게 실천하라.

5. 마중물 돈(긴급 자금)을 속성으로 만들어서 시작하라. 만약 그 돈을 썼다면 다시 채우고 다음 단계를 실천하라.

6. 축의금, 조의금, 명절 준비, 세일 등은 결코 긴급한 일이 아니다.

7. 성공한 사람들은 반드시 종이 위에 쓴 목표가 있다.
   - 〈포브스〉지 선정 미국 400대 기업인 리스트가 있다. 이들 기업의 75퍼센트는 부채 없이 부를 이루었다고 한다(로열 그린스, 시스코, 마이크로소프트, 할리데이비슨 등이 부채 없이 운영된다).

8. 믿음의 예산안을 작성하고, 가족과 함께 시작하라.

9. 예상치 못한 지출이 생길 때는 가족회의를 통해 결정하고, 다른 예산에서 그만큼 줄여라.

10. 연체금이 하나도 없는 상태로 만들라. 만약 있다면 가장 많은 예산을 연체금 상환에 배정하라. 빚 갚는 데 총력을 기울여라.

예) 4인 가족 맞벌이 부부의 한 달 수입 700만 원

| 지출 내용 | 지출 금액 |
|---|---|
| 주택 담보 대출 상환액 | 150만 원 |
| 자동차 할부금(유류비와 자동차세 포함) | 100만 원 |
| 각종 할부금과 휴대전화 2대 | 20만 원 |
| 매달 카드 지출(현금서비스 포함) | 200만 원 |
| 생활비(관리비 포함) | 200만 원 |
| 교육비 | 50만 원 |
| 4인 가족 용돈 | 70만 원 |
| 지출 합계 | 790만 원 |

벌써 빚지는 구조이다. 이렇게 계속 살면 10년, 20년, 30년이 지난 노년에도 힘들고 지친 삶이 기다린다. 카드 돌려막기, 마이너스 통장이 될 게 뻔히 보인다. 허리띠를 졸라매고 카드와 자동차만 없애도 매달 300만 원을 저축할 수 있다. 이를 복리로 30년 저축하면, 세금 빼고 약 16억5천만 원을 수령하게 된다.

예) 매월 300만 원 저축, 30년 3퍼센트 이자로 복리 계산

| 원금 | 1,080,000,000원 |
|---|---|
| 복리이자 | 672,581,180원 |
| 합계 | 1,752,581,180원 |
| 세금 15.4퍼센트 지출 후 수령액 | 1,649,003,679원 |

남들과 다른 삶을 선택하라. 빚 없이 시작하면 부자가 되는 건 10년이면 충분하다. 더는 꿈이 아닌 현실이 된다. 친구나 친척에게 돈을 빌려주거나 보증을 서지 말라. 그러지 않으면 그들과의 관계는 끝난다. 왜냐면 채주와 종의 관계가 되기 때문이다.

11. 본격적인 부를 축적하려면 아래 사항을 기억하라.

   - 남의 눈, 체면을 의식하지 말라. 그러지 않으면 축의금, 조의금, 생활용품, 의복, 식사 등을 과소비하게 된다. 90퍼센트 이상의 사람들은 실제로 능력이 없으면서 이런 항목에 돈을 쓴다.
   - 왕의 재정에서 배운 걸 무조건 끝까지 실천하라.
   - 믿음의 예산안으로 주님 뜻대로 살려고 노력하면 은혜를 주신다.
   - 부채 제로(0)가 되는 시점을 계획하라.
     자녀 학자금과 퇴직금을 마련하라. 뮤추얼 펀드에 10-15년을 꾸준히 분산 투자하라. 세제 혜택이 있는 상품을 꼼꼼히 살펴라.

12. 진정한 부자들이 부를 사용하는 방법

   - 선을 행하되, 선한 일을 많이 하라. 베풀고 나누는 삶은 큰 기쁨이 있을 뿐더러 실제적인 보상이 주어진다.
   - 자신과 가족을 위해 즐겁게 지출하라.
   - 여행에 투자하라.
   - 돈을 잘 투자하여 수익을 올려라. 건강한 투자, 펀드, 임대 수익 등.

# 나의 살아내기 4(5)주 프로젝트

현재 내가 해결해야 하는 과제들은 무엇이 있는가?

(생각나는 대로 적어본다.)

1. 당면 과제 생각하기

나의 삶의 비전(목표)으로 가는 데 있어서 지금 내게 당면한 과제 중 반드시 달성해야 하는 건 무엇인가?(1-2가지 과제 선정 : 절대 무리한 계획 안됨)

2. 당면 과제의 전략 수립하기

내가 4(5)주간 달성해야 하는 구체적인 방법은 무엇인가?

3. 전략을 위한 구체적 실행방안 수립하기

4. 실행방안 자가 평가하기

나는 다음의 일들에 최선을 다했는가?

매일 자가 평가를 하고 4(5)주간 평점을 낸다(0-10점).

예시1) 빚 있는 경우

: 훈련하는 6개월 동안 계획하는 월간 목표 과제가 달라질 수 있다.

현재 내가 해결해야 하는 과제들은 무엇인가?(생각나는 대로 적기)

예) 빚 갚기 ┃ 저축하기 ┃ 하늘은행 통장 ┃ 말씀의 적용 및 충분한 영적 공급(말

씀, 기도, 묵상) ┃ 새로운 것 배우기 ┃ 친구와 가족에게 연락하기


1. 당면 과제 생각하기

나의 삶의 비전(목표)으로 가는 데 있어서 당면한 과제 중 반드시 달성해

야 하는 건 무엇인가?(1-2가지 과제 선정 : 절대 무리한 계획 안됨)

- 빚 갚기(4(5)주간 갚을 금액 정하기)


2. 빚 갚기 위한 전략 수립하기

내가 4(5)주간 달성해야 하는 구체적인 방법은 무엇인가?

- 장보기 ┃ 외식 1개월에 1번 ┃ 아르바이트 하기 등


3. 전략을 위한 구체적 실행방안 수립하기

- 장보기(1주일/5만 원) ┃ 외식(1개월/1번) ┃ 경조사비 겸손하게 ┃ 하늘은행 통장


4. 실행방안 자가 평가하기

나는 다음의 일들에 최선을 다했는가? 매일 자가 평가를 하고 4(5)주

후 평점을 낸다(0-10점).

## 빚 있는 경우 – ○월 주간 / 월간 평가표

* 점수는 실행 정도에 따라 자가 평가 : 0-10점(지출/섬김 기준 : 최선의 지출/섬김이었는가?)

| 나는 다음의 일들에 최선을 다했는가? | | 1주차 | 2주차 | 3주차 | 4주차 | 5주차 | 월간 평가 |
|---|---|---|---|---|---|---|---|
| 빚 갚기 | 장보기 (1주일/5만 원) | 10 | 10 | 10 | 10 | 10 | 50 |
| | 외식 (1개월/1번) | 10 | 10 | 10 | 10 | 10 | 50 |
| | 경조사비 (겸손) 금액 | × | 100,000 | 50,000 | × | × | 150,000 |
| | 경조사비 (겸손) 점수 | 10 | 10 | 10 | 10 | 10 | 50 |
| | 추가수입 확보 금액 | 5,000 | 100,000 | 30,000 | 3,000 | 20,000 | 158,000 |
| | 추가수입 확보 점수 | 10 | 10 | 10 | 10 | 10 | 50 |
| | 재정 강의 듣기 | 10 | 10 | 10 | 10 | 10 | 50 |
| | 《왕의 재정》 정독 | 10 | 10 | 10 | 10 | 10 | 50 |
| 저축하기 | 최선의 저축 금액 | 500,000 | 3,000 | 5,000 | 100,000 | 7,500 | 615,500 |
| | 최선의 저축 점수 | 10 | 10 | 10 | 10 | 10 | 50 |
| 하늘은행 통장 | 좋은 땅에 최선을 다해 심자 금액 | 5,500 | 30,000 | 120,000 | 12,000 | 10,000 | 177,500 |
| | 좋은 땅에 최선을 다해 심자 점수 | 10 | 10 | 10 | 10 | 10 | 50 |
| 영적 공급 | 말씀(15장) | 10 | 10 | 10 | 10 | 10 | 50 |
| | 기도(1시간) | 10 | 10 | 10 | 10 | 10 | 50 |
| | 묵상 | 10 | 10 | 10 | 10 | 10 | 50 |
| | 새벽기도 | 10 | 10 | 10 | 10 | 10 | 50 |
| 자녀 영적 훈련 | 함께 성경통독 | 10 | 10 | 10 | 10 | 10 | 50 |
| 가족 내 믿음의 교제 | 식사 시간 교제 | 10 | 10 | 10 | 10 | 10 | 50 |
| 가족 외 교제 | 안부, 격려, 위로 | 10 | 10 | 10 | 10 | 10 | 50 |

예시2) 빚 없는 경우

: 훈련하는 6개월 동안 계획하는 월간 목표 과제가 달라질 수 있다.

　현재 내가 해결해야 하는 과제들은 무엇인가?(생각나는 대로 적기)

　예) 성부 되기 | 저축하기 | 영적 생활 점검 | 건강 생활 | 독서 | 어학 | 자녀에

　게 믿음의 교육 | 친구와 가족에게 연락하기


**1. 당면 과제 생각하기**

　나의 삶의 비전(목표)으로 가는 데 있어서 당면한 과제 중 반드시 달성해

　야 하는 건 무엇인가?(1-2가지 과제 선정 : 절대 무리한 계획 안됨)

　－ 성부 되기 | 건강 생활


**2. 성부가 되기 위한 전략 수립하기**(당면 과제의 전략 수립)

　내가 4(5)주간 달성해야 하는 구체적인 방법은 무엇인가?

　－ 성부 되기 | 저축하기 | 하늘은행 통장 적립하기


**3. 성부가 되기 위한 구체적 실행방안 수립하기**

　－ 장보기, 외식(겸손에 근거한 계획) | 성부의 목적인 성빈 섬기기

　－ 재정 강의 듣기로 훈련 지속하기 |《왕의 재정》읽기로 성부에 대한 도전 훈련하기


**4. 실행방안 자가 평가하기**

　나는 다음의 일들에 최선을 다했는가? 매일 자가 평가를 하고 4(5)주

　후 평점을 낸다(0-10점).

# 빚 없는 경우 – ○월 주간 / 월간 평가표

* 점수는 실행 정도에 따라 자가 평가 : 0−10점(지출/섬김 기준 : 최선의 지출/섬김 이었는가?)

| 나는 다음의 일들에 최선을 다했는가? | | | 1주차 | 2주차 | 3주차 | 4주차 | 5주차 | 월간 평가 |
|---|---|---|---|---|---|---|---|---|
| 성부 되기 | 장보기 (1주일/8만 원) | | 10 | 10 | 10 | 10 | 10 | 50 |
| | 외식(겸손하게) | | 10 | 10 | 10 | 10 | 10 | 50 |
| | 성빈 섬기기 | 금액 | 200,000 | 100,000 | 0 | 50,000 | 0 | 350,000 |
| | | 점수 | 10 | 10 | 10 | 10 | 10 | 50 |
| | 재정 강의 듣기 | | 10 | 10 | 10 | 10 | 10 | 50 |
| | 《왕의 재정》 정독 | | 10 | 10 | 10 | 10 | 10 | 50 |
| | 사업 지략(주께 항상 묻고 진행하기) | | 10 | 10 | 10 | 10 | 10 | 50 |
| 저축하기 | 최선의 저축 | 금액 | 200,000 | 500,000 | 900,000 | 10,000 | 30,000 | 1,640,000 |
| | | 점수 | 10 | 10 | 10 | 10 | 10 | 50 |
| 하늘은행 통장 | 좋은 땅에 최선을 다해 심자 | 금액 | 80,000 | 100,000 | 110,000 | 7,000 | 13,000 | 310,000 |
| | | 점수 | 10 | 10 | 10 | 10 | 10 | 50 |
| 영적 공급 | 말씀(15장) | | 10 | 10 | 10 | 10 | 10 | 50 |
| | 기도(1시간) | | 10 | 10 | 10 | 10 | 10 | 50 |
| | 묵상 | | 10 | 10 | 10 | 10 | 10 | 50 |
| | 새벽기도 | | 10 | 10 | 10 | 10 | 10 | 50 |
| 건강 생활 | 매일 운동 1시간 | | 10 | 10 | 10 | 10 | 10 | 50 |
| 어학 | 하루 / 1시간 | | 10 | 10 | 10 | 10 | 10 | 50 |
| 독서 | 1주 / 1권 | | 10 | 10 | 10 | 10 | 10 | 50 |
| 자녀 영적 훈련 | 말씀, 기도, 훈련 | | 10 | 10 | 10 | 10 | 10 | 50 |
| 가족 내 믿음의 교제 | 식사 시간 교제 | | 10 | 10 | 10 | 10 | 10 | 50 |
| 가족 외 교제 | 안부, 격려, 위로 | | 10 | 10 | 10 | 10 | 10 | 50 |

# PART 2

# 제단생활과 장막생활을 회복하라

# CHAPTER 1

# 하나님이
# 공급하시는
# 세 가지
# 시즌이 있다

## 초자연적으로 공급하시는 시즌

광야에서 이스라엘 백성들을 만나와 메추라기로 먹이신 일이 초자연적 하나님의 공급이다. 엘리야에게 까마귀를 통해 먹이신 것, 사르밧 과부의 가루통과 기름병이 마르지 않은 것도 마찬가지다.

내게도 이런 놀라운 공급을 경험하는 시즌이 있었다. 나는 오랜 광야에서 아무것도 할 수 없었다. 남편이 산에서 두릅과 고사리를 따오고, 바다에서 고기와 조개를 잡아 왔으며, 아들과 나는 들에서 쑥, 달래 등을 캤다. 우리가 수고한 건 아무것도 없었다. 주님께서 산, 들, 바다에 키워놓으신 걸 그저 먹게 하셨다. 때로는 모르는 사람들을 통해서도 공급하셨다.

나는 매일 하나님께서 주신 것들을 장부에 적었다.

"아이스크림 1개, 초코파이 1개, 바나나 1개, 나물 한 접시, 설화수 샘플 10개."

그리고 돈으로 환산해서 장부에 적었다. 매달 하나님은 250-300만 원 이상 빠짐없이 공급하셨다. 나는 그분의 놀라운 공급과 크고 세밀하신 사랑에 감격했다.

나는 광야에서 첫 훈련으로 내 주인을 맘몬에서 하나님으로 바꾸고, 내 입에서 나오는 말을 진리의 기반 위에 두기로 결정했다. 먼저 말부터 바꾸었다. 말씀에 근거해서 믿음의 말을 시작했다.

"내 미래는 형통할 것이다. 내 미래는 잘될 것이다. 내 미래는 소망이 충만하다. 내 아빠가 전능자 하나님이시기 때문이다."

이것이 믿음의 첫출발이었다. 왕의 재정학교에서의 첫 훈련도 '믿음의 말 하기'이다.


하나님께서는 지금도 내 필요 가운데 소소한 것까지 모두 응답하신다. 왕의 재정학교 한 학생이 하나님 음성을 듣고 싶어서 주님께 질문했다.

'주님, 제게 있는 것 중에 누구에게 무엇을 플로잉하면 좋을까요?'

'여러 나라를 다니며 말씀을 전하는 김미진 간사에게 멀티탭을 주어라.'

그는 기도하면 이 생각이 떠나지 않았다고 한다. 당시 멀티탭은 내게 꼭 필요한 물건이었다. 하지만 이것을 얻기 위해서 내가 한 건 아무것도 없었다. 단지 하나님나라를 위해서 힘을 다해 수고한 것밖에 없었다.

한번은 쓰던 손수건이 낡아서 새 손수건이 있으면 좋겠다고 생각했다. 집회 기간에는 시간을 쪼개어 쓰기에 사러 갈 시간이 없었다. 그런데 어느 간사님이 내 옆으로 오더니 조용히 말했다.

"간사님, 우실 때 휴지 쓰지 마시고 이 손수건을 쓰세요~."

호주 시드니 왕의 재정학교 강사로 갈 때의 일이다. 장시간 비행을 하다 보니 기내가 너무 건조해서 마스크팩이 있으면 좋겠다는 생각에 면세점에 갔다. 그런데 너무 비싸서 망설이다가 그냥 나왔다.

동행했던 홍 목사님이 "왜 그냥 왔어요?"라고 하셔서 내가 "너무 비싸네요~. 마스크팩이 100장 정도 있어서 매일 얼굴에 붙이면 행복하겠어요"라고 농담처럼 말했다.

그다음 주에 한국으로 돌아와 왕의 재정학교를 진행하는 중에 내게 플로잉이 들어왔다. 마스크팩 100장이었다! 한 자매가 아르바이트를 하고 돈 대신 받았다고 했다. 그녀가 너무 속이 상해서 '주님, 저는 마스크팩이 필요 없어요!'라고 했더니 '미진 간사에게 주어라'라고 하셨단다.

나는 500명 학생 앞에서 이 사연을 읽으며 울고 말았다. 주님의 한없는 자상함에 할 말이 없었다. 그저 하나님의 은혜의 공급이며 사랑이었다.


### 내가 수고하지 않은 것을 먹게 하시는 시즌

이스라엘 백성이 약속의 땅 가나안에 들어갔을 때, 하나님께서는 이방인이 수고하여 이미 씨를 뿌려 농사지어 놓은 걸 먹게 하셨다.

또 이스라엘 자손들이 길갈에 진쳤고 그달 십사일 저녁에는 여리고 평지에서 유월절을 지켰으며 유월절 이튿날에 그 땅의 소산물을 먹되 그

날에 무교병과 볶은 곡식을 먹었더라 또 그 땅의 소산물을 먹은 다음 날에 만나가 그쳤으니 이스라엘 사람들이 다시는 만나를 얻지 못하였고 그해에 가나안 땅의 소출을 먹었더라 수 5:10-12

- 만나 – 하나님의 은혜의 공급
- 소산물 – 남이 심은 걸 내가 먹는다
- 소출 – 내가 심은 걸 내가 먹는다

내가 광야에 있을 때를 농사에 비유하면 땅도, 씨앗도, 농기구도 없어서 아무것도 할 수 없었다. 이때는 다른 사람이 지어놓은 농작물 곧 그 땅의 소산을 먹게 하셨다.

제주도에서는 귤을 수확할 때 절대 다 따지 않는다. 짐승과 객이 먹도록 나무마다 몇 개씩 남겨놓는다. 밭의 어떤 농작물이라도 다 거두지 않는다. 항상 조금씩 남겨놓는다. 나는 그것으로 부족한 걸 보충했다. 주께서 남이 심은 것으로 먹이시는 시즌이 있다.


### 내가 심고 거두어 먹는 시즌

내 땅에 내가 심고, 내가 거둔다. 내 수고 가운데 공급받는 시즌이다. 심는 만큼 열매가 많이 생긴다. 이때야말로 크게 부를 움직일 수 있다. 내 땅을 갖고 사업하여 성공할 수 있는 기회다.

성경은 사업에 성공하려면 다음 세 가지를 꼭 지키라고 하신다.

첫째, 전능하신 이에게 기도해야 한다.

둘째, 마음이 청결하고 정직해야 한다.

셋째, 부지런하고 게으르지 말아야 한다.

내게도 직원으로 월급을 받는 시즌이 있었다. 그 기간에 시드 머니(seed money, 종잣돈, 사업을 시작할 수 있는 자금)를 만들어 다음 시즌을 준비했다. 이후에 하나님께서 내게 농토를 주시고 개척하라고 하셨다. 이때 빚지면 안 된다.

첫째, 직원 급여를 제때에 주어야 한다.

둘째, 임대료와 세금을 밀리지 않아야 한다.

셋째, 거래처에 결제 대금을 잘 줘야 한다.

넷째, 비품의 감가상각과 사업 확장을 위해
　　　일정액을 저축해야 한다.

사업에 성공하려면 먼저 내부고객(직원)과 외부고객(거래처)의 신뢰망이 구축되어야 한다. 나는 "손님이 왕이다"라는 서비스 정신에 치우쳐서 직원들의 희생을 강요하는 걸 좋아하지 않는다. 직원들을 먼저 잘 챙기면 그들이 손님에게도 당연히 좋은 서비스를 한다. 직원은 큰 자산이다.

또한 거래처와의 견고한 신뢰 구축도 자산이 된다. 실제로 내가 어려움을 겪을 때, 직원들과 거래처가 큰 도움을 주었다. 직원들이 자원하여 급여의 50-70퍼센트만 받겠다면서 나머지는 저축으로 생각하겠으니 사업이 풀리면 달라고 했다. 만일 사업이 안 되면 그 돈을 안 받겠다고도 했다. 또한 거래처와 쌓은 신뢰 덕분에 그들은 내게 다양한 물건을 주었고, 재고는 모두 수거해 가며 매달 신상품을 넣어주었다. 나도 물건이 팔리는 만큼 결제해주었다.

직원과 거래처가 나를 신뢰해주었기에 큰 책임감을 느끼며 더 열심히 할 수 있었다. 서로 신뢰가 있었기에 가능한 일이었다(20년이 지난 지금도 당시 직원이었던 부부가 매년 두세 번씩 반찬을 만들어서 내게 공급해준다).

우리는 살면서 어떤 일을 겪을지 모른다. 거래처의 물건 품질이 좋고 크게 잘못한 게 아니라면 작은 이익을 위해 거래처를 자주 바꾸지 말라. 예를 들면, 회사 직원식당의 재료 납품업자에게 배춧값, 콩나물 값을 따지면서 거래처를 바꾸지 말라.

경쟁사가 상식적이지 않게 싼 가격을 제시한다면 내가 모르는 다른 부분에서 속을 가능성이 크다. 항상 서로 이해되는 선에서 신뢰를 구축하고 상생하는 구조로 만들어가라.

아낀다는 건 불필요한 지출을 줄이라는 의미다. 인색함으로 거래처를 관리하는 게 아니다. 어느 한쪽이 큰 이익을 얻는 구조는 좋지 않다. 서로 이해와 납득이 되는 수준에서 상생해야 한다.

## 믿음의 예산안 윤우조

나는 왕의 재정학교 7기를 수료했다. 재정학교에서 배운 믿음의 예산안이 15개월 연속으로 놀랍게 채워지는 걸 경험했다.

나는 예전 회사를 정리하면서 떠안은 17억 부채를 갚기 위해 새로운 일을 시작할 수밖에 없었다. 그래서 왕의 재정학교에서 말하는 '믿음의 예산안'이 너무나 절실했다. 매달 수백만 원씩 이자와 부채를 갚아야 했고, 사무실 운영비, 집 월세, 생활비가 필요했다.

매달 1천만 원 이상 부족하니 예산을 작성하는 것 자체가 무의미하게 느껴졌다. 그런데 재정학교에서는 그냥 예산안이 아니고 '믿음의 예산안'을 짜라고 했다.

예산안 – 내 수입에서 예산을 세우는 것
믿음의 예산안 – 수입이 불규칙하거나 없는 것과 상관없이
　　　　　　　주님과 함께 세우는 것

나는 재정학교에서 배우고 깨우친 '최선의 1'을 해보기로 작정했다. 새로 꽃 배달 사업을 시작했으나 홍보비가 없어서 몇만 원어치 스티커를 만들어 빌딩에 붙이는 것 외엔 할 수 있는 일이 없었다.

그런데 재정 훈련으로 그해 10월에 시작한 믿음의 예산에 놀라운 일이 벌어졌다. 함께 훈련한 한 형제가 비싼 관엽 식물 2개를 주문했다. 그것이 내 메마른 마음에 마중물이 되었다. 이후 매일 매출이 늘더니 전달 대비 1천만 원이, 다음 달에도 1천만 원이 늘어났다. 주님 앞에서

기도하며 정말 꼭 필요한 것만 넣어서 짠 믿음의 예산안 총액이 주님으로부터 100퍼센트 공급되는 소중한 달이었다.

이 경험이 내게 소망을 주었다. 처음으로 월세와 약속한 부채 상환 등을 밀리지 않고 지급했다. 그런데 믿음의 예산을 시행한 지 한 달이 지난 시점에 일이 터졌다. 예전 회사 정리 중에 부가세 미납 건으로 세무서에서 통장 가압류와 카드 매출 지급 정지를 시킨 것이다. 손발이 다 묶여버렸다. 그때 재정학교에서 배운 말씀이 기억났다.

"내 아들아 네가 네 이웃의 손에 빠졌은즉 이같이 하라. 너는 곧 가서 겸손히 네 이웃에게 간구하여 스스로 구원하되"(잠 6:3).

내가 할 수 있는 일은 세무서에 찾아가 은혜를 구하는 것뿐이었다. 세무서에서는 체납액의 50퍼센트만 납부하면 나머지는 10개월 분납이 가능하다고 했다. 채무액 5천100만 원 중 2천500만 원을 납부하고 분할 확인서를 쓰면 통장 가압류와 카드 매출 지급 정지를 풀어준다고 했다.

막막했지만 내가 할 수 있는 '최선의 1'을 위해 현금을 다 긁어모으니 91만 원이었다. 잠언 말씀에 의지하여 기도하고 다시 담당자에게 가서 사정 이야기를 했다. 그런데 담당자가 크리스천이었다. 감사하게도 91만 원만 납부하고 분할 납부 계획서를 쓴 다음에 모두 풀 수 있었다. 말씀을 의지한 믿음의 순종 가운데 주신 크신 은혜였다!

그달도 믿음의 예산이 100퍼센트 공급되었다. 약속한 분할 납부도 잘 이행하여 2천900만 원의 체납액만 남았다.

내 상황을 초월해서 주님을 의지해야 하는 믿음의 예산안에 더욱 마음을 다했다. 기도를 열심히 하며 욕심을 부리지 않았다. 정해진 예산에서만 사는 겸손한 장막생활로 주님 앞에서 내가 해야 할 건 철저히 지켰다. 500만 원이 남든, 1천만 원이 남든 내가 쓸 것들의 예산안에 넣은 적이 없다. 예산보다 더 들어오는 자금은 빚 갚는 데 1순위로 사용하고, 주님의 나라를 섬기는 데 사용했다.

9개월 연속 믿음의 예산이 100퍼센트 공급되는 주님의 놀라운 은혜가 있었다. 그러던 중에 6월 28일, 돌발사태가 발생했다. 중간 결산을 하는데 믿음의 예산에서 400만 원이 부족했다. 남은 날이 이틀이기에 믿음의 예산이 채워지려면 하루에 200만 원씩 매출이 생겨야 했지만, 이는 불가능했다. 그동안 하루에 그 정도 매출이 생긴 적이 한 번도 없었기 때문이다.

나는 간절히 주님께 매달리며 내면 깊이 밀려오는 두려움과 힘겹게 싸웠다. 그 순간 이런 마음이 들었다.

'너는 왜 내 능력을 제한하니? 내 손이 짧으냐? 내가 하루에 200만 원 매출을 못 줄 거라고 생각하니?'

나는 다시 정신을 바짝 차리고 '주님의 능력을 제한한 걸 회개합니다'라고 기도했다. 다음 날, 정말 놀라운 일이 벌어졌다. 당일 매출이 260만 원이나 발생한 것이다.

중국에 있는 한국 회사에서 카톡으로 한 번에 10개의 근조화환을 주문했다. 또한 금액대가 높은 꽃과 화분 주문도 이어졌다. 그리고 그 다음 날 매출이 160만 원이 발생하여 정확히 그달의 믿음의 예산이 다 채워졌다. 남은 재정은 좋은 땅으로 흘려보냈다.

주님은 매달 예산이 확보되어야만 유지될 수 있는 벼랑 끝으로 나를 이끄셨다. 믿음의 예산이 채워지지 않으면 채권자들의 공포스러운 독촉이 이어져 최소한의 자금으로 버티며 살고 있는 가족들에 대한 미안함이 나를 덮을 것이었다. 또 매달 이자를 감당하지 못하면 나를 믿고 보증을 선 집에 빨간 딱지가 붙을 수도 있었다. 매일, 매달이 물러설 수 없는 벼랑 끝이었다.

나는 더욱 주님을 붙잡았다. '최선의 1'을 위해 노력했고, 주님께 간절히 부르짖으며 은혜를 구했다. 믿음의 예산을 주님과 계획하고, 그에 맞추어 살려고 훈련한 삶이 곧 장막생활, 제단생활이 되었다. 사업장은 곧 주님과 교제하는 제단이 되었다. 또한 최소한의 재정으로 살다 보니 자연히 겸손하게 살게 되었다.

믿음의 예산을 시작하고 1년이 지난 후에는 김영란법으로 위기가 닥쳤다. 처음에는 설마 했는데 정말 주문이 안 들어오고, 주문 취소를 하고 제일 싼 것만 찾았다.

'12개월 연속 100퍼센트 공급된 믿음의 예산도 이제 끝인가…' 싶었다. 내가 할 수 있는 건 기도뿐이었다. 마지막 주가 되자 포기할 지경이었다. 결국 매출의 30퍼센트가 줄었다.

그런데 한 달을 정산하면서 놀라운 사실을 발견했다. 마지막 주에 지인으로부터 100만 원, 50만 원, 30만 원 합계 180만 원의 플로잉을 받았는데, 그 돈을 정산하니 정확히 부족한 30퍼센트 매출에 대한 순익이었다! 소름이 돋았다. 주님을 의지했더니 까마귀를 보내면서까지

100퍼센트 공급해주셨다.

그리고 11,12월이 되자 빠졌던 매출이 회복되었다. 이 글을 쓰는 지금까지 연속해서 믿음의 예산이 공급되고 있다. 하나님께서 조금의 부족함 없이 공급하신다. 게다가 몇십만 원씩 여유 있게 공급하셔서 좋은 땅에 심을 씨로 흘려보내게 하신다.

매달 마지막 날, 실적과 채워진 믿음의 예산을 확인하고, 새 달의 믿음의 예산을 주님과 계획한다. 이날은 복된 날이며, 특별한 주님의 위로가 있는 날이다. 다음 달도 제단생활과 장막생활을 주께 약속드리며, 채주의 종인 신분에서 벗어날 날이 속히 올 것을 기대한다. 나는 왕의 재정 훈련 중 믿음의 예산안의 실천으로 모든 것의 주인이시며, 공급자이신 하나님을 깊이 경험했다.

# CHAPTER 2

# 아브라함의 씨,
# 속부 솔로몬,
# 성부 다윗

## 아브라함의 영적 DNA를 이식하라

씨의 특징은 닮는 것이다. 아버지 아브라함과 DNA가 일치해야 진짜 씨가 된다.

> 여호와께서 아브람에게 이르시되, '너는 너의 고향과 친척과 아버지의 집을 떠나 내가 네게 보여줄 땅으로 가라. 내가 너로 큰 민족을 이루고 네게 복을 주어 네 이름을 창대하게 하리니 너는 복이 될지라. 너를 축복하는 자에게는 내가 복을 내리고 너를 저주하는 자에게는 내가 저주하리니 땅의 모든 족속이 너로 말미암아 복을 얻을 것이라' 하신지라
>
> 창 12:1-3

하나님께서 아브람을 부르시고 하나님의 이름을 보증으로 건 맹세와 언약으로 그를 축복하셨다. 하나님은 그가 온 땅에 그분의 나라를 세우길 원하셨다. 이 축복을 영원한 언약으로 세우시고 아브라함의 씨 중에서 이스마엘이 아닌 이삭에게로, 이삭의 씨 중에서 에서가 아닌 야곱에게로 흘러가게 하셨다(창 12:1-3, 17,27장 참고). 이 놀라운 축복

으로 하나님의 나라를 세울 '오늘날의 아브라함의 씨'는 누구인가?

> 너희가 그리스도의 것이면 곧 아브라함의 자손(씨)이요, 약속대로 유업
> 을 이을 자니라. 그런즉 믿음으로 말미암은 자들은 아브라함의 자손인
> 줄 알지어다. 그러므로 믿음으로 말미암은 자는 믿음이 있는 아브라함
> 과 함께 복을 받느니라 갈 3:29,7,9

나는 이 말씀으로 내가 '아브라함의 씨'로서 하나님으로부터 온 합
법적인 언약의 상속자(유업을 이을 자)가 됨을 알았다. 씨의 특징이 무
엇인가? 닮아야 한다. 한번은 유진이와 아빠가 휴대폰 카메라로 손을
찍은 다음 가족 커뮤니티방에 사진을 올렸는데 얼마나 닮았는지 둘을
구분할 수 없었다.

아브라함의 영적 DNA를 닮아야만 아브라함의 씨로서 인정받는다.

- 아브라함과 닮아야 하는 삶의 두 가지
- 제단생활과 장막생활

- 아브라함과 닮아야 하는 영적인 면 두 가지
- 믿음과 충성

## 아브라함 삶의 DNA 두 가지(제단생활과 장막생활)

제단생활은 하나님과의 관계를 말한다.

### 첫 번째 제단

"여호와께서 아브람에게 나타나 이르시되 내가 이 땅을 네 자손에게 주리라 하신지라 자기에게 나타나신 여호와께 그가 그곳에서 제단을 쌓고, 거기서 벧엘 동쪽 산으로 옮겨 장막을 치니 서쪽은 벧엘이요 동쪽은 아이라 그가 그곳에서 여호와께 제단을 쌓고 여호와의 이름을 부르더니 점점 남방으로 옮겨갔더라"(창 12:7-9).

### 두 번째 제단

"그가 네게브에서부터 길을 떠나 벧엘에 이르며 벧엘과 아이 사이 곧 전에 장막 쳤던 곳에 이르니 그가 처음으로 제단을 쌓은 곳이라 그가 거기서 여호와의 이름을 불렀더라"(창 13:3,4).

### 세 번째 제단

"이에 아브람이 장막을 옮겨 헤브론에 있는 마므레 상수리 수풀에 이르러 거주하며 거기서 여호와를 위하여 제단을 쌓았더라"(창 13:18).

아브라함의 첫 번째 제단은 '언약'의 제단이었다. 그는 하나님으로 부터 "너를 복 주어 창대하게 하리라"라는 언약을 받고 믿음으로 출발하여 약속의 땅에 이르러 제단을 쌓았다.

두 번째 제단은 '회개'의 제단이다. 그는 주께서 약속하신 가나안 땅에 들어갔지만, 그 땅에 기근이 들자 애굽으로 내려갔다. 아브라함은 불신앙으로 두려움에 빠져 사라를 바로에게 시집 보내는 어이없는 일을 저질렀다. 그러나 하나님께서는 경건한 사라를 보호하셨다. 아브라함은 애굽을 떠나 처음 제단을 쌓은 곳으로 다시 와서 회개의 제단을 쌓았다.

세 번째 제단은 롯이 떠난 후 하나님께서 아브라함에게 "동서남북을 바라보라. 보이는 땅, 즉 네가 보는 만큼의 땅을 너와 너의 자손에게 영원히 주겠다"라고 약속하신 다음에 쌓았다. 하나님은 "종과 횡으로 다녀보라. 다니는 만큼 주겠다"라고도 하셨다. 아브라함은 헤브론으로 장막을 옮겨 제단을 쌓았다. 비전의 제단이다(창 12,13장을 읽어보라).

이처럼 아브라함의 라이프스타일의 뚜렷한 특징은 '제단생활'과 '장막생활'이다. 제단생활은 하나님과의 관계이며, 하나님 중심 삶을 말한다. 바로 예배, 기도, 교제의 삶이다. 교회 중심, 말씀 중심, 기도 중심, 교제 중심(하나님과 성도들 간의 교제)을 말한다.

장막생활은 소유와의 관계이다. 즉 재물을 다루는 삶이다. 이것은 여기서 따로 다루지 않겠다(《왕의 재정》 1,2권 전체에서 다루고 있기 때문이다). 요약하면, 장막생활이란 '물질을 청지기의 자세로 관리하며, 재물의 주인을 하나님으로 인정하며 단순하게 사는 것'을 말한다.

## 아브라함의 영적 DNA 두 가지(믿음과 충성)
### 왜 아브라함인가?

주는 하나님 여호와시라 옛적에 아브람을 택하시고, 갈대아 우르에서
인도하여 내시고, 아브라함이라는 이름을 주시고, 그의 마음이 주 앞에
서 충성됨을 보시고, 그와 더불어 언약을 세우사 느 9:7,8

하나님께서 먼저 언약을 세우신 게 아니다. 주 앞에서 아브라함이
충성됨을 먼저 보셨다. 충성은 하나님께 쓰임 받는 중요한 요소이다.

또 네가 많은 증인 앞에서 내게 들은 바를 충성된 사람들에게 부탁하라
그들이 또 다른 사람들을 가르칠 수 있으리라 딤후 2:2

바울은 디모데에게 이 복음을 충성된 사람에게 맡기라고 했다. 그래
야 또 다른 사람을 가르친다는 것이다. 충성된 자는 배가자이다.

내 눈이 이 땅의 충성된 자를 살펴 나와 함께 살게 하리니 완전한 길에
행하는 자가 나를 따르리로다 시 101:6

충성된 사자는 그를 보낸 이에게 마치 추수하는 날에 얼음 냉수 같아서
능히 그 주인의 마음을 시원하게 하느니라 잠 25:13

충성과 재물을 맡기시는 건 연관성이 매우 크다. 반드시 숙지해야 한다(《왕의 재정》 1권, 141-158쪽 참고).


## 나는 왜 무너졌는가?

### 1) 때마침 다시스로 가는 배에 올라탔다

너는 일어나 저 큰 성읍 니느웨로 가서 그것을 향하여 외치라 그 악독이 내 앞에 상달되었음이니라 하시니라 그러나 요나가 여호와의 얼굴을 피하려고 일어나 다시스로 도망하려 하여 욥바로 내려갔더니 마침 다시스로 가는 배를 만난지라 욘 1:2,3

하나님께서 요나에게 니느웨로 가라고 하셨지만 그는 불순종하여 다시스로 도망가려고 했다. 그리고 때에 딱 맞게 마침 다시스로 가는 배를 만난다. 불순종하여 도망하는데 때마침 타고 도망갈 배가 대기하고 있다면?

나는 큰 사업가가 되어 목사님과 선교사님들의 사역에 힘이 되고 싶었다. 사업의 확장을 위해 동업을 준비하고 있을 때, 마침 동업하기에 가장 좋은 사람이 유학을 마치고 한국으로 귀국했다. 주님이 허락한 사람인지 확인하기 위해 기도했지만 분별할 수 없었다.

양털시험을 하기로 했다. 목사님과 남편, 친구 세 사람에게 기도를 부탁하고 '그들이 동일한 응답을 받는다면 주님의 뜻으로 알고 순종하겠습니다'라고 속으로 결정했다. 그런데 셋 모두 하나님이 허락하시는 동업자가 아니라고 말했다.

"너희는 믿지 않는 자와 멍에를 함께 메지 말라"(고후 6:14).

나는 그들의 응답이 불편했다. 이미 내 마음이 기울었기에 주님의 뜻이 분별되지 않았다. 다시 양털시험을 하기로 했다. 기도원에 가서 '기도원 원장과 상담 중에 동업하지 말라고 하면 주의 뜻으로 알겠습니다'라고 기도했다. 그리고 하지 말라는 응답을 들었다.

그런데 나는 이미 동업을 위해 많이 준비했기에 멈출 수 없었다. 그는 예수를 믿지 않았지만 진실하고, 착하고, 정직했다. 적어도 그 영역에서는 대한민국 최고였다. 너무 좋은 사람과의 동업을 쉽게 포기할 수가 없었다. 때에 딱 맞게 나타난 최고의 사람, 내게는 마치 하나님의 선물 같았다. 우리는 50 대 50으로 동업을 결정했다.

나는 요나처럼 다시스로 가는 배에 올라탔다. 요나가 탄 배가 곧 큰 풍랑을 만났듯이 동업은 내게도 동업자에게도 올무가 되었다. 서로에게 큰 상처만 남겼고, 결국 재물은 다 날아갔다(그에게는 지금도 미안한 마음이 가득하다).

나는 믿지 않는 자와 동업하지 않는 게 하나님의 뜻임을 알고 있었다. 그러나 내 욕심이 말씀에 순종하지 못하게 했고, 불순종의 배에 올라 다시스로 가게 했다. 주의 말씀에 불순종하는데도 일이 잘 풀리는 건 저주였다!

## 2) 제단생활과 장막생활이 무너지다

어릴 적 내 기억 속의 어머니는 작은 텃밭에 뭐라도 심으면 처음 난 건 꼭 목사님에게 갖다드렸다. 두 번째 난 건 장로님들을 공궤했다. 그걸 보고 자랐기에 목사님과 장로님들을 귀히 여기는 마음이 내 심장 깊이 심겨있었다.

나는 대학에 다닐 때 친구의 아버지로부터 자금을 투자받아 사업에 성공했다. 그것이 무역업으로 이어졌다. 사업 파트너를 만날 때는 신앙 깊은 장로님 혹은 믿는 사람들과 사업하려고 노력했다.

나를 믿고 큰 투자를 해준 친구 아버지에게 꼭 성공으로 보답하고 싶었다. 당시 대학생인 나는 경험도 없고, 사업 파트너들과 어떻게 협력하는지도 몰랐다. 모든 게 서툴고 엉성했다. 누구를 만나고, 누구에게 투자하고, 누구와 계약해야 하는지를 몰랐다. 모든 게 어렵고, 두렵고, 힘들었다. 기도해도 하나님 음성은 듣지 못했다.

그러나 나는 최선을 다했다. 매일 만날 사람의 이름과 미팅 내역을 적은 노트를 주께 가져갔고, 기도 중에 생각나게 하신 걸 적었다. 어떤 사람을 놓고 기도했을 때 마음이 불안하며 "손실"이라는 단어가 생각났다. 그리고 회색과 검정색이 떠올라서 그대로 옮겨 적었다. 또 다른 사람을 놓고 기도하면 "기쁨, 평강, 배가, 축복"이란 단어가 떠올랐다. 그리고 노란색, 흰색 등이 생각나서 옮겨 적었다. 새벽기도 시간의 대부분을 이렇게 사용했다.

그 노트를 들고 미팅에 나갔고, "불안, 손실, 회색, 검은색" 같은 글이 적혀있는 사람을 만날 때는 아주 조심스럽게 접근했다. 즉시 계약하거나 투자를 결정하지 않았다. 반대로 노트에 "평강, 배가, 기쁨, 노랑"이 적혀있는 사람을 만나면 더 편한 마음으로 접근했다. 계약이나 투자를 결정하는 게 훨씬 자유로웠다.

당시는 너무 어려서 사업이 무엇인지도 몰랐고, 주님의 인도와 음성 듣는 것도 몰랐기에 새벽에 간절히 주 앞에 나가서 기도만 했다. 그런데 놀랍게도 그 결정들로 사업이 큰 성장을 이루었고, 한 번도 실패하지 않았다. 지금 생각해보면 주께서 어린아이가 알아들을 수 있는 방법으로 말씀하신 것이었다.

사업은 더 번창했다. 만나야 하는 사람이 점점 많아져서 시간에 쫓겼다. 어느 수요일, 사업 파트너인 장로님과 미팅을 하는데 수요예배 시간이 되었다. 나는 미팅을 다음 날로 넘기고 빨리 교회에 가고 싶었다. 그래서 장로님에게 회의를 빨리 끝내자고 했다.

그런데 장로님이 "지금 이 사업도 주님을 위한 것이니 수요예배를 한 번쯤 빠질 수도 있습니다"라고 해서 깜짝 놀랐다. 당시 집사인 우리 엄마는 예배에 절대 빠지면 안 된다고 했는데 장로님이 그런 말을 하다니. 그때부터 내게 예배에 대한 자유가 주어졌다(당시는 그것이 미성숙한 내 생각인지도 잘 몰랐다).

금요일 철야예배 때도 같은 일이 생겼고, 점차 사업에 시간을 더 집중하게 되었다. 잦은 미팅으로 늦게 자니 매일 새벽기도도 부담스러웠다. 이틀에 한 번씩 월, 수, 금요일에 나가고 다른 날에는 잠을 푹 자려고 했으나 이런 계획을 사탄이 놔둘 리가 없었다. 일주일 내내 푹 자게 되었다.

내 제단생활이 무너지는 게 보이는가? 내가 망한 이유는 첫째가 제단생활의 무너짐이었다. 잠을 푹 잔 대가로 나는 기도수첩을 확보하지 못했다. 20대인 내가 상대해야 하는 사람들은 50-60대의 사업가들이었다. 그들을 상대하기에 나는 너무 어리고 순진했다. 그들의 말을 분별하지 못해 그들의 말대로 보증과 투자를 결정했다. 당시는 사업이 확장되는 듯했지만 IMF 위기가 왔을 때 완전히 무너졌다.

장막생활이란 재물 영역에서 하나님의 뜻 가운데 내 삶의 전부를 맞추어가는 것이다. 또한 제단생활과 장막생활은 맘몬으로부터 자신을 지키는 강력한 힘이다. 제단생활이 무너지면 장막생활이 함께 무너지는 건 당연한 결과였다.

당시 나는 미성숙했다. 주께서 많은 재물을 얻을 능력을 주셨으나 내 유익에 사용하는 일이 더 많았고, 세상에 재물을 쌓으려는 마음도 컸다. 중심이 무너진 삶을 살면서도 신앙적 배경으로 아주 괜찮은 크리스천이라는 굉장한 착각에 빠졌다.

무너진 제단생활과 장막생활을 회복하라! 이것이 반드시 우선순위가 되어야 한다.


**일사각오** 이지형

나는 교회 집회에서 김미진 간사님의 강의를 듣고 '이분을 만나면 돈을 많이 벌어 부자가 되겠구나' 싶어서 개인적으로 연락도 하고 만나자고 제안했다. 그러나 아무런 응답이 없었다. NCMN의 성경학교인

'쉐마말씀학교'에 가서 홍성건 목사님과 김미진 간사님에게 눈도장이라도 찍히려고 그 앞을 왔다 갔다 했다.

"지형 형제님, 탤런트입니까? 왜 앞에서 서성거리고 있나요?"

김미진 간사님은 부드럽게 말했으나 마치 나를 꿰뚫어 보는 듯했다.

"하나님께서 보내셔서 왔는데요. 저는 NCMN 사역에 목숨을 걸고 왔어요~."

사실은 "간사님 만나서 부자가 되고 싶어서 왔어요"라고 하고 싶었으나 입이 떨어지지 않았다. 미진 간사님이 말했다.

"앞에서 서성거리지 말고 형제가 할 수 있는 일을 찾아보소~."

나는 NCMN이 세워지던 초창기에 온갖 잔심부름을 했다. 목사님과 간사님이 이런 나를 충성되이 여기셨는지 어느 날 "지형 형제님, 왕의 재정학교 1기 액팅리더 한번 맡아보소~"라고 하셨다.

"재정학교요? 어떻게 하는 건데요?"

"지형 형제는 걱정하지 말고 내가 도와줄 테니 실무책임 액팅리더 한번 해보소~."

간사님 앞에서 우물쭈물하면 바로 다른 사람에게 기회가 넘어가는 걸 알기에 나는 얼른 대답했다.

"네! 목숨 바쳐서 한번 해볼게요!"

얼떨결에 1기 액팅리더가 되었다. 세상에 없는 학교 '왕의 재정학교'가 시작되었는데 정말 다윗의 아둘람 굴 같았다. 빚진 자, 환난당한 자, 원통한 자들이 다 모였다. 꼭 내 모습이었다. 잘나가던 탤런트에서 잊혀져가는 탤런트로 전락한 데다 사업이 쫄딱 망해서 겨우 목숨 부지하고 있는 나나 그들이나 다를 바 없었다. 나부터 학생이라는 각오로 열심히 배웠다.

강의가 매주 진행됨에 따라 학생들이 변하기 시작했다. 예배 때마다 곳곳에서 절규하며 울부짖더니 점차 회복되었다. 또한 실천 워크북을 통한 강한 훈련으로 삶에 적용점을 찾으면서 크고 작은 간증들이 터지기 시작했다.

맘몬에서 주님으로 주인이 바뀌면서 학교는 성령행전으로 바뀌었다. 주고받는 법으로 서로의 필요를 채워주고, 용서와 용납을 배우면서 깨어진 관계가 회복되었다. 온전한 십일조 훈련으로 그들의 주인이 오직 주님으로 바뀌었고, 재정의 돌파를 꿈꾸기 시작했다.

내가 왕의 재정 1기였기에 부족하지만 액팅리더로 섬길 수 있었던 게 은혜 중의 은혜다. 지금은 좋은 간사님들이 3천 명이 넘는다. NCMN 스쿨은 학생 모집을 광고하지 않는다. 그럼에도 학교 시작 2개월 전에 인터넷 접수창이 열리면 대부분 1분 20초 안에 400명(정원 350명, 대기자 50명)이 마감된다. 3수, 5수, 10수 만에 합격해서 오는 학생들은 자녀가 명문대에 합격했을 때보다 더 감격스럽다고 말한다.

그들의 간절함이 모여서 곳곳에서 절규로, 기쁨으로, 감격하며 전심으로 예배드리니 주님이 큰 은혜를 베푸신다. 우울증이 떠나고, 병이 낫고, 기쁨으로 충만케 하신다.

NCMN 사역 3년이 지날 즈음, 한 통의 문자를 받았다.

"요즘 어떻게 지내시나요? 주기철 목사님 영화를 준비하고 있는데, 주인공 역에 추천하려 합니다. 시간은 어떠세요?"

나는 속으로 '우와~ 대박이다'를 외쳤으나 오디션 날짜가 시드니 왕의 재정학교 간사 교육 일정과 딱 겹쳤다. 어떻게 해야 할지 스승님에게 묻기로 했다. 미진 간사님은 이 중요한 일을 간단하게 한마디로 끝내 버리셨다.

"선약이 중요하지요. 본인이 기도하고 결정하소."

섭섭했다. 내 탤런트 인생에 모처럼 다시 찾아온 주인공의 기회인데⋯. 결국 기도하고 선약을 택했다. 감독님에게 "그 날짜에 오디션을 못 봅니다"라고 했다. 그런데 이유를 설명하니까 놀랍게도 바로 오디션을 해주겠으니 보고 시드니에 가라고 했다. 오디션을 본 후, 시드니에서 최선을 다해서 간사 교육을 마치고 돌아오니 기쁜 연락이 왔다.

"〈일사각오〉 주인공 주기철 목사님 역에 이지형 님이 발탁되셨습니다."

나는 모든 것에 힘을 빼는 법을 배워갔다.

어느 날 간사님이 지나가는 말로 "재정 강의 준비해보소"라고 했다. 나는 놀라서 "네? 제가요? 그럼 강의안 좀 주세요"라고 했다. 간사님은 "강의안 없는데. 내가 해놓은 인터넷 강의 많잖아요. 잘 정리해서 만들어보소!"라고 하셨다.

미진 간사님은 주님 앞에서 개인 기도를 하시고 어떤 게 결정되면, 지나가듯 툭 말씀하시되 정확하고 담백하게 끝내신다. 이때 못 알아들으면 기회가 다른 사람에게 넘어가지만, 알아들으면 그를 양육하고 성장시켜 리더로 만든다. 나는 일단 빨리 대답했다.

그날부터 모든 강의를 다시 들으며 강의안을 만들었다. 그리고 간사님에게 확인을 받으며 업그레이드해 나갔다. 그렇게 들은 인터넷 강의가 나를 변화시켰다. 하나님을 향한 갈망함이 더 커지면서 세상의 것들을 점점 내려놓을 수 있었다.

간사님은 이론으로 가르치려고 하지 않는다. 그냥 살아내버린다. 보고 배우라는 식이다. 예수님도 먼저 행하고 가르치라고 하셨다며 살아내지 않은 건 말도 안 한다.

그렇게 재정 강사 배가반이 만들어졌고, 지금은 6명의 재정 강사가 배가되었다. 키즈 왕의 재정학교도 10명의 강사가 배가되어 국내외 재정학교와 강의로 섬기고 있다. 주님의 크신 은혜이다!

## 속부 솔로몬의 재물에 대한 태도

**속부의 정의:**
**첫째, 하나님께 인색하고 자신에게 부요한 사람**
**둘째, 부정직한 삶으로 재물을 모으는 사람**
–《왕의 재정》 1권, 172-183쪽 참고

전도자가 이르되 헛되고 헛되며 헛되고 헛되니 모든 것이 헛되도다

전 1:2

왜 솔로몬은 인생 마지막에 헛되고 헛되다고 고백하는가? 여러 이유가 있겠지만 여기서는 솔로몬의 재물에 대한 태도를 보자.

"나는 내 마음에 이르기를, '자 내가 시험 삼아 너를 즐겁게 하리니 너는 낙을 누리라' 하였으나 보라 이것도 헛되도다"(전 2:1).

솔로몬은 어떤 낙을 누렸고, 왜 헛되다고 하는가?

"내가 내 마음으로 깊이 생각하기를 내가 어떻게 하여야 내 마음을 지혜로 다스리면서 술로 내 육신을 즐겁게 할까"(전 2:3).

그는 많은 첩과 여인과 술로 육신을 즐겁게 했다.

"나의 사업을 크게 하였노라 내가 나를 위하여 집들을 짓고 포도원을 일구며"(전 2:4).

이 말씀은 솔로몬이 사업을 크게 한 이유를 설명한다. 그는 자신을 위해 집들과 포도원을 일구었다.

"나를 위하여 수목을 기르는 삼림에 물을 주기 위하여 못들을 팠으며"(전 2:6).

큰 연못, 저수지 같은 걸 만든 이유 또한 솔로몬 자기 자신을 위해서였다.

"남녀 노비들을 사기도 하였고 나를 위하여 집에서 종들을 낳기도 하였으며 나보다 먼저 예루살렘에 있던 모든 자들보다도 내가 소와 양 떼의 소유를 더 많이 가졌으며"(전 2:7).

많은 종과 소와 양 떼의 많은 소유도 자기 자신을 위해서였다.

"은 금과 왕들이 소유한 보배와 여러 지방의 보배를 나를 위하여 쌓고 또 노래하는 남녀들과 인생들이 기뻐하는 처첩들을 많이 두었노라"(전 2:8).

또 자신을 위해 노래하는 사람들과 처첩들을 많이 두었다.

"그 후에 내가 생각해본즉 내 손으로 한 모든 일과 내가 수고한 모든 것이 다 헛되어 바람을 잡는 것이며 해 아래에서 무익한 것이로다… 아, 먹고 즐기는 일을 누가 나보다 더 해보았으랴"(전 2:11,25).

이 세상에서 가장 지혜롭고 큰 부자로 기네스북에 올려진 솔로몬의 인생 말기를 보라. 제단생활이 무너진 그의 향락과 첩들로 인해 나라는 우상숭배 국가로 바뀌었다. 제단생활(하나님과의 관계)이 무너지면 장막생활(소유와의 관계)도 함께 무너진다. 장막생활의 힘은 제단생활에서 나오기 때문이다.

이제 솔로몬은 인생의 말기를 맞았다. 곧 하나님을 만날 터인데 얼굴이나 들 수 있겠는가? 얼마나 주님 앞에 죄송하겠는가? 그는 속죄하는 마음으로 우리에게 자신의 삶을 말하며 마지막으로 권면한다.

일의 결국을 다 들었으니 하나님을 경외하고 그의 명령들을 지킬지어다 이것이 모든 사람의 본분이니라 하나님은 모든 행위와 모든 은밀한 일을 선악 간에 심판하시리라 전 12:13,14

우리 귀에 확성기를 대고 크게 외치는 속부의 말에 귀를 기울여라!

## 성부 다윗의 재물에 대한 태도

성부의 정의:

첫째, 돈을 벌고 쓰는 방법이 성경적인 사람

둘째, "하나님이 주인이시고, 나는 청지기입니다"라고 고백하는 사람

셋째, 하나님이 재물 얻을 능력을 주신 사람

넷째, 은혜를 베풀고 주는 사람

나는 하나님이 다윗을 선택하신 이유를 그의 재물에 대한 태도에서 찾아보았다. 그가 성전 건축을 위해 재물을 어떻게 준비했는지 살펴보자.

"내가 이미 내 하나님의 성전을 위하여 힘을 다하여 준비하였나니 곧 기구를 만들 금과 은과 놋과 철과 나무와 또 마노와 가공할 검은 보석과 채석과 다른 모든 보석과 옥돌이 매우 많으며"(대상 29:2).

다윗은 성전을 건축하기 위해 공적(국가적)으로 매우 많은 재물을 충분히 준비했다. 그러나 그는 개인 소유 재물도 드렸다. 다윗은 성전 건축에 어떻게, 얼마를 드렸을까?

첫째, 하나님의 성전을 사모함으로 드렸다.

둘째, 사유한(개인 재산) 금 3천 달란트를 드렸다.

"성전을 위하여 준비한 이 모든 것 외에도 내 마음이 내 하나님의 성전을 사모하므로 내가 사유한 금, 은으로 내 하나님의 성전을 위하여

드렸노니 곧 오빌의 금 삼천 달란트와 순은 칠천 달란트라 모든 성전 벽에 입히며 금, 은 그릇을 만들며 장인의 손으로 하는 모든 일에 쓰게 하였노니 오늘 누가 즐거이 손에 채워 여호와께 드리겠느냐 하는지라"(대상 29:3-5).

> 1달란트는 오늘날 얼마의 가치가 있을까? 신학자마다 계산이 조금씩 다르다. 시대에 따라, 가치의 변동과 물가 상승률에 따라 다르게 계산되기 때문이다. 달란트는 유대의 무게 단위이다. 보통 1달란트는 약 34킬로그램이다. 오늘날의 시중 가치로 보면 1달란트는 약 20억 원이다. 홍성건

그러므로 다윗이 드린 금 3천 달란트는 20억 원×3,000=약 6조 원이다! 이것이 왜 중요한가? 그의 마음을 보여주기 때문이다. 리더인 다윗은 늘 먼저 하나님을 사랑하는 데 본을 보였다. 그리고 "오늘 누가 즐거이 손에 채워 여호와께 드리겠느냐"라고 도전했다. 리더의 믿음과 순종의 헌신과 대가 지불을 본 지도자들의 선택은 다음과 같다.

"이에 모든 가문의 지도자들과 이스라엘 모든 지파의 지도자들과 천부장과 백부장과 왕의 사무관이 다 즐거이 드리되, 하나님의 성전 공사를 위하여 금 오천 달란트와 금 만 다릭, 은 만 달란트와 놋 만 팔천 달란트와 철 십만 달란트를 드리고"(대상 29:6,7).

가문의 지도자들이 드린 예물도 오늘날의 가치로 환산하면 입이 딱 벌어진다. 다윗과 지도자들의 믿음과 헌신, 대가 지불을 본 백성들의 선택을 보라.

"백성들은 자원하여 드렸으므로 기뻐하였으니 곧 그들이 성심으로 여호와께 자원하여 드렸으므로 다윗 왕도 심히 기뻐하니라"(대상 29:9).

리더의 헌신이 가문의 지도자들에게 흘러갔고, 백성들도 리더를 보고 따라갔다. 온 백성이 자원하여 하나님의 성전을 위해 즐거이 헌물을 드렸으므로, 다윗 왕도 심히 기뻐했다. 큰 헌물을 드린 다윗의 겸손한 고백에 머리가 숙여진다.

나와 내 백성이 무엇이기에 이처럼 즐거운 마음으로 드릴 힘이 있었나이까 모든 것이 주께로 말미암았사오니 우리가 주의 손에서 받은 것으로 주께 드렸을 뿐이니이다 우리 하나님 여호와여 우리가 주의 거룩한 이름을 위하여 성전을 건축하려고 미리 저축한 이 모든 물건이 다 주의 손에서 왔사오니 다 주의 것이니이다 대상 29:14,16

진정한 성부 다윗의 멋진 고백을 보라! 그의 소유는 다 주의 손에서 왔기에 받은 걸 주께 드렸을 뿐이라고 고백한다. 그는 진정한 성부이고 청지기였다.


드디어 시작된 성부의 삶

몇 년 전, 샌프란시스코 예수인교회에서 왕의 재정 부흥집회를 할 때였다. 강의 중 휴식 시간에 한 중년 자매가 나를 찾아왔다. 그는 치과

의사인데 병원 사업이 망했다고 한다. 그 여파로 많은 영역이 무너져서 스스로 목숨을 끊으려고 했을 때, 한국에서 친구가 메신저로 왕의 재정 강의를 보내주면서 "네 상황과 똑같으니 꼭 들어보고 힘을 내라"라고 했다고 한다.

그날부터 강의를 듣고 또 들으며 훈련하는 중에 홍 목사님과 내가 집회차 온다는 소식을 듣고 나를 만나러 왔단다. 그 의사는 심지가 견고해 보였고, 선한 일을 많이 감당한 것 같았다. 우리가 헤어지기 전에 그는 왕의 재정을 꼭 살아내겠다고 다짐했다.

그 만남 이후, 기도 때마다 자매가 떠올랐다. 주님 안에서 자매를 향한 기대와 소망이 커졌다. 그러던 중 2017년 2월 1일에 그로부터 문자 메시지를 받았다.

"간사님 오랜만이지요? 샌프란시스코 치과의사 ○○○입니다. 빚으로부터 목숨 건 탈출을 시작한 지 3년 만에 오늘로 큰 빚을 다 갚았어요. 재정 강의를 100번 이상 듣고 훈련하며 살아냈습니다.

남들은 은퇴를 준비하며 링에서 내려올 나이 60세지만 저는 지금부터 본격적으로 링 위에 올라갑니다. 10퍼센트로 살며 90퍼센트를 흘려보내는 성부의 삶에 도전하기 위해서입니다. 내 인생에 이런 날이 오다니 꿈만 같습니다.

매일 재정 영상 강의로 힘과 용기를 얻어 여기까지 왔습니다. 재정 훈련하는 동안 많은 기적과 하나님을 경험한 일을 정리해서 메일로 보낼게요. 저는 5천 명의 가난한 사람들의 치아를 치료해줄 것입니다. 지금은 홈리스

(노숙자)와 양로원과 교도소의 사람들을 섬깁니다. 때로는 크로마하프를 연주하는 오토하프 팀으로 봉사하고 있습니다.

영적 회복과 재정의 회복을 주신 갚을 길 없는 하나님의 은혜에 감사합니다. 간사님의 간증과 왕의 재정 말씀이 없었다면 아직도 긴 어둠의 터널에서 헤매고 있었을 것입니다. 모든 영광을 오직 하나님께 올려드립니다. 사랑합니다."

이 문자가 나를 기쁘게 한 이유는 자매가 '살아냈기' 때문이다. 빚쟁이에서 하나님의 나라를 세워가는 사역자로 바꾸신 선하신 주님을 바라보니 탕자의 아버지의 마음이 느껴졌다.

자기 몫의 유산으로 받은 재물을 탕진하고 돌아온 탕자 아들에게 아버지는 "돈은 어쨌냐? 왜 거지꼴이 되어서 왔냐?"라고 말하지 않았다. 실패자 탕자, 냄새나는 그를 얼싸안고 입 맞추며 환영하고 잔치를 벌이며 춤추어 맞이했다. 탕자의 아버지가 바로 하나님 우리 아버지이시다!

산들이 떠나며 언덕들은 옮겨질지라도 나의 자비는 네게서 떠나지 아니하며 나의 화평의 언약은 흔들리지 아니하리라 너를 긍휼히 여기시는 여호와께서 말씀하셨느니라 사 54:10

# CHAPTER 3

# 인생의
# 여섯 가지
# 지침

## 하나님, 사람, 재물과의 올바른 관계

나는 10년을 광야에 있었다. 어느 길로 가야 할지 몰랐고, 춥고 배고프기만 했다. 사람들의 배신으로 고통 가운데 있었다. 몸도 마음도 다 아팠으며 절망과 혼돈이 나를 둘러쌌다. 그곳이 바로 광야이다.

그런데 광야가 내게 복이 된 건 주님과의 친밀감이 회복되었기 때문이다. 그때 하나님께서 인생에서 지킬 항목을 주셨다. 하나님, 사람, 재물과의 관계에서 각각 두 항목씩 총 여섯 가지를 말씀하셨다.

## 하나님과의 관계에서 두 가지

**첫째, 주님의 주권을 인정하고 범사에 감사하라.**

에녹 시대에는 사방을 둘러보아도 악이 꽉 차있었다. 의심, 불안, 불신앙, 죄가 만연한 시대에 에녹이 300년간 하나님과 동행할 수 있었던 삶의 열쇠는 무엇일까?

"믿음으로 에녹은 죽음을 보지 않고 옮겨졌으니 하나님이 그를 옮기심으로 다시 보이지 아니하였느니라 그는 옮겨지기 전에 하나님을 기쁘시게 하는 자라 하는 증거를 받았느니라 믿음이 없이는 하나님을 기쁘시게 하지 못하나니 하나님께 나아가는 자는 반드시 그가 계신 것과 또한 그가 자기를 찾는 자들에게 상 주시는 이심을 믿어야 할지니라"(히 11:5,6).

에녹은 온통 악으로 꽉 차있는 시대적 상황 가운데 믿음으로 고백했다.

"하나님은 살아계십니다! 하나님이 다스리십니다!"

악이 이기는 것처럼 보이는 세상에서 하나님의 방법으로 살 수 있었던 것은, 반드시 상 주시는 분을 바라보았기 때문이다. 오늘날 우리에게도 에녹이 가졌던 삶의 열쇠가 필요하다. 우리는 가정, 경제, 사회, 문화 영역 등 모든 영역에서 하나님의 법이 무시되는 시대에 산다. 이런 상황에서도 "하나님은 살아계시고, 다스리신다"라고 고백하는 믿음이 필요하다.

'자기를 찾는 사람에게 반드시 상 주시는' 하나님을 바라보아야 한다. 그런 사람만이 하나님의 길, 그분의 방법으로 살기로 결단할 수 있다. 어떤 상황이든 주님의 주권을 인정하는 사람만이 "범사에 감사합니다"라고 고백할 수 있다.

"주님, 감사합니다", 이 말은 가장 강력한 믿음의 표현이다.

가장 대표적인 사람이 다윗이다. 시편 34편은 사울에게 쫓기던 다윗이 아비멜렉(아기스) 앞에서 살아남기 위해 미친 척하다가 쫓겨난 다음에 지은 시이다.

내가 여호와를 항상 송축함이여 내 입술로 항상 주를 찬양하리이다 내 영혼이 여호와를 자랑하리니 곤고한 자들이 이를 듣고 기뻐하리로다 나와 함께 여호와를 광대하시다 하며 함께 그의 이름을 높이세 내가 여호와께 간구하매 내게 응답하시고 내 모든 두려움에서 나를 건지셨도다 시 34:1-4

하나님 마음에 꼭 맞는 사람, 다윗! 그의 시를 한마디로 정리하면 "아버지, 범사에 감사합니다"이다. 다윗의 시는 온통 믿음으로 꽉 차있다. 나도 그의 믿음을 닮고 싶다.

둘째, 하나님의 음성에 순종하기 위해 대가를 지불하라.

예수님은 가장 큰 대가 지불을 하셨다. 십자가는 하나님의 공의이자 사랑이다. 십자가는 고통스러웠지만 아버지의 뜻이었다. 예수님의 기도에서 이를 알 수 있다.

"조금 나아가사 얼굴을 땅에 대시고 엎드려 기도하여 이르시되, 내 아버지여 만일 할 만하시거든 이 잔을 내게서 지나가게 하옵소서 그러나 나의 원대로 마시옵고 아버지의 원대로 하옵소서 하시고"(마 26:39).

예수님은 아버지의 뜻에 순종하기 위해 사람으로 오시고, 십자가에 죽으심으로 온 인류의 죄를 대신 담당하셨다. 그 대가 지불로 온 인류가 구원받았고, 마귀는 망했다.

하나님이 크게 쓰신 사람들의 특징이 있다. 모세는 백성들이 거역하고 도전할 때 벼락같이 화낼 수도 있었으나 감정의 대가 지불을 결정하고 하나님 앞에 엎드렸다. 포복은 모세의 주특기였다. 그래야 하나님이 맡겨주신 과업을 성취할 수 있기 때문이다. 리더가 감정의 대가 지불하는 법을 배우지 못하면 화평과 관계가 깨어진다.

모세는 믿음으로 세 가지 대가 지불을 했다.

첫째, 권력을 거절했다.
모세는 바로의 공주의 아들로 자라났다. 굉장한 권력이 있었다.
"믿음으로 모세는 장성하여 바로의 공주의 아들이라 칭함 받기를 거절하고"(히 11:24).

둘째, 세상의 쾌락을 거절했다.
"도리어 하나님의 백성과 함께 고난 받기를 잠시 죄악의 낙을 누리는 것보다 더 좋아하고"(히 11:25).
모세는 원하기만 한다면 어떤 쾌락도 누릴 수 있는 권력이 있었다. 그러나 하나님의 백성과 고난 받는 걸 세상의 죄악의 낙을 누리는 것보다 좋아했다.

셋째, 애굽의 보화를 거절했다.
"그리스도를 위하여 받는 수모를 애굽의 모든 보화보다 더 큰 재물로 여겼으니 이는 상 주심을 바라봄이라"(히 11:26).

그는 애굽의 각종 보화를 거절했다. 믿음으로 그날에 상 주실 이를 바라보는 자는 애굽의 보화(세상이 주는 재물, 뇌물, 부정직한 재물)를 거절할 수 있다. 그러나 하나님과 재물을 겸하여 섬기는 자는 결코 애굽의 보화를 거절하지 못한다.

모세가 믿음으로 거절했던 애굽의 권력, 쾌락, 보화를 거절하는 법을 나도 배웠다. 그날에 상 주실 이를 바라보며 기꺼이 대가 지불하기로 결정했다. 나누고 흘려보내는 삶을 결정했다. 덜 입고, 덜 먹고, 좀 불편하게 살기로 했다.


## 사람과의 관계에서 두 가지

**첫째, 나 자신에게나 다른 사람들에게 소망의 말만 하라.**

믿음의 말은 소망을 일으킨다.

"너희 말을 항상 은혜 가운데서 소금으로 맛을 냄과 같이 하라 그리하면 각 사람에게 마땅히 대답할 것을 알리라"(골 4:6).

'소금의 말'은 부패를 막아주고 사람을 살린다. 말하기 전에 소금의 말인가 분별하고 말하는 법을 배워야 한다. 진리를 믿음으로 말할 때 사람들은 살아난다.

"여호와의 말씀이니라 너희를 향한 나의 생각을 내가 아나니 평안이요 재앙이 아니니라 너희에게 미래와 희망을 주는 것이니라"(렘 29:11).

하나님은 우리의 미래를 평안(형통함)과 희망으로 계획 세우셨다.

"전능자 하나님이 우리의 미래를 계획하셨다면 나는 잘될 것이다.

내 미래는 형통할 것이다."

나는 이것을 믿고 입으로 선포한다. 이것이 믿음이고 내게 소망을 갖게 한다.

"우리가 이 소망을 가지고 있는 것은 영혼의 닻 같아서 튼튼하고 견고하여 휘장 안에 들어가나니"(히 6:19).

"소망의 하나님이 모든 기쁨과 평강을 믿음 안에서 너희에게 충만하게 하사 성령의 능력으로 소망이 넘치게 하시기를 원하노라"(롬 15:13).

소망에는 뚜렷한 증상이 있다. 모든 기쁨과 평강이 있다. 어떻게 소망이 넘치는가? 성령의 능력으로 넘치게 된다. 소망의 하나님께서 성령의 능력으로 우리에게 소망을 넘치게 하신다.

**둘째, 분노를 다스리고 사랑으로 사람과 일을 대하라.**

돌파하고 싶은가? 분노를 다스리라. 분노는 교만에서 비롯된다.

"눈짓하는 자는 근심을 끼치고 입이 미련한 자는 멸망하느니라 의인의 입은 생명의 샘이라도 악인의 입은 독을 머금었느니라 미움은 다툼을 일으켜도 사랑은 모든 허물을 가리느니라"(잠 10:10-12).

"노하기를 속히 하는 자는 어리석은 일을 행하고, 악한 계교를 꾀하는 자는 미움을 받느니라"(잠 14:17).

"노하기를 더디 하는 자는 용사보다 낫고 자기의 마음을 다스리는 자는 성을 빼앗는 자보다 나으니라"(잠 16:32).

"미련한 자의 입술은 다툼을 일으키고 그의 입은 매를 자청하느니라 미련한 자의 입은 그의 멸망이 되고 그의 입술은 그의 영혼의 그물이 되느니라… 죽고 사는 것이 혀의 힘에 달렸나니 혀를 쓰기 좋아하는 자는 혀의 열매를 먹으리라"(잠 18:6,7,21).

"노하기를 더디 하는 것이 사람의 슬기요 허물을 용서하는 것이 자기의 영광이니라… 노하기를 맹렬히 하는 자는 벌을 받을 것이라 네가 그를 건져주면 다시 그런 일이 생기리라"(잠 19:11,19).

"경우에 합당한 말은 아로새긴 은 쟁반에 금 사과니라"(잠 25:11).

"새 계명을 너희에게 주노니 서로 사랑하라 내가 너희를 사랑한 것같이 너희도 서로 사랑하라 너희가 서로 사랑하면 이로써 모든 사람이 너희가 내 제자인 줄 알리라"(요 13:34,35).


내 분노와 혈기를 잘 다룰 줄 알아야 한다. 재정학교 학생들을 훈련해보면 다른 훈련은 잘 통과하는데 여기에 걸려서 광야에 오래 머무는 경우가 많다. 하나님은 온유한 자에게 땅을 유업으로 주리라 약속하셨다.

광야에서 내 한 가지 소원은 주님의 참 제자가 되는 거였다. 주께서 간단한 전략을 주셨는데, "분노를 잘 다스리고 사랑으로 사람과 일을 대하라"였다.

우리가 서로 사랑하면 세상이 우리를 예수님의 제자인 줄 알 것이다. 분노를 잘 다스리지 못한 시므온과 레위는 아브라함의 계보에서 탈락했고, 유다와 요셉에게 그 모든 복이 흘러갔다(창 49:3-22 참고).

## 재물과의 관계에서 두 가지

**첫째, 어떤 물건을 구입할 때 '지금 꼭 필요한가?' 3번 질문하라.**

나는 작은 물건을 구입하더라도 꼭 필요한지 3번 질문한 후에 구입한다. 그러면 맘몬으로부터 충동구매와 새는 재물을 막아준다. 지출보다 수입이 많은 구조로 바꿀 수 있는 탁월한 질문이다.

**둘째, 집에 물건이 쌓일 때 즉시 나누는 삶을 살라.**

주님은 광야에서 내게 '네가 나를 사랑하느냐? 내 양을 먹이라'라고 하시면서 오병이어 기적을 깨닫게 해주셨다. 오늘날도 우리는 나누는 삶으로 이 기적을 만들 수 있다. 100명이 자기 걸 조금씩 나누면 5천 명이 먹고도 12개의 광주리가 남는다.

"내가 진실로 진실로 너희에게 이르노니, 나를 믿는 자는 내가 하는 일을 그도 할 것이요 또한 그보다 큰일도 하리니 이는 내가 아버지께로 감이라"(요 14:12).

### 왕의 재정 배가자가 되다 서미화

2001년에 신혼살림을 4천만 원으로 시작했다. 2007년, 남편이 100퍼센트 대출과 빚을 얻어 동생 명의로 아파트 1채를 샀고, 분양권을 사고파는 방법으로 총 3채의 집을 보유하게 되었다. 원금과 이자를 감당하느라 쪼들렸지만 집들을 잘 정리하면 큰 집을 살 수 있을 거라고 생각해서 2억4천만 원이나 대출을 받아 36평 아파트로 이사했다. 그렇게 집이 4채가 되었다.

우리는 마이너스 통장으로 생활하면서 집값이 올라가기만 기다렸다. 그러면 모든 게 해결된다고 생각했다. 그러나 집값은 계속 떨어졌고, 팔리지도 않았다. 결국 신용카드 돌려막기로 버티다 하우스 푸어가 되었다. 마이너스 통장과 세금 등으로 빚은 점점 늘었다.

당시 남편의 월급이 220만 원이었는데 이자만 160여만 원을 내고, 십일조를 내고, 남은 돈 30여만 원으로 생활비를 해결했다. 나는 끝이 보이지 않는 터널 속에 가난한 자로 갇혔다. 반찬 투정하는 아이들에게 해줄 게 없었다. 빨간 딱지가 집에 붙는 상상만으로도 끔찍해서 맛있는 반찬과 간식을 원하는 아이들에게 "안돼! 돈이 없단 말이야!"라고 소리 지르기 일쑤였다.

'하나님! 제가 어쩌다 이런 처지가 되었는지요. 하루라도 빨리 이 상황에서 벗어나게 해주옵소서.'

간절한 절규가 터져 나왔다. 정말이지 지푸라기라도 잡고 싶고, 죽고 싶은 심정이었다. 더는 대출해주는 곳도 없었다. 그러나 해결할 힘이 없는 남편은 카드로 해결하라고만 했다. 친정 식구들에게 빌린 돈을 못 갚아서 모두 신용불량자가 되었다.

사정이 어려우니 가장 먼저 십일조가 아까운 생각이 들었다. 그 돈이면 정말 많은 걸 할 수 있을 것 같았다. 현실 앞에 믿음은 점점 약해졌고, 믿음 좋다는 말을 듣던 신앙은 간 곳 없이 무너졌다.

수입이라고는 남편의 월급 220만 원이 전부인 우리가 대체 무슨 짓을 한 것인지…. 사는 게 정말 생지옥이었다. 왜 돈 때문에 싸우고, 가출하며, 가정이 깨지는지 알 것 같았다. 나는 갈 곳도 없었고, 사람들도 만나고 싶지 않았다.

교회에 갈 때도 자동차 기름값이 없어 교우들에게는 운동한다고 말하고 1시간 이상 남편이 타던 낡은 자전거를 타고 다녔다. 매일 똑같은 옷과 신발뿐, 스타일을 바꾸는 건 생각도 할 수 없었다. 끝이 보이지 않는 가난으로 결국 아이들마저 정서의 결핍으로 거칠어졌다.

결국 나는 폭발했다. 주일도 잘 지키고, 헌금도 잘 드리고, 모든 예배와 주일 봉사도 최선을 다했는데 도와주시지 않는 하나님께 몹시 섭섭했다. 매일 울며불며 돈을 달라고 떼를 썼다.

'하나님! 빨리 도와주세요. 돈을 주세요. 우선 1억만 주세요.'

이런 상황에 교회에서 왕의 재정 부흥회가 열렸다. 그리고 그 말씀이 내 삶을 송두리째 흔들었다. 내게 부흥집회는 한 줄기 빛이었다. 그 빛은 세상의 욕심으로 꽉 찬 내 잘못을 여지없이 드러냈고, 경제 영역 뒤에서 나를 미혹한 맘몬의 징체도 알게 했다.

주께서 우리 부부에게 큰 결단을 요구하셨다. 은혜받는 것으로 끝내지 않고 반드시 살아내야만 했다. 그러기 위해 남편과 7기 왕의 재정 학교에 입학했다. 4주차 '오! 나의 주인님' 뮤지컬 강의에서 빚쟁이와 빚남이의 삶을 보여주는데, 내 삶이 빚쟁이의 삶과 똑같았다. 뮤지컬 강의가 끝난 후에 빚쟁이들이 나와 카드를 자르게 했다.

비장한 각오로 카드를 잘랐지만, 맘몬은 우리를 쉽게 놓아주지 않았다. 남편은 불안해지면 다시 카드를 만들었다가 자르기를 반복했다. 나도 중도에 스쿨을 포기하고 싶었다. 그러나 함께 훈련하는 소그룹 조원들과 간사님이 포기하지 않게 격려하며 잡아주어서 물러서지 않겠다고 다시 한번 결단했다.

수업 내용이 다 이해되지는 않았지만 무조건 믿고 힘을 다해 훈련에 본격 돌입했다. 홍성건 목사님과 김미진 간사님이 끊임없이 믿음으로 사는 삶을 도전했다.

"두려워하지 마십시오. 주께서 반드시 그 믿음 가운데 역사하십니다. 광신자가 되지 마십시오. 내 소원을 이루는 게 믿음이 아닙니다. 오직 주께서 말씀하신 걸 믿고 순종함이 믿음입니다."

시간이 지날수록 우리 조원들도 '한번 해보자!'라는 결연한 의지에 불 탔다. 간사님의 강의 중에 이 말씀이 귀에 박혔다.

"주님은 엑스트라 머니를 주십니다. 당신이 경험하십시오. 믿음으로 사는 삶에 목숨 건 여러분들을 주께서 반드시 도우실 것입니다."

훈련은 거듭되었고, 크고 작은 간증들이 곳곳에서 나왔다. 우리에게도 그런 간증이 터졌다. 남편이 이직하는 과정에서 받을 명분이 전혀 없는 2천500만 원이 생겼다(이것은 시작에 불과했다). 가르침대로 헌금을 먼저 하고, 남은 돈은 몽땅 빚 갚는 데 사용했다. 드디어 수료식 날이 되었다. 간사님이 멘트를 하나 날리셨다.

"여러분을 삶의 현장으로 파송합니다. 이제 시작입니다. 살아내자! 살아내자! 살아내자! 오직 살아내는 사람이 웃게 될 것입니다!"

나는 배운 걸 더 독하게 훈련하고 살아내기로 굳은 결심을 했다. 왕의 재정 인터넷 강의를 매일 한 강씩 집중해서 들으며 중요한 메시지를 요점 정리했다. 외모가 아니라 중심을 보시는 하나님께 감사했다.

내게도 기회를 주신다는 메시지를 들으며 마음의 훈련에 돌입했다. 온유하고 겸손한 자의 훈련으로 입을 제어하여 믿음으로 말하는 훈련과 말씀에 순복하는 훈련을 통해 점점 말씀에 길들어갔다.

간사님이 6억의 빚을 갚기 위해 채무자에게 1만 원을 들고 가서 겪은 눈물겨운 실천이 도전으로 다가왔다. 빚진 자는 채주의 종! 빚진 자는 영향력 없는 삶! 나도 반드시 주인을 바꾸어야 했다. '최선의 1' 가운데 역사하신 하나님의 은혜로 6억 중 3억의 빚을 탕감받은 간증이 내게 살아낼 힘을 주었다. 그날로 다시 《왕의 재정학교 워크북》을 새로 구입하고, 빚 갚기 프로젝트에 돌입했다.

새 워크북으로 1개월 차 훈련에 들어갔다. 일단 기존의 수입과 지출을 그대로 기록했다. 자산과 부채 현황, 상환 계획 등을 적었다. 월급 외에는 특별한 수입이 없기에 별로 적을 게 없었다.

또 잠자는 재정을 찾고, 새로운 재정을 만들어 빚을 갚으라고 해서 '숨은 돈 찾기'를 했다. 만기된 보험 2건, 176만 원과 269만 원을 찾아 약 400만 원의 빚을 갚았다. 적금, 보험, 금, 은 등을 찾기 시작했고, 20일간 1천200만 원을 갚았다. 빚이 갚아지니 신기하고 신이 났다.

워크북 내용을 실천하자 여윳돈이 생겼다. 빚을 갚을 때마다 나를 꽉 붙잡았던 맘몬의 손아귀에서 조금씩 풀려났다. 숨통이 트이고, 정서적으로 안정을 찾았다. 어둠에서 해방될 날을 바라보니 하루가 즐거웠고, 사람들과도 다시 만나게 됐다.

워크북 실천을 결단한 첫 달에는 완벽한 '믿음의 예산안'을 짜지도 못했고, 왕의 재정을 다 실천하지도 못했다. 그러나 포기하지 않고 '최선의 1'을 했더니 하나님께서 놀랍게 역사하셨다. 소득은 남편 월급이 전부인데, 하나님께서 엑스트라 머니를 주시고 또 주셨다!

나는 '믿음의 예산안'을 다시 짜고 실천하기로 결심했다. 분수에 맞게 겸손하게 최소한의 생활비를 책정했고, 꼭 필요한 건 주님께 당당히 구했다.

"주님 말씀하시면 즉시! 온전히! 기쁘게! 순종하겠습니다. 오직 믿음으로 살겠습니다."

어느새 미진 간사님의 고백이 내 고백이 되었다. 실천 워크북 훈련의 결과는 놀라웠다. 하늘은행에 심고 좋은 땅에 저축한 건 주님의 정확한 공급으로 가족의 삶을 더 풍요롭게 해주었다. 최소한의 생활비로 살면서도 전보다 훨씬 여유롭게 누릴 수 있었다.

또한 내가 주고 싶은 사람에게 내 맘대로 주는 게 아니라, 재물의 주인이신 하나님께서 주라고 말씀하시는 곳에 주는 게 하늘은행에 심는 것임을 배웠다. 하늘은행에 입금한다는 건 곧 좋은 땅에 심는 걸 말한다. 좋은 땅은 가난한 사람이다. 성빈(하나님의 사람)이다. 하늘나라 프로젝트이다.

좋은 일도 분에 맞게 하는 법을 배웠다. 체면 때문에 빚내서 하던 '나 중심'에서 '하나님 중심'으로 변했다. 경조사를 위해 미리 여윳돈을 준비했다. 작은 것이라도 주님께 여쭈며 감동을 주시는 대로 흘려보내는 훈련을 통해 "모든 것의 주인은 오직 하나님이십니다"라고 고백하게 되었다.

집에 있던 여유 있는 물건을 한곳에 모았다. 물건을 보면 사람이 생각나기도 했고, 사람을 보면 모아둔 물건 중에서 필요가 보이기도 했다. 그에게 갖다주면 꼭 필요했다고 말해서 참 기뻤다.

실천 워크북에는 우리가 원하는 걸 기록하고 기도하는 '요망사항 봉투'가 있다. 그 봉투에 우리 가족에게 꼭 필요한 걸 적고, 내가 할 수 있는 최선을 다하자 주께서 빠른 시간에 필요를 모두 채워주셨다. 워크북에서 말하는 그대로를 경험했다.

처음 시작할 때는 내 걸 먼저 흘려보냈다. 그러자 시간이 지나면서 하나님께서 내 필요대로 풍성히 공급하셨다. 신도시에 세워질 새 성전 건축헌금을 작정할 때도 강의 내용이 생각났다.

"여러분~ 교회를 지을 기회가 주어진다면, 주님이 주시는 최고의 선물입니다."

내 전부를 다 드리고 싶었지만 아직 빚으로 묶여있기에 우리가 할 수 있는 최선을 다하기로 했다. 4평, 1천600만 원을 나누어 매달 100만 원씩 드리기로 했다. 남편의 월급으로는 추가로 헌금할 수가 없어서 주님께 구하기로 결심하고 작정 기도에 돌입했다.

'하나님~ 남편 월급을 100만 원만 올려주세요~.'

훈련을 통해 나는 담대해졌다. 내가 쓸 돈이 아니라 성전 건축에 동참하고 싶어서 담대하게 구했다. 간사님의 강의가 순간순간 생각났다.

"여러분의 믿음이 하나님의 기적을 만들어냅니다. 하나님께서는 우리의 기도 가운데 능력으로 역사하십니다. 주님의 뜻 안에 있는 기도라면 응답될 때까지 기도하십시오. 반드시 응답하십니다!"

정말 그랬다. 기적이 일어났다. 바랄 수 없는 중에 바라는 게 진짜 믿음이었다. 전혀 불가능한 상황에서 남편이 승진하면서 월급이 75만 원 인상됐다. 건축헌금도 일시불로 드릴 수 있는 엑스트라 머니가 생겼다. 워크북의 실천, 믿음의 예산안, 훈련의 내용이 내 삶에서 사실로 증명되었다.

하나님이 주시는 엑스트라 머니는 빚 갚는 데 먼저 사용하라는 말씀에 더 허리띠를 졸라매고 긴축했다. 매월 원금을 100만 원씩 더 갚았다. 생활비가 줄어서 걱정이 되었지만 믿음으로 하늘은행에 저축한 게 있기에 필요할 때 주께서 이자율로 공급해주실 걸 확신했다. 그리고 주님은 신실하게 공급하셨다. 고기, 과일, 김치, 반찬, 화장품, 냄비, 갖가지 생활용품 등 종류도 다양하게 필요한 걸 넘치게 채워주셨다.

빠른 속도로 빚이 줄어가는 대출 통장을 보면 너무 기뻤다. 채주의 종에서 벗어나 하나님께 쓰임 받는 삶을 꿈꾸기 시작했다. 워크북 사용 첫 달 기준으로 가정의 대출 5천700만 원을 1년 만에 다 갚았다. 외벌이 남편의 수입만으로는 있을 수 없는 놀라운 일이었다. 은행에서도 놀라워했다. 빚 3억을 갚기로 결단한 후, 2년 7개월 만에 채주의 종에서 완전히 벗어났다!

'자유다! 이젠 성부로 출발이다! 먼저 그의 나라와 그의 의를 구하라. 그리하면 이 모든 것을 더하시리라~.'

하나님께서는 정말 약속을 지키셨다. 지금은 신도시의 좋은 아파트를 빚 없이 중도금까지 다 낼 수 있게 되었다. 아이들에게도 풍성히 먹이시는 하나님을 보았다. 워크북 실천은 어렵지 않다. 그대로 실천하려면 무조건 아끼는 삶을 살아야 한다고 오해했는데 그렇지 않았다. 풍성한 결과로 마음은 기뻤고, 소망이 넘쳤다.

때로 지칠 때, 주님 앞에 가면 '딸아, 잘하고 있단다~'라고 응원해주시며 가장 필요한 걸 공급하셨고, 주님을 더 경험하게 하셨다. 믿음으로 사는 사람들에게 엑스트라 머니를 주시는 주님을 경험하지 않고는 절대 알 수 없는 하나님나라의 비밀이다.

예전에는 내 상황을 바라보면 소망이 없었고, 우울했으며 가슴이 늘 답답했다. 그러나 '살아내자! 실천'을 통해 물질을 공급해주시는 하나님의 방법이 너무나 다양함을 깨달았다.

나는 재정 훈련으로 하나님과의 관계가 완전히 회복되었다. 늘 기쁘고 범사에 감사하는 삶으로 바뀌었다. 소망의 주님을 바라보며 '최선의 1'을 할 때, 우리를 위해 제한 없는 방법으로 당신을 경험케 해주시는 참 좋으신 하나님께 경배를 드린다.

충성된 자는 배가자라고 배웠다. 그래서 교우들과 왕의 재정 배가를 시작했고, 그중 두 명의 간증을 나누고자 한다.

### 재물을 노예로 다스리는 삶을 살다 김정숙 권사(가명)

남편이 월급을 제대로 못 받고 회사가 문을 닫는 일이 반복되면서 내가 공부방과 청소 일을 병행하며 그 벌이로 살았다. 대학생과 고등학생 세 자녀를 키우며 상황이 악화되어 원룸 월세로 집을 옮겼다.

부부간에 서로 알고 모르는 빚이 계속 늘었고, 생활고에 시달리는 생활이 10년이나 지속되면서 몸과 마음이 지쳐버렸다. 열심히 일했지만 생활비가 늘 부족했다. 매달 돈을 빌리거나 카드로 생활했다.

어느 날, 미화 자매의 권유로 《왕의 재정》과 실천 워크북을 구입한 다음, 죽기 살기로 '그래, 한번 해보자' 하고 시작했다. '믿음의 예산안'을 통해 하나님이 살아계심을 크게 체험했고, 큰 빚이 해결되었다. 무엇보다 이 훈련을 통해 오랜 기도제목이었던 남편이 다시 주님 품으로 돌아왔다.

그동안 못 받은 월급도 일부분 받았고, 원룸 생활에서 벗어나 32평 임대 아파트를 분양받았다. 계약금도 하나님께서 놀랍게 공급해주신 엑스트라 머니로 충당되었다. 빚의 노예로 살던 삶에서 재물을 다스리는 삶으로 바뀌었다.

**부부가 한마음으로 빚을 청산하다** 권숙희 집사(가명)

맞벌이를 하며 가계부를 써도 매달 50-70만 원씩 마이너스 통장으로 살았다. 빚은 눈덩이처럼 늘었다. 왕의 재정 부흥회를 통해 부부가 한마음으로 성부가 되고픈 마음이 간절했으나 현실은 빚의 노예에서 벗어날 수가 없었다. 그러던 중 소그룹으로 훈련하게 되었다.

지출보다 수입이 많은 구조로 바꾸기 위한 '최선의 1'을 하면서 매달 마이너스 통장을 쓰지 않게 되었고, 50만 원씩 빚 갚는 구조로 바뀌었다. 훈련을 통해 우리 부부는 한마음으로 믿음의 삶을 살았다.

소그룹 조원들과 함께한 '살아내자! 빚 갚기 프로젝트'가 우리 가정 경제를 완전히 바꾸었다. 그리고 나를 채주의 종에서 벗어나게 했다.

# CHAPTER 4

# 내 손이
# 짧으냐?

네 속에 섞여 사는 다른 인종을 제거하라

민수기 11장에는 광야생활을 하던 이스라엘 백성들이 만나에 싫증을 내며 고기가 먹고 싶다고 모세를 크게 원망하는 장면이 나온다.

그들 중에 섞여 사는 다른 인종들이 탐욕을 품으매 이스라엘 자손도 다시 울며 이르되 누가 우리에게 고기를 주어 먹게 하랴 민 11:4

그들 중에 '섞여 사는 다른 인종들'이 탐욕을 품고 이스라엘 백성들을 충동질했다. 내 속에 섞여 사는 다른 인종이 주님과의 관계를 방해하고 있었다. 나는 주께서 그걸 보여주시기를 기도했고, 보여주신 걸 종이에 적었다.

"탐심, 욕심, 불평, 불만, 비교의식, 교만, 불신앙."

이들이 내 속에 섞여 사는 다른 인종들이었다. 주님 앞에서 내 베일이 점점 벗겨질수록 마음이 더 착잡했다. 이대로는 주께서 나를 쓰실 수 없다고 판단했다.

## 지금은 고기를 구할 때가 아니다

백성들이 모세를 얼마나 크게 원망하고 몰아세웠던지 그에게 살 소망이 끊어졌다.

"이 모든 백성을 내가 배었나이까 내가 그들을 낳았나이까… 이 모든 백성에게 줄 고기를 내가 어디서 얻으리이까… 주께서 내게 이같이 행하실진대 구하옵나니 내게 은혜를 베푸사 즉시 나를 죽여 내가 고난 당함을 내가 보지 않게 하옵소서"(민 11:12-15).

백성들이 울면서 "누가 우리에게 고기를 주어 먹게 하랴. 애굽에 있을 때가 우리에게 좋았다"라고 한 말이 하나님께 들렸다. 하나님께서는 그들에게 고기를 주어 먹이겠다고 하셨다. 모세가 하나님의 말씀을 백성들에게 전했다.

"여호와께서 너희에게 고기를 주어 먹게 하실 것이라. 하루나 이틀이나 닷새나 열흘이나 스무 날만 먹을 뿐 아니라 냄새도 싫어하기까지 한 달 동안 먹게 하시리니 이는 너희가 너희 중에 계시는 여호와를 멸시하고 그 앞에서 울며 이르기를 우리가 어찌하여 애굽에서 나왔던가 함이라 하라"(민 11:18-20).

고기를 먹을 보행자만 60만 명이었다. 아이와 여자를 포함한다면 200-300만 명쯤 되는 백성에게 한 달간 고기를 먹이시겠다는 하나님의 말씀에 대한 모세의 반응을 보라.

"그들을 위하여 양 떼와 소 떼를 잡은들 족하오며 바다의 모든 고기를 모은들 족하오리이까"(민 11:22).

"여호와께서 모세에게 이르시되 여호와의 손이 짧으냐 네가 이제 내 말이 네게 응하는 여부를 보리라"(민 11:23).

하나님께서는 "여호와의 손이 짧으냐?"라고 되물으셨다. 전능자에게는 불가능이 없다. 어떤 방법으로 고기를 먹이시는지 보라.

"바람이 여호와에게서 나와 바다에서부터 메추라기를 몰아 진영 곁 이쪽저쪽 곧 진영 사방으로 각기 하룻길 되는 지면 위 두 규빗쯤에 내리게 한지라"(민 11:31).

두 규빗이면 약 1미터 정도다. 진영 중심으로 하룻길 되는 지면에 메추라기를 1미터 정도 높이로 쏟아부으셨다. 하룻길에 걸을 수 있는 거리를 약 30킬로미터로 보면 서울 강남역을 중심으로 직선거리로 동쪽으로는 양평까지, 서쪽으로는 인천 시청까지, 남쪽으로는 수원역까지, 북쪽으로는 의정부를 지나 양주까지 거리이다.

상상이 되는가? 서울 강남을 중심으로 이 지역 전체에 1미터 높이로 메추라기를 쏟아부으신 것이다! 하나님께서 사랑으로 메추라기를 주셨을까? 아니다. 백성들의 불평과 불신과 원망 가운데 화를 내신 것이다. 하나님의 계획은 지금은 고기 먹을 때가 아니라 훈련을 받을 때요, 하나님의 비전을 마음에 담을 때라고 하시는 것이다.


네 지경을 넓히신 후에 고기를 먹으리라

광야에서 나는 무척 배고팠다. 어느 날은 물만 마셨다. 고기를 먹고 싶은 생각이 일주일간 사라지지 않았다. 어린 유진이에게 먹일 것도 없는데 엄마인 내게 고기 먹을 생각이 떠나지 않는 현실이 너무 참담했다. 굶식이 금식기도가 되었다.

'딸아, 지금은 고기를 먹을 때가 아니다~.'

말씀 한 구절이 떠나지 않고 계속 머릿속에 남았다.

네 하나님 여호와께서 네게 허락하신 대로 네 지경을 넓히신 후에 네 마음에 고기를 먹고자 하여 이르기를 내가 고기를 먹으리라 하면 네가 언제나 마음에 원하는 만큼 고기를 먹을 수 있으리니 신 12:20

바로 해결이 되었다. 지금은 고기 먹을 때가 아니었다.

'지금은 네 비전을 확장할 때이다.'

'주님! 그 비전을 보여주세요.'

'하나님 여호와께서 네게 허락하신 대로 네 지경을 넓혀라.'

하나님께서 내게 얼마만큼 허락하셨을까? 홍성건 목사님의 창세기 13장 강의를 통해 내 눈이 열렸다.

"롯이 아브람을 떠난 후에 여호와께서 아브람에게 이르시되 너는 눈을 들어 너 있는 곳에서 북쪽과 남쪽 그리고 동쪽과 서쪽을 바라보라 보이는 땅을 내가 너와 네 자손에게 주리니 영원히 이르리라… 너는 일어나 그 땅을 종과 횡으로 두루 다녀보라 내가 그것을 네게 주리라"(창 13:14,15,17).

제한이 없었다. 동서남북을 바라보는 만큼, 종과 횡으로 다닌 만큼!

'딸아~ 환경의 한계를 뛰어넘어라!'

내게는 믿음이 필요했다.

아브라함과 롯의 소유가 많아지자 아브라함의 가축의 목자와 롯의 가축의 목자가 서로 다투었다. 아브라함이 조카 롯에게 제안했다.

"네 앞에 온 땅이 있지 아니하냐 나를 떠나가라 네가 좌하면 나는 우하고 네가 우하면 나는 좌하리라"(창 13:9).

롯은 물이 넉넉한 소돔 땅을 선택했다.

"이에 롯이 눈을 들어 요단 지역을 바라본즉 소알까지 온 땅에 물이 넉넉하니 여호와께서 소돔과 고모라를 멸하시기 전이었으므로 여호와의 동산 같고 애굽 땅과 같았더라 그러므로 롯이 요단 온 지역을 택하고 동으로 옮기니 그들이 서로 떠난지라 아브람은 가나안 땅에 거주하였고 롯은 그 지역의 도시들에 머무르며 그 장막을 옮겨 소돔까지 이르렀더라 소돔 사람은 여호와 앞에 악하며 큰 죄인이었더라"(창 13:10-13).

이 말씀에서 소돔과 고모라 땅을 바라보는 두 가지 시선을 알게 하셨다.

- 롯의 시선 – 여호와의 동산 같고 애굽 땅 같다(창 13:10).
- 하나님의 시선 – 소돔 사람은 악하며 큰 죄인이다(창 13:13).

- 롯의 결론 – 그 땅은 나 자신에게 안정과 풍요를 보장할 것이다.
- 하나님의 결론 – 그 땅을 멸할 것이다.

시각 차이가 확연히 달랐다. 육신적인 롯의 시선을 제거하고, 하나님의 시선으로 바라보는 훈련이 필요했다. 롯이 떠난 후에 하나님께서는 아브라함에게 동서남북을 바라보라고 하시고, 바라보는 만큼 준다고 하셨다.

나는 이 말씀을 알아들었다. 보이는 세계가 전부인 것처럼 보암직하고 먹음직한 소돔과 고모라 땅을 선택했던 '롯의 요소'를 내 안에서 제거해야 했고, 보이지 않는 세계를 볼 수 있는 영적인 눈 곧 하나님의 시선이 필요했다.

당시는 고기를 먹을 때가 아니라 비전을 확장하고 아브라함의 씨에게 언약하신 제한 없는 축복을 믿음만큼 바라볼 때였다. 나는 이 말씀을 그대로 실천하기로 결정하고, 멀리 보기 위해 여의도 63빌딩으로 올라갔다. 그런데 꼭대기에서도 서울이 한눈에 다 들어오지 않았다.

그래서 아르바이트를 해서 비행기표를 구했다. 한국에서 가장 먼 아프리카행 비행기에 몸을 실었다. 그리고 항공기가 여러 나라들을 통과할 때마다 벌떡 일어나 좁은 비행기 안에서 동서남북을 다니며 선포했다.

"아버지, 지금 C국을 통과합니다. 이 땅 동서남북을 바라봅니다. 이 땅에 주의 나라와 의가 나를 통해 이루어지도록 사용해주십시오!"

그렇게 아프리카에 도착했다. 다닐 수 있는 만큼 종과 횡으로 다녔다. 이것은 내 믿음의 행위였다. 그 후 10년 동안 아무 일도 일어나지 않았다. 장차 주께서 나를 통해 무엇을 하실지 전혀 알지 못했다.

2018년 8월, 나는 서부 아프리카의 모로코와 모리타니에서 왕의 재정 강의를 했다. 하나님은 그분의 나라를 세우도록 내 영향력을 확장시키셨다. 이전에 비행기 안에서 믿음으로 바라본 만큼 확장하고 계신다. 나는 지금 열방의 동서남북을 다니면서 주의 말씀을 전할 수 있는 특권을 누린다.

가는 곳마다 사람들이 살아났고, 하늘의 재정이 풀어졌다. 왕의 재정이 선포되는 곳마다 실천하는 사람들을 통해 놀라운 간증이 터져 나온다. 그리고 지금은 원하는 만큼 언제나 최고급 고기를 먹을 수 있다.

### 실천 워크북의 대단한 파워 이은주

나는 왕의 재정 동영상 강의를 듣고 재정학교에 입학해서 훈련을 받고 무사히 수료했다. 오랜만에 《왕의 재정》을 다시 꺼내 보았다. 나 자신에게 책을 선물하면서 적었던 메모를 보니 감회가 새롭다. 이 책 한 권의 파워는 대단했다.

2년간 인터넷 재정 강의를 100번도 더 들으면서 워크북을 구입해서 스스로 훈련하며 신용카드를 모두 잘랐다. 그리고 모든 빚을 갚고, 2017년 1월 3일에 채주의 종의 신분에서 완전히 벗어났다. 2018년에는 80퍼센트로 살고 20퍼센트를 흘려보냈다. 올해에는 70퍼센트로 살고 30퍼센트를 흘려보내리라 다짐했다.

나는 우상숭배하던 집에서 성장했다. 그리고 열심히 재물을 모았다. 더 큰 재물에 대한 욕심과 명예욕에 사로잡혀 사업을 무리하게 확장했다. 결국 처절한 실패를 통해 주님 앞으로 돌아왔다. 하지만 암담

한 현실에 낙심되고 소망이 사라졌다. 이때 영상으로 만난 김미진 간사님이 "먼저 그의 나라와 그의 의를 구하는 삶을 사십시오~. 먹을 것, 마실 것, 입을 것은 주께서 더해주실 겁니다"라고 했다. 하나님나라를 먼저 구하는 삶으로 돌파하라고 했다. 그 말씀을 듣고 출근길에 전도하기로 결심했지만, 낯선 이들에게 한마디도 못 꺼내고 돌아오기 일쑤였다.

가까운 지인에게 복음을 전하니 "난 예수 안 믿어도 잘사는데, 너는 왜 망해서 가난하게 사니?"라는 핍박이 돌아왔다. 내 삶이 복음에 장애가 되는 것 같아 주님께 죄송했다. 그분의 명예를 회복시켜드려야 했다. 재정학교 강의마다 노트하며 살아내기로 굳게 결심했다. 가장 먼저 적용한 건 '온전한 십일조'였다. 재정 강의에서 십일조에 대해 농사법으로 풀어 설명해주니 이해가 쏙쏙 잘 됐다. 십일조는 '믿음'의 문제가 아니고 '생명'의 문제임을 깨달았다.

온전한 십일조가 늘 부담스럽고 세금처럼 느껴졌는데, 사실은 우리를 축복하시는 하나님의 방법임을 알고 나니 오히려 큰 소망이 되었다. 그때부터 온전한 십일조를 시작으로 재정 훈련에 돌입했다. 특히 워크북 훈련이 강력했다. 내 삶의 모든 영역이 재조정되었다. 처음에는 실천에 실패도 많았다. 온전한 십일조를 결정했지만 첫 달부터 갈등이 생겼다.

'37만 원이면 집 월세와 아이의 어린이집 교육비를 충당할 수 있는데, 십일조를 꼭 온전히 다 드려야 할까?'

그러나 살아내야만 했다. 죽으면 죽으리라는 심정으로 온전한 십일조를 드렸다. 그런데 삶이 궁핍하지 않은 게 신기했다.

어느 날, 업무를 볼 때 개인 차량을 사용해서 고맙다고 회사에서 350만 원을 주었다.

'아, 이것이 엑스트라 머니구나!'

나는 먼저 아들을 북한 땅의 목회자로 서원하며 100만 원을 헌금했다. 인터넷 강의를 100번 이상 들으니 내 것이던 재물이 어느새 하나님의 것으로 바뀌었다.

온전한 십일조 생활 5개월째, 새 보금자리가 생겼다. 크고 작은 경험을 나누다 보니 축복받은 간증자가 되었다. 십일조 액수도 점점 늘어났다. 그러나 3천만 원의 부채가 믿음의 삶의 족쇄요, 장애물이었다. 주변에 나와 같이 무너진 5명을 모아서 "왕의 재정 책+워크북+인터넷 강의"로 본격적인 훈련을 했다.

우리는 다음과 같은 훈련 과제를 세웠다.

1) 매일 말씀 10장 읽기 : 《말씀관통 100일 통독》으로 말씀 이해하기,
   잠언 1장과 시편 5편 읽기
2) 왕의 재정 인터넷 강의 매일 1편씩 보고 요점 정리하기
3) 워크북의 금전출납부와 믿음의 예산안 작성하고 실천하기
4) 워크북의 "나의 묵상"과 "기도집"으로 하루 1시간 이상 기도하기
5) 주 1회 모여서 3시간 동안 실천사항 나누기(다른 나눔 금지)
6) 리더가 훈련과제를 점검하고, 훈련과제는 인증샷으로 찍어서
   대화방에 올리기

7) 훈련 중 생기는 간증을 공유하여 서로 은혜받고 격려하기

그리고 워크북을 샅샅이 보면서 빚 갚기 프로젝트에 돌입했다. 빚 갚는 순서를 숙지하고 부채 상환 전략을 세웠다. 이 과정 중에 우리 가정의 재정 상태가 얼마나 심각한지 인지했다. 빚의 이유를 파악해보니, 빚의 개념과 빚을 갚아야겠다는 의지 자체가 없었다. 빚지면서도 먹고 싶은 걸 신용카드로 사먹고, 사고 싶은 걸 샀다.

그래서 우리는 먼저 신용카드부터 없앴다. 부들부들 떨리는 손으로 카드를 잘랐다.

카드 절단식은 마치 심장을 도려내는 듯한 아픔과 두려움을 주었다. 카드 없는 3개월은 지옥이었다. 할부금이 밀려들었다. 먼저 가족과 의논하여 외식을 없앴다. 빚을 갚기 위해 뼈를 깎는 결단이 필요했다. 포기하고 싶을 때마다 들은 강의 내용이 생각났다.

'미진 간사님의 아들 유진이의 부러진 손가락! 500원짜리 청바지!'

위기 때마나 나타나는 미진 간사님의 "포기하지 마세요~. 우리 주님은 신실하셔서 반드시 약속을 지키십니다!"라는 목소리가 귀에 쟁쟁하게 울리는 듯했다.

훈련은 힘들었지만 보상은 컸다. 3개월째에 1천만 원의 엑스트라 머니가 생겼다. 내 필요도 쌓여있었지만 성빈들의 필요가 먼저 보였다. 정말 재물의 주인이 바뀌었다. 크고 작은 경험을 하면서 재물의 훈련을 통해 우리의 믿음이 성장했고, 교회와 성빈을 사랑하는 마음도 더 커졌다.

2017년 1월 3일, 나는 25개월 만에 드디어 채주의 종의 신분에서 벗어

났다. 지금은 가정의 재정이 계속 넉넉해지고 있다. 내 안에 하나님 사랑, 이웃에 대한 사랑이 심겼다. 왕의 재정 훈련이 우리 교회에 도입되기를 바라며, 10퍼센트로 살고 90퍼센트를 흘려보내는 진정한 성부의 삶을 꿈꾼다.

### 너는 뭔가 잘 풀린다 제주도 세 자매

2017년 2월, 순복음제주도중앙교회에 왕의 재정 부흥집회가 열렸다. 나는 친구 셋과 홍 목사님과 미진 간사님을 찾아갔다. 그리고 감귤 농장에서 일하며 5년 전부터 영상으로 재정 강의를 매일 듣고, 세 친구와 살아낸 이야기를 간증했다.

나는 대학을 졸업할 무렵 하나님을 믿었고, 경험했다. 내겐 한 달에 200-400만 원 정도 수입이 있었다. 1년 헌금은 200-500만 원 정도였고, 10년간 헌금했다. 작은 영적 경험을 맛보며 믿음 안에서 평범한 가정을 이루고 살다가 왕의 재정 간증과 말씀을 듣고 큰 도전을 받았다. 가히 충격적이었다.

말씀을 통해 내 재정의 주인을 맘몬에서 하나님으로 바꾸어야 하고, 재정을 헌신하고 기쁨으로 주께 드려야 하며, 이웃과 나누는 넉넉한 삶을 살고, 속부가 아니라 하나님나라를 확장하는 삶을 살아야 함을 깨달았다.

나는 반복해서 강의를 듣고 또 들었다. 매번 말씀이 새롭게 깨달아졌다. 간사님이 경험한 기적을 내 것으로 받고 싶은 소원과 용기도 생겼다. 그런 일들이 실제로 내게 일어나도록 기도하고, 선포하고, 헌금하고 행동했다. 나는 간사님의 간증을 들은 다음 깨닫고 충격을 받는 것에서 끝내지 않고, 무엇이든 주께 드리는 태도로 완전히 바꾸었다.

또 담임목사님의 말씀과 비전에 위탁하고 순종했다. 성전 건축을 하자고 할 때 기쁨과 감사함이 생겼다. 주택 구입 자금 대출이 있었지만, 최선을 다해 1천200만 원을 헌금했다.

담임목사님은 성도들과 아웃리치나 컨퍼런스로 1년에 두 번 정도 해외로 나가셨다. 예전에는 돈이 없다는 생각으로 신청을 주저했다. 순종하고 함께 간 적도 있지만 가지 않을 때가 더 많았다. 지금은 하나님나라와 교회를 위해 무엇인가 하자고 하면 무조건 순종한다.

한번은 다른 나라 목사님 20여 분이 우리 교회에 방문했다. 하나님의 사람들을 섬겨야 한다는 생각에 그들의 숙박비 50퍼센트를 후원했다. 올해는 100퍼센트 후원하기로 결정했다.

목사님이 차량을 구입할 때도 조금 보탰다. 면허증이 필요한 어려운 이웃이 있기에 자동차 학원에 등록도 해주며 최선으로 섬겼다. 그런데 신기한 일들이 일어났다. 내 시간과 재정을 교회를 위해 전적으로 쓰는데, 돈이 들어오고 재산이 더욱 늘었다. 믿지 않는 친정엄마가 "너는 뭔가 잘 풀린다"라고 했다. 교회 일을 한다면 싫어하고, 돈 버는 일을 한다면 적극적으로 도와주던 엄마가 지금은 내가 교회 일을 열심히 하는 걸 당연히 여긴다.

과거에는 1년에 총 200-500만 원 정도 헌금했는데 2016년부터 조금씩 늘었다. 교회 장부에 기록된 헌금 액수만 총 3천900만 원이고, 기록되지 않은 금액까지 하면 더 많을 것이다. 그만큼 수입이 늘었다.

2017년 2월 십일조만 1천930만 원이었고, 12월에는 2천만 원 이상 드리는 은혜를 주셨다. 신실하신 하나님을 높여드린다.

− 세 자매의 간증을 홍성건 목사님과 함께 들었다. 주께서 간증을 통해 우리를 위로해주셨다. 자매는 섬기는 교회 이름과 담임목사님을 알려주며 재정부에 이 간증을 확인하라고 했다. 사실 여부를 확인하고 여기에 싣는다.

# CHAPTER 5

# 하늘은행
=좋은 땅

## 가난한 자

고린도후서 8장과 9장의 소제목은 '풍성한 연보'와 '가난한 성도를 섬기는 연보'이다. 한마디로 헌금 이야기이다. 헌금에 대한 말씀이 두 장이나 붙어있는 곳이 여기밖에 없다. 한 절씩 자세히 살펴보면 하나님께서 헌금을 어떻게 설명하시는지 명확히 알 수 있다(《왕의 재정》 1권, 297-304쪽 참고).

### 고린도후서 9장 5절

그러므로 내가 이 형제들로 먼저 너희에게 가서 너희가 전에 약속한 연보를 미리 준비하게 하도록 권면하는 것이 필요한 줄 생각하였노니 이렇게 준비하여야 참 연보답고 억지가 아니니라

헌금은 미리 준비해야 한다. 헌금 바구니가 돌아오면 지갑이나 주머니를 뒤져서 5만 원짜리가 나오면 다시 넣고 만 원짜리, 천 원짜리를 찾는다면 하나님께서 기뻐 받으시는 헌금이 되지 않는다. 헌금 봉투를 집에 많이 가져가서 토요일까지 천 원이든 만 원이든 정성껏 담아

가방에 넣어두라. 미리 준비하는 헌금이 참연보이다. 이 말씀의 연보란 '헌금'을 말한다. 특히 '주는 삶'을 말한다.

고린도후서 9장 6절
이것이 곧 적게 심는 자는 적게 거두고 많이 심는 자는 많이 거둔다 하는 말이로다

'이것'이란 5절의 연보를 말한다. 하나님께서는 바울을 통해서 연보를 농사법으로 설명하고 계신다.

고린도후서 9장 7절
각각 그 마음에 정한 대로 할 것이요 인색함으로나 억지로 하지 말지니 하나님은 즐겨 내는 자를 사랑하시느니라

헌금은 즐겁게 하는 것이다. 인색함으로나 억지로 하지 않으려면 미리 준비해야 한다.

고린도후서 9장 8절
하나님이 능히 모든 은혜를 너희에게 넘치게 하시나니 이는 너희로 모든 일에 항상 모든 것이 넉넉하여 모든 착한 일을 넘치게 하게 하려 하심이라

이 말씀 한 절에 "모든"이라는 단어가 4번 나온다. "모든 착한 일을

넘치게 하는 것"은 '가난한 자에게 주는 것'이다. 이 말씀을 이렇게 읽을 수 있다.

"하나님께서 많은 재물을 넘치게 하셔서서 우리가 모든 일에 항상 재물이 넉넉하여 모든 착한 일, 곧 가난한 자들에게 주는 삶을 살 수 있도록 하신다."

고린도후서 9장 9절
기록된 바 그가 흩어 가난한 자들에게 주었으니 그의 의가 영원토록 있느니라 함과 같으니라

"흩어 준다"는 건 농사법을 말한다. 9절 말씀은 주는 삶을 씨를 흩어 뿌리는 것으로 설명한다.

고린도후서 9장 10절
심는 자에게 (심을) 씨와 먹을 양식을 주시는 이가 너희 심을 것을 주사 풍성하게 하시고 너희 의의 열매를 더하게 하시리니

'씨'의 특징은 먹는 게 아니라 심는 것이다. 하나님은 우리가 거두는 수확에 심을 씨(먹으면 절대로 안 되는)와 먹을 양식으로 구분하여 공급해주신다.

고린도후서 9장 11절

너희가 모든 일에 넉넉하여 너그럽게 연보를 함은 그들이 우리로 말미암아 하나님께 감사하게 하는 것이라

우리의 연보를 통해 그들(가난한 자들)이 하나님께 감사하는 삶으로 주께 영광을 돌리게 된다.

고린도후서 9장 5-11절은 하늘나라 비밀이다. 연보를 농사법으로 설명하셨다. 연보, 즉 주는 헌금은 없어지는 게 아니다. 마치 농부가 씨를 심으면 많은 수확을 얻는 것처럼 헌금도 농사법이 적용된다는 말씀이다. 하나님의 농사는 늘 배가된다. 넘치는 수확을 주신다.

고린도후서 9장 5-11절을 정리해보자.

9장 5절 헌금(연보)=주는 삶

9장 6절 농사

9장 7절 헌금(주는 삶)

9장 8절 농사+헌금(법칙을 말한다)

9장 9절 농사+헌금(주는 삶)

9장 10절 농사

9장 11절 헌금(주는 삶)

5절에 연보를 미리 준비하라고 하시고, 6절에는 적게 심는 자는 적

게 거두고, 많이 심는 자는 많이 거두는 농사 법칙이 적용되는 게 '가난한 자에게 주는 삶'이라고 말씀한다. 가난한 자에게 주는 건 마치 하늘은행에 입금하는 것과 같다. 또한 좋은 땅에 심는 농사와 같다.

결과는 배가되어 돌아온다. 은행으로 말하면 높은 이자율이다. 농사로 말하면 30배, 60배, 100배의 수확이다. 가난한 자에게 주는 삶의 이자율을 주님은 이렇게 말씀한다.

"가난한 자를 불쌍히 여기는 것은 여호와께 꾸어드리는 것이니 그의 선행을 그에게 갚아주시리라"(잠 19:17).

"가난한 자에게 베푸는 일은 여호와께 빌려드리는 것이니, 그분이 후하게 보상하신다"(잠 19:17, 쉬운성경).

> '갚아주시다'의 히브리어 '샬람'(Shalam)은 '후하게, 넘치게 보상한다'는 의미다. 홍성건

마태복음 25장 33-46절에서 예수님은 "가난한 자를 섬기는 일은 곧 나를 섬기는 것"이라고 말씀한다.

"너희가 여기 내 형제 중에 지극히 작은 자 하나에게 한 것이 곧 내게 한 것이니라 하시고"(마 25:40).

그러므로 우리가 가난한 자를 돌아보는 건 주님께 꾸어드리는 것이다. 가난한 자를 돌아보면 주님이 즉시 하늘은행에 우리가 얼마를 입금했는지 천사에게 기입하라고 하신다. 가난한 자를 돌아보는 게 하늘은행에 저축하는 것이다. 그리고 하늘은행의 이자율은 30배, 60배,

100배이다.

### 하나님의 이자율

네가 만일 가난한 자를 돌아보면(신 15:4-11),

1) 너희 중에 가난한 자가 없을 것이다.
2) 네가 꾸어줄지라도 너는 꾸지 아니할 것이다.
3) 네가 통치할지라도 너는 통치를 당하지 않을 것이다.
4) 하나님께서 네가 하는 모든 일과 네 손이 닿는 모든 일에
   네게 복을 주신다.

네가 만일 가난한 자를 돌아보면(시 41:1-3),

5) 재앙의 날에 여호와께서 너를 건져주신다.
6) 네가 이 세상에서 복을 받을 것이다.
7) 너를 병상에서 붙드시고 네가 누워있을 때마다
   네 병을 고쳐주신다.

네가 만일 가난한 자를 돌아보면(사 58:7-11),

8) 네 치유가 급속할 것이다.
9) 네 공의가 네 앞에 행하고 여호와의 영광이
   네 뒤를 호위하신다.
10) 네가 부르짖을 때 내가 응답하겠다.
11) 너는 물 댄 동산 같겠고 물이 끊어지지 않는 샘 같을 것이다.

이 나라의 소망은 오직 예수 그리스도의 교회에 있다. 우리가 가난한 자를 도와주면 빚 없는 국가, 부요한 국가, 통치 당하지 않고 주변국에 영향을 주는 국가, 번영하는 국가가 될 것이라고 하나님께서 약속하셨다.


## 십일조

심는 자에게 씨와 먹을 양식을 주시는 이가 너희 심을 것을 주사 풍성하게 하시고 너희 의의 열매를 더하게 하시리니 고후 9:10


하나님께서는 우리에게 심을 것을 주사 풍성하게 하심으로 축복하신다. 우리의 수확 중에는 꼭 씨가 포함되어 있다. 이것을 심으면 농사 법칙이 작동되어 풍성한 열매를 거두게 된다.

하나님께서 내게 옥수수 2개를 주길 원하실 때는 심을 씨로 고작 옥수수 씨 1개를 주신다. 정말 보잘것없고 아주 작아 보이지만, 이것을 심으면 옥수수 1대가 자란다. 옥수수 1대에는 2개의 옥수수가 열린다. 옥수수 1개의 알의 수를 세어보라. 적어도 500알이 맺힌다. 그러니 옥수수 1개를 심으면 모두 1,000개를 수확하는 것이다. 배가의 축복이다.

너는 마땅히 매년 토지 소산의 십일조를 드릴 것이며 신 14:22

당시에는 1년에 한 번 수확했기에 '매년'이다. 이것을 임금제로 말하면 일당, 주급, 월급, 연금에 해당한다. 십일조 계산은 '총 매출-지출(임대료, 급여, 세금 등)=순이익' 이것의 10퍼센트이다.

빚은 십일조 계산과 상관없다. 때로는 총 매출에서 십일조를 해야한다고 생각하는 사람도 있다. 그런데 사업장의 이익이 매출의 7-8퍼센트인 곳이 많다. 그래서 매출에서 10퍼센트를 헌금하면 당장 빚지는 구조가 된다. 신명기 말씀은 토지 소산의 십일조를 말한다. 토지소산이란 거두어진 농작물의 수확(순익)을 말한다.

레위기 27장 30절
그리고 그 땅의 십분의 일 곧 그 땅의 곡식이나 나무의 열매는 그 십분의 일은 여호와의 것이니 여호와의 성물이라

민수기 18장 21절
내가 이스라엘의 십일조를 레위 자손에게 기업으로 다 주어서 그들이 하는 일 곧 회막에서 하는 일을 갚나니

이 말씀을 보면 십일조의 용도는 회막의 제반 경비 사용 또한 포함한다.

민수기 18장 24절
이스라엘 자손이 여호와께 거제로 드리는 십일조를 레위인에게 기업으로

주었으므로 내가 그들에 대하여 말하기를 이스라엘 자손 중에 기업이 없을 것이라 하였노라

이 말씀을 보면 십일조는 또한 레위인의 기업으로 주신다.

말라기 3장 7절
만군의 여호와가 이르노라. '너희 조상들의 날로부터 너희가 나의 규례를 떠나 지키지 아니하였도다. 그런즉 내게로 돌아오라. 그리하면 나도 너희에게로 돌아가리라' 하였더니 너희가 이르기를, '우리가 어떻게 하여야 돌아가리이까' 하는도다

먼저 우리가 하나님께로 돌아와야 한다. 그래야 하나님도 우리에게 돌아오신다. 우리가 하나님께 돌아오는 방법이 바로 '십일조'이다

말라기 3장 8절
사람이 어찌 하나님의 것을 도둑질하겠느냐. 그러나 너희는 나의 것을 도둑질하고도 말하기를, '우리가 어떻게 주의 것을 도둑질하였나이까' 하는도다. 이는 곧 십일조와 봉헌물이라

믿음이 좋으면 십일조를 하고, 믿음이 없으면 십일조를 하지 않는 게 아니다. 십일조는 내 게 아니라 하나님의 것이기에 처음부터 내게 결정권이 없다. 하나님은 십일조를 하지 않는 걸 가리켜 "나의 것을 도

둑질했다"라고 하신다.

말라기 3장 9절
너희 곧 온 나라가 나의 것을 도둑질하였으므로 너희가 저주를 받았느니라

십일조를 하지 않은 결과는 저주(기근, 가난)였다.

십일조는 축복과 저주의 분수령이다. 홍성건

최근에 인터넷에서 "십일조 하지 말라"라는 영상을 보았다. 사람들의 욕심이 이 메시지를 받게 한다. 마치 창세기 3장을 연상시킨다. 하나님께서는 선악과를 먹으면 반드시 죽을 거라고 말씀하셨다. 그러나 마귀는 절대 죽지 않는다고 거짓말을 했다.

그 강의는 십일조를 구약 모세의 율법으로 규정했다. 그러나 십일조는 모세의 율법으로 시작된 게 아니라 그보다 430년 전, 아브라함으로부터 시작되었다.

"이 사람이 얼마나 높은가를 생각해보라 조상 아브라함도 노략물 중 십분의 일을 그에게 주었느니라… 또한 십분의 일을 받는 레위도 아브라함으로 말미암아 십분의 일을 바쳤다고 할 수 있나니"(히 7:4,9).

예수님은 율법학자들에게 십일조를 해야 한다고 가르치셨다. 그분은 모세의 율법을 폐하려고 오신 게 아니라 완성하려고 오셨다.

"화 있을진저 외식하는 서기관들과 바리새인들이여 너희가 박하와 회향과 근채의 십일조는 드리되 율법의 더 중한 바 정의와 긍휼과 믿음은 버렸도다 그러나 이것도 행하고 저것도 버리지 말아야 할지니라"(마 23:23).

원수들은 끊임없이 십일조를 없애려고 한다. 거기에는 음모가 있다.

"내가 또 알아본즉 레위 사람들이 받을 몫을 주지 아니하였으므로 그 직무를 행하는 레위 사람들과 노래하는 자들이 각각 자기 밭으로 도망하였기로 내가 모든 민장들을 꾸짖어 이르기를 하나님의 전이 어찌하여 버린 바 되었느냐"(느 13:10,11).

적들의 계획이 보이는가? 십일조를 드리지 않으면 주의 종과 예배자들이 굶주린다. 그들이 자기 밭으로 양식을 구하러 가면 성전이 버려진다. 원수들이 교회를 공격하기 위해 십일조를 없애려고 한다. 안타깝게도 오늘 한국교회가 빚이 많다. 해결책 중 하나는 교인들이 온전한 십일조를 하는 것이다.

이스라엘 백성들은 회개하고 돌이켰다.

"곧 레위 사람을 불러 모아 다시 제자리에 세웠더니 이에 온 유다가 곡식과 새 포도주와 기름의 십일조를 가져다가 곳간에 들이므로"(느 13:11,12).

십일조는 약속 있는 '심을 씨'이다. 이것을 심으면 나도 잘되고 교회도 풍성케 되지만, 먹어버리면 나와 교회도 가난해진다. 온전한 십일조로 하나님을 시험하고, 하나님의 축복을 경험하라!

## 3.3퍼센트 '또 다른 십일조'의 축복

말라기 3장 8절
사람이 어찌 하나님의 것을 도둑질하겠느냐 그러나 너희는 나의 것을 도
둑질하고도 말하기를 우리가 어떻게 주의 것을 도둑질하였나이까 하는도
다 이는 곧 십일조와 봉헌물이라

십일조와 봉헌물은 동등한 권위이다. 봉헌물은 '또 다른 십일조'를
말한다.

신명기 14장 27,28절
네 성읍에 거주하는 레위인은 너희 중에 분깃이나 기업이 없는 자이니 또
한 저버리지 말지니라 매 삼 년 끝에 그해 소산의 십분의 일을 다 내어 네
성읍에 저축하여

3년에 한 번씩 드리는 '또 다른 십일조'가 있다.

신명기 26장 12절
셋째 해 곧 십일조를 드리는 해에 네 모든 소산의 십일조 내기를 마친 후
에 그것을 레위인과 객과 고아와 과부에게 주어 네 성읍 안에서 먹고 배부
르게 하라

3년에 한 번씩 셋째 해에 드리는 십일조를 오늘날 계산하면 매달 수입의 3.3퍼센트에 해당한다. 하나님은 '또 다른 십일조'의 용도를 분명히 말씀하셨다.

신명기 14장 29절

너희 중에 분깃이나 기업이 없는 레위인과 네 성중에 거류하는 객과 및 고아와 과부들이 와서 먹고 배부르게 하라 그리하면 네 하나님 여호와께서 네 손으로 하는 범사에 네게 복을 주시리라

3.3퍼센트 십일조의 용도는 '구제헌금'이다. 이것으로 하나님의 사람(레위인)을 섬기고 가난한 자를 섬기는 일에 사용하라. 또 다른 십일조의 축복은 하나님께서 내 손으로 하는 범사에 복을 주시는 것이다. 말라기에서 말하는 온전한 십일조는 3.3퍼센트가 포함된 십일조이다. 교회의 구제헌금 봉투가 그냥 있는 게 아니다. 하나님의 명령으로 만들어졌다. 가난한 자를 돌보는 건 하나님의 명령이다.


## 십일조의 두 가지 축복

"첫째, 만군의 여호와가 이르노라 내가 너희를 위하여 메뚜기를 금하여 너희 토지 소산을 먹어 없애지 못하게 하며"(말 3:11).

다음은 하나님이 욥을 자랑하는 대화 중에 사탄의 말이다.

사탄이 여호와께 대답하여 이르되 욥이 어찌 까닭 없이 하나님을 경외하리이까 주께서 그와 그의 집과 그의 모든 소유물을 울타리로 두르심 때문이 아니니이까 주께서 그의 손으로 하는 바를 복되게 하사 그의 소유물이 땅에 넘치게 하셨음이니이다 욥 1:9,10

하나님께서 욥의 모든 소유물에 울타리를 쳐서 보호하셨다. 농사하는 땅에 메뚜기 떼가 오면 농작물이 초토화된다. 마찬가지로 우리에게 메뚜기 떼가 오면, 모아놓은 돈이 줄줄 새 나간다. 사고, 병원 비용, 동업의 실패, 빌려준 돈이 안 돌아오는 것 같은 메뚜기 떼가 우리 경제에 큰 손실을 준다. 욥을 축복하신 것처럼 하나님은 온전한 십일조를 하는 사람의 토지 소산물을 먹어 없애는 메뚜기를 막아주신다.

"둘째, 너희 밭의 포도나무 열매가 기한 전에 떨어지지 않게 하리니"
(말 3:11).

포도나무 열매가 기한 전에 떨어지지 않는다는 것은, 태풍이 불어와서 옆집의 포도 열매가 떨어질 때 우리 밭의 포도 열매는 주께서 붙잡고 계셔서 필요 가운데 공급이 끊어지지 않는다는 것이다.

어떤 이유에서든 직장을 그만두게 되었을 때 걱정하지 말라. 온전한 십일조를 드렸다면 주께서 공급하신다. 새로운 직장이 생길 수도 있고, 사업을 시작할 수도 있고, 초자연적으로 공급되기도 한다.

하나님은 당신의 이름을 가장 아끼시는데, 온전한 십일조로 당신의 이름을 시험하여 "내가 하늘 문을 열고 너희에게 복을 쌓을 곳이 없도록 붓지 아니하나 보라"라고 하신다(말 3:10 참고).

십일조는 하늘 창고 문을 여는 열쇠다. 홍성건

온전한 십일조를 드리는 사람은 땅의 풍성한 열매의 복으로 말미암아 이방인들도 알게 된다.

너희 땅이 아름다워지므로 모든 이방인들이 너희를 복되다 하리라 만군의 여호와의 말이니라 말 3:12

PART 3

# 가난한 자를
# 돌아보라

# CHAPTER 1

# 오병이어
# 기적은
# 오늘날에도
# 일어난다

## 너희가 먹을 것을 주라

예수께서 이르시되, '갈 것 없다 너희가 먹을 것을 주라' 제자들이 이르되, '여기 우리에게 있는 것은 떡 다섯 개와 물고기 두 마리뿐이니이다' 이르시되, '그것을 내게 가져오라' 하시고… 하늘을 우러러 축사하시고 떡을 떼어 제자들에게 주시매 제자들이 무리에게 주니 다 배불리 먹고 남은 조각을 열두 바구니에 차게 거두었으며 먹은 사람은 여자와 어린이 외에 오천 명이나 되었더라 마 14:16-21

예수께서 제자들을 불러 이르시되, '내가 무리를 불쌍히 여기노라… 먹을 것이 없도다 길에서 기진할까 하여 굶겨 보내지 못하겠노라' 제자들이 이르되, '광야에 있어 우리가 어디서 이런 무리가 배부를 만큼 떡을 얻으리이까' 예수께서 이르시되, '너희에게 떡이 몇 개나 있느냐' 이르되, '일곱 개와 작은 생선 두어 마리가 있나이다' 하거늘 예수께서… 축사하시고 떼어 제자들에게 주시니 제자들이 무리에게 주매 다 배불리 먹고 남은 조각을 일곱 광주리에 차게 거두었으며 먹은 자는 여자와 어린이

외에 사천 명이었더라 마 15:32-38

성경에는 믿음에 대한 말씀이 214구절, 구원에 대한 말씀이 218구절, 재물에 대한 말씀이 약 3,000구절 나온다. 믿음 없는 사람이 구원받지 못하고, 구원받는 사람은 믿음을 행위로 증명하라고 하신다. 믿음, 구원, 재물은 깊은 연관성이 있다고 말씀한다.

묵상 구절
마가복음 10장 17-25절 : 부자 청년
누가복음 16장 19-31절 : 부자와 나사로
마태복음 25장 33-46절 : 양과 염소
누가복음 3장 2-14절 : 세례 요한의 메시지(무리, 세리, 군인)

예수님은 "나를 믿는 자는 내가 하는 일을 그도 할 것이요, 또한 그보다 큰 일도 하리니"(요 14:12)라고 하셨다. 예수께서 5천 명, 4천 명을 먹이시고도 음식을 남기신 일은 오늘 우리가 해야 하는 과업이다. 하나님은 온 세계에 충분한 양식을 주셨다. 내게도 충분한 양식을 주셨다. 그분의 말씀에 주의를 기울여보라.

"너희가 먹을 것을 주라."

"너희에게 떡이 몇 개나 있느냐?"

너희 소유를 팔아 구제하여 낡아지지 아니하는 배낭을 만들라 곧 하늘에 둔 바 다함이 없는 보물이니 거기는 도둑도 가까이하는 일이 없고 좀도 먹는 일이 없느니라 너희 보물 있는 곳에는 너희 마음도 있으리라

눅 12:33,34

주인이 그 모든 걸 누구에게 맡기는가? 때에 따라 양식을 나누어주는 자가 주인의 모든 소유를 맡게 될 것이다

주께서 이르시되 지혜 있고 진실한 청지기가 되어 주인에게 그 집 종들을 맡아 때를 따라 양식을 나누어줄 자가 누구냐? 주인이 이를 때에 그 종이 그렇게 하는 것을 보면 그 종은 복이 있으리로다 내가 참으로 너희에게 이르노니 주인이 그 모든 소유를 그에게 맡기리라 눅 12:42-44

나누는 삶을 통해 오병이어 기적을 만들어내는 주인공이 되라. 주인의 모든 소유를 관리하게 될 것이다.

없는 것은 받지 않으시는 하나님

2018년 왕의 재정학교 14기 강의 중 헌금에 대해 가르치기 위해 한 형제에게 질문했다.

"형제님에게 소, 양, 사슴, 돼지, 오리, 닭이 있어요. 무엇으로 하나님께 예물을 드릴 건가요?"

"계란으로 드릴 거예요~."

상상을 초월하는 답에 모두가 빵 터졌다. 정말 인색하지만 솔직한 대답이었다. 훈련은 계속되었다. 6주간의 아웃리치를 마치고 재정학교 수료식 때, 나는 그를 앞으로 불러내어 다시 물었다.

"형제님에게 소, 양, 사슴, 돼지, 오리, 닭이 있어요. 이 중에 무엇으로 하나님께 예물을 드릴 건가요?"

"가장 좋은 숫양으로 드릴 겁니다!"

형제의 목소리에서 확신과 기쁨이 전해졌다. 하나님은 우리에게 없는 걸 요구하는 분이 아니시다.

"할 마음만 있으면 있는 대로 받으실 터이요 없는 것은 받지 아니하시리라"(고후 8:12).

### 1) 부자의 예물

이스라엘 자손에게 말하여 이르라 너희 중에 누구든지 여호와께 예물을 드리려거든 가축 중에서 소나 양으로 예물을 드릴지니라 레 1:2

하나님께 예물을 드릴 때 기준은 소와 양이다. 만일 어떤 사람에게 소, 양, 사슴, 돼지, 오리, 닭이 있다면 하나님께서는 소와 양을 받으신다. 가장 비싼 소나 양을 받으시겠다는 것이다. 이들은 소와 양을 드릴 형편이 되는 사람들이다.

그러면 소나 양이 없는 가난한 자는 어떻게 해야 하는가? 부자에게 빌려와서 드려야 하는가? 빚내서라도 반드시 드려야 하는가?

## 2) 가난한 자의 예물

만일 그의 힘이 어린 양을 바치는 데에 미치지 못하면 그가 지은 죄를
속죄하기 위하여 산비둘기 두 마리나 집비둘기 새끼 두 마리를 여호와
께로 가져가되 레 5:7

어린 양을 바칠 힘이 미치지 못하면 산비둘기 두 마리나 집비둘기 새
끼 두 마리를 가져오라는 것은, 가난한 자를 위한 하나님의 배려이다.
하나님께서 보시기에 가난한 자의 비둘기 두 마리는 부자의 어린 양과
같다. 그런데 비둘기도 없는 더 가난한 자는 어떻게 드려야 하는가?

## 3) 더 가난한 자의 예물

만일 그의 손이 산비둘기 두 마리나 집비둘기 두 마리에도 미치지 못하
면… 고운 가루 십분의 일 에바를 예물로 가져다가 속죄제물로 드리되
레 5:11

고운 가루 십분의 일 에바(2.2리터)를 가져오라고 하신다. 하나님께
서 보시기에 이것은 부자의 어린 양에 해당한다. 이 말씀은 예물을 싼
것으로 작게 드려도 된다는 뜻이 아니다. 본인이 갖고 있는 것 중 최고
로 값진 것으로 거룩히 구별하여 드려야 한다. 하나님은 돈의 액수가
아니라 우리의 마음에 관심이 있으시다.

과부가 두 렙돈을 헌금함에 넣은 걸 예수께서 보시고 "이 가난한 과부는 헌금함에 넣는 모든 사람보다 많이 넣었도다 그들은 다 그 풍족한 중에서 넣었거니와 이 과부는 그 가난한 중에서 자기의 모든 소유 곧 생활비 전부를 넣었느니라"(막 12:43,44)라고 칭찬하셨다. 또 "네 보물 있는 그곳에는 네 마음도 있느니라"(마 6:21)라고 하셨다.

내가 파산했을 때 가난하고, 더 가난한 자가 되었다. 그런데도 계속 소나 양으로 예물을 드리려고 대출을 받고, 빚을 지고, 카드 돌려 막기까지 했다. 그 이유를 곰곰이 생각하니 내 체면과 인정받고 싶은 욕구 때문이었다.

이 말씀으로 나는 헌금에 대한 압박에서 완전히 벗어났다. 그날 이후 하나님을 새롭게 알았다. 하나님께서는 내가 지고 있던 무거운 짐을 벗겨주셨는데, 나 스스로 큰 멍에를 메고 있었다. 진정한 믿음의 길을 몰랐다. 그런 내게 빚지지 않고 소나 양으로 예물을 드리고 싶은 간절함이 생겼다. 성부로서 하나님의 나라에 더 많은 예물을 드리기로 결정했다.

> 기독교는 엄격한 율법주의나 금욕주의가 아니다. 이를 초월한다. 하나님께서는 엄격한 율법주의자나 심판주가 아니시다. 우리에게 가장 좋은 걸 주기를 기뻐하시고 우리를 모든 결박과 얽매임에서 자유케 하시는 사랑의 아버지시다. 홍성건

수고하고 무거운 짐 진 자들아 다 내게로 오라 내가 너희를 쉬게 하리라 마 11:28

## 주일에 매장 문을 닫아야 하나요?

### 1) 3년 동안 쓰기에 족하리라

"주일에 매장 문을 꼭 닫아야 합니까? 예배 후에 문을 열면 안 되나요?"

이런 상담은 참으로 난감하다. 주일 장사가 평일의 몇 배 매출이기에 문 닫는 게 쉽지 않다고 한다. 오죽하면 장로, 권사, 안수집사 등 교회의 중직자들이 이런 상담을 하겠는가?

나도 극심한 경제적 어려움을 겪어본 터라 답하기가 어려워 그저 웃기만 할 때가 많다. 어느 교회 집회 때 한 권사님이 이 질문을 하는데 너무 안쓰러워서 말없이 안아드렸다. "믿음으로 사십시오"라는 말이 쉽게 떨어지지 않았다. 그래서 우리는 하나님의 말씀에 더욱 귀를 기울여야 한다.

네 하나님 여호와가 네게 명령한 대로 안식일을 지켜 거룩하게 하라 엿새 동안은 힘써 네 모든 일을 행할 것이나, 일곱째 날은 네 하나님 여호와의 안식일인즉 너나 네 아들이나 네 딸이나 네 남종이나 네 여종이나 네 소나 네 나귀나 네 모든 가축이나 네 문 안에 유하는 객이라도 아무 일도 하지 못하게 하고 네 남종이나 네 여종에게 너같이 안식하게 할지

니라 너는 기억하라 네가 애굽 땅에서 종이 되었더니 네 하나님 여호와
가 강한 손과 편 팔로 거기서 너를 인도하여 내었나니 그러므로 네 하
나님 여호와가 네게 명령하여 안식일을 지키라 하느니라 신 5:12-15

안식일의 개념은 매장의 문을 닫는 것만이 아니다.

주일에 예배에 점만 찍고 골프 치러 가는 사람
주일에 예배에 점만 찍고 쇼핑 계획을 잔뜩 세워놓은 사람
주일에 예배에 점만 찍고 온 가족이 놀러 가는 사람
주일에 예배에 점만 찍고 종일 집에서 빈둥거리며 잠만 자는 사람
주일에 예배에 점만 찍고 자기계발을 위해 학원에 가는 사람

안타깝게도 주일을 지킨다는 개념을 모르는 사람들이다. 위와 같
은 사람과 주일 예배 후 매장 문을 여는 사람이 어떤 차이가 있는가?
둘 다 주일을 지키지 않는 것이다.

주일을 지키는 건 '성전 중심, 예배 중심, 기도 중심, 교제 중심'의 삶
을 말한다. 즉 하나님과 교제, 성도 간의 교제를 나누는 것이다.

하나님께서는 주일에 모든 것에 안식하라 명하셨다. 그럼으로써 우
리 삶의 모든 영역에 육과 영의 회복이 일어난다. 하나님의 창조 사역
의 가치를 이해하는 사람은 진정한 안식을 누릴 것이다. 나는 큰 실패
를 통해 모든 영역을 재정비할 수 있었다.

주일 하루를 안식하라는 말은 종교적인 의무감을 가지라는 게 아니다. 안식하는 동안 우리는 회복되고 신선한 기름부음을 하나님께로부터 받게 될 것이다. 다음 한 주간을 서바이벌(생존)하지 않고, 오히려 변화와 영향을 주며 하나님의 나라를 확장하는 삶을 살 수 있다. 사랑의 하나님께서는 언제나 우리에게 최고의 것을 주기 원하신다. 주일을 기쁘고 즐겁게 보내라. 심지어 봉사할 일이 있어도 성령의 능력으로 하며 안식을 누려라. 홍성건

만일 너희가 말하기를 우리가 만일 일곱째 해에 심지도 못하고 소출을 거두지도 못하면 우리가 무엇을 먹으리요 하겠으나 내가 명령하여 여섯째 해에 내 복을 너희에게 주어 그 소출이 삼 년 동안 쓰기에 족하게 하리라 레 25:20,21

이 얼마나 놀라운가! 사람들은 "일곱째 해에 심지도 못하면 우리가 무엇으로 먹나요?"라고 말한다. 그러나 하나님께서는 여섯째 해에는 3년 동안 쓰기에 족하도록 보너스로 1년 치를 더 축복하신다. 그리하여 안식년에 먹게 하시고, 그다음 해 파종 때까지 충분히 쓰게 하신다.

### 2) 갑절로 거두게 하리라
이스라엘 백성들에게 만나를 주실 때도 하루 분량을 충분히 주셨다.
"먹을 만큼만 이것을 거둘지니"(출 16:16).
"많이 거둔 자도 남음이 없고 적게 거둔 자도 부족함이 없이 각 사람

은 먹을 만큼만 거두었더라"(출 16:18).

다음 날에도 만나를 주시고, 그다음 날에도 주셨다. 그러므로 만나를 아침까지 남겨두지 말라고 하신다. 그런데 어떤 사람들은 혹시 내일 만나를 얻지 못할까 염려하여 아침까지 남겨두었다.

"아침까지 그것을 남겨두지 말라 하였으나 그들이 모세에게 순종하지 아니하고 더러는 아침까지 두었더니 벌레가 생기고 냄새가 난지라 모세가 그들에게 노하니라"(출 16:19,20).

왜 모세가 화를 냈을까? 이스라엘 백성의 욕심, 두려움, 염려 때문이다. 불신앙은 불순종으로 이어진다.

하나님은 여섯째 날에는 만나를 갑절로 주셨다. 다음 날 안식일을 배려하셨다.

"여섯째 날에는 각 사람이 갑절의 식물 곧 하나에 두 오멜씩 거둔지라"(출 16:22).

"일곱째 날에 백성 중 어떤 사람들이 기두러 나갔다가 얻지 못하니라"(출 16:27).

이것은 불신앙, 불순종이다.

만나를 통해 깨닫는 것은,
첫째, 욕심 부리지 마라.
둘째, 많이 거둔 자는 나누는 삶을 살라.
셋째, 욕심 부리는 자의 재물은 없어질 것이다.
넷째, 말씀에 순종하여 안식하는 자에게 갑절로 축복하신다.

믿음이란 '영적 전쟁'이다. 반드시 승리자가 되기 바란다.

영적 전쟁이란 단지 큰 소리로 "마귀는 떠나가라"라고 외치는 것만이 아니다. 올바른 때, 올바른 곳에서 올바른 일을 하는 것이다. 즉, 하나님의 말씀에 순종하며 사는 게 곧 영적 전쟁이다. 홍성건

## 온 가족이 재정 훈련을 받다 서문진희

7억6천400만 원의 빚을 갚다

교회에서 왕의 재정 부흥회를 한다고 했다. 부흥회 이름이 생소했지만 흥미로운 주제였다. 당시 내겐 7억6천400만 원의 빚이 있었다. 시동생 등록금, 남편 미국 유학 생활비, 병원비 그리고 경쟁하듯 허영심으로 지출한 딸들의 사교육비, 대출해서 봉헌했던 건축헌금, 사회복지(요양원) 시설 운영의 적자로 생긴 빚이었다. 그때까지만 해도 나도 모르게 불어난 빚에 대한 감각이 전혀 없었다.

강의 중에 "빚진 자는 채주의 종이 된다"라는 하나님의 말씀이 내게는 충격이었다. 빚으로 나를 묶는 맘몬의 정체를 알았다. 나는 빚 갚기를 결심하고 도전했다. 부흥회가 끝나면서 바로 《왕의 재정학교 워크북》을 구입하여 독학으로 8개월간 목숨 걸고 살아냈다. 놀랍도록 빠른 속도로 9천700만 원이 갚아졌다.

실제로 빚이 갚아지는 걸 경험하고 나서 왕의 재정학교 6기로 입학했다. 더 빨리 빚을 갚고, 온전히 주의 종으로 거듭나고 싶었다. 당시 나

는 현직 목사, 박사, 대학교수였으며, 남편은 정부 고위직 1급 공무원이었다. 그러나 이 모든 화려한 스펙 앞에 주께서 깨닫게 하신 건 그저 '빚쟁이 서문진희'였다.

## 믿음의 예산안으로 돌파하기

월급날이 되면 꼬박꼬박 돈이 들어왔고, 그러면 이자 내고 당장 쓸 것들이 충당되니 빚쟁이란 게 실감 나지 않았다. 그러나 지금 목숨 걸고 탈출하지 않으면 퇴직 후에도 연금으로 이자를 충당하기에 급급하다가 결국 아이들에게 빚을 유산으로 물려주게 됨을 깨닫고, 빚을 갚기로 굳게 결심했다. 그리고 왕의 재정학교에서 배운 대로 훈련 프로그램을 짰다.

- 매일 말씀 10장 읽고 밥 먹기
- 매일 1시간 기도하기
- 빚 갚기 프로젝트 워크북대로 실천하기
- '살아내자 프로젝트!' 실천으로 믿음의 수학 공식을 반드시 풀기
  0×1억=0, 1×1억=1억
  5+2=7, 5+2=5000+12

이 공식대로 먼저 내가 할 수 있는 '최선의 1'을 시작했다. 차를 팔고 대중교통을 이용하기로 결정했다. 중고차라 120만 원에 팔렸다. 나중에 차를 다시 사려면 큰돈이 들 수 있지만, '최선의 1'로 주님 앞에서 실

천하고 싶었다.

외식 안 하기, 옷과 신발 안 사기를 결정했다. 계절이 바뀔 때마다 입을 옷이 없다고 생각했는데 마음을 바꾸고 보니 앞으로 10년 입을 옷이 옷장에 가득했다. 화장품도 안 사기로 결정하니 굴러다니는 샘플도 귀하게 여겨졌다. 냉동실에 보관한 식품을 다 먹을 때까지 마트에도 가지 않았다.

'김미진 간사님은 빚 갚을 때까지 김치만 먹었으니 나는 흉내라도 내야지'라고 마음먹고 시작했다. 김치를 볶고, 찌개를 끓이고, 씻어서 쌈도 싸먹었다. 멸치는 볶아 먹기도 하고 고추장에 찍어 먹기도 했다. 나는 고기를 좋아한다. 몇 개월 동안 그렇게 먹으니 고기가 간절히 먹고 싶었다. 그때 신명기 12장 20절의 말씀을 통해 주께서 말씀하셨다. '진희야~ 빚 갚는 훈련을 마치고 나면 고기를 원하는 만큼 먹을 수 있단다'.

나를 위로하고 격려하시는 사랑 많으신 하나님과 점점 친밀해져 갔다. 재정 훈련 100일째, 이렇게 모은 3천여만 원으로 빚을 갚았다.


## 온 가족이 왕의 재정 훈련을 받기로 결정하다

체계적으로 재정 훈련을 받기 위해 왕의 재정학교에 온 가족이 입학하기로 결단했다. 재정 부흥회는 나만 참석했기에 이에 대한 이해가 부족한 남편에게 "앞으로 어떤 소원도 말하지 않겠으니 재정학교에 입학해달라"라고 했다. 당시 고위 공무원이던 남편이 쉽지 않은 결단을 해주었다. 고마웠다. 그러나 20대인 두 딸을 설득하기엔 역부족이었다.

황금 같은 토요일에 12주간 재정 훈련을 하자는 말이 차마 떨어지지 않아서 이벤트를 준비했다. 내 보물 1호인 두 딸과 제주도로 여행을 갔다. 나는 일주일 작정 기도 후, 주님께 두 딸의 소유권도 이전해드렸다. 그리고 주님과 두 딸 앞에서 고백했다.

"이제부터 사랑하는 서정원, 서명주는 내 보물이 아니라 하나님의 보물입니다. 독립된 인격체로 존중할 것이며 어떤 간섭도 하지 않겠습니다. 염려하지 않겠습니다. 전적으로 말씀과 기도로 돕겠습니다."

두 딸이 숙연해졌다. 남편에게 한 것과 같은 부탁을 했다. 하나님께서 도우셨다. 두 딸도 오케이였다. 그 후 1년 동안 네 식구가 NCMN의 세 스쿨(왕의 재정학교, 체인저 리더십학교, 쉐마말씀학교)을 수료했다. 먼저 딸들에게 놀라운 변화가 시작되었다. 겨우 주일만 출석하던 딸들이 하나님의 사람으로 빠르게 변했다. 배운 것들을 실천하면서 영적으로 크게 성장했다(큰딸은 현재 5K 운동본부에서 섬기고 있다).


맘몬을 대적하며 내 인색함을 깨뜨리기로 결정하다

맘몬의 영향력을 공부하면서 내 인색함의 원인을 알았다. 맘몬이 내게 미래에 대한 두려움, 혹여 가난해질까 염려하는 마음을 집어넣었다. 성령께서는 인색함을 깨뜨려야 부요한 삶을 살 수 있다고 하셨다. 미진 간사님은 인색함을 깨기 위해 만 원권 또는 천 원권을 10원짜리로 바꾸어서 한 움큼씩 나누는 삶을 실천했다고 했다.

세상의 원칙은 사고파는 것이지만 하나님의 나라는 주고받는 것임을 심장에 새겼다. 재정학교에서 훈련하는 동안 내 초라함을 채우기 위해 구입한 것들을 아낌없이 흘려보냈다. 매일 한 가지 이상씩 흘려보내기로 결정하니, 그동안 형제들의 필요를 돌보지 않고 내 자식 교육시키고, 내가 박사와 교수가 되기 위해 앞만 보고 달려온 이기심과 인색함이 보였다.

주님께 용서를 구했다. 그리고 형제들에게 가끔 택배로 선물을 보냈다. 그러자 친정과 시집 식구들의 형제애 회복이 놀라운 속도로 이루어졌다. 재정학교 수료 때 그동안 입금한 하늘은행 통장을 점검해보니 106건이었다. 약 1천800만 원 상당의 현금과 물건을 시집과 친정과 재정학교 조원들에게 흘려보냈다. 내 인색함을 깨뜨린 결과로 친정과 시집 식구들의 가족 카톡방이 만들어졌고, 깨졌던 관계도 회복되었다. '형제애 회복'이라는 큰 보상이 이자로 주어졌다.

어느 날, 재정학교를 마치고 남편과 함께 집으로 오는 길이었다. 전철 안에서 도움을 호소하는 시각 장애우에게 기쁜 마음으로 천 원을 주었다. 몇 분 지나지 않아 또 다른 사람이 왔다. 지갑을 여니 만 원짜리만 있었다. 순간 나는 갈등했다.

'조금 전에 한 사람에게 주었으니 이번에는 지나가야지'라고 스스로 위안하며 지나쳤다. 며칠이 지났다. 지인으로부터 시가 108만 원어치의 건강식품 선물을 받았다. 기쁜 일이 생겨 나누고 싶어 보냈다는 그의 말을 듣는데 지하철 사건이 머릿속에 스쳐 갔다. 내 인색함을 꾸짖지 않으시고 선물로 가르치시는 하나님의 인자하심과 풍성하심에 가슴이 먹먹했다.

재정학교에서는 하늘은행 계좌를 개설한다. 내가 배우고 경험한 건

"하나님의 나라는 배가의 나라"라는 것이다. 재정학교에서 미진 간사님이 계속 서서 강의하시는데 신발이 너무 불편해 보여 신발을 선물하기 위해 간사님들이 모금을 했다. 김명자 간사님은 300원을 겸손하게 내놓았다. 그 후 간사님에게 30만 원이 플로잉되는 걸 보았다.

'와~ 하나님은 1,000배로 갚아주시는구나!'

매 순간 세밀하게 나를 가르치시는 한없는 사랑의 하나님을 만났다.


## 자격시험에 통과하다

6월 26일, 가족 플로잉을 시작한 지 한 달쯤 되었을 때, 하늘은행 통장을 보니 그동안 12,559,100원이 입금되었다. 나는 생각했다.

'1,000배로 배가되면 얼마지? 120억! 정말 이렇게 되돌려주실까?'

불가능해 보였다. 하지만 꼭 재물로 돌려주시는 게 아니라 '참된 것'으로 주신다고 하셨으니 시집과 친정 식구들의 형제애 회복이 이루어진 데 감사하기로 했다. 6월 27일, 재정학교 때 홍 목사님이 내 마음을 읽은 것처럼 말씀하셨다.

"여러분, 하늘나라에 심은 게 재물로 배가되기를 기대하시지요? 그런데 배가는 반드시 재물로만 이루어지는 게 아닙니다. 하나님께서 각자의 필요를 가장 잘 아시지요."

하나님께서 내 마음을 보시는데, 내 보물이 어디로 향하는지를 보신다고 했다. 재물로 심은 건 재물로도 배가되지만, 하늘나라 확장을 위해 은사도 주시고, 사역의 문을 열어주시는 방법으로도 배가하신다는 원칙을 배우면서 깜짝 놀랐다. 나는 현직 목사이자 교수로서 재정학교의 가르침이 100퍼센트 성경 말씀에 기반한 게 놀라웠다. 이는 재정학교에 온 많은 목사님들도 이구동성으로 하는 말이다.

7월 2일, 홍성건 목사님, 김미진 간사님 부부 그리고 우리 부부가 만났다. NCMN의 리더 세 분과 식사하는 자리에서 귀한 대화를 나누었다. 나는 교회 사회복지 실천을 통해 남한 교회의 부흥을 10년간이나 모색했지만 잘되지 않았다. 그러나 NCMN에서 펼치는 5K 운동이야말로 교회 사회복지 실천으로 교회를 부흥의 길로 인도할 수 있다고 확신했다. 지금은 5K 운동본부 액팅리더로 섬기며 통일한국을 준비한다. 왕의 재정학교 훈련을 통해 잃어버린 영혼 구원을 향한 하나님 아버지의 마음을 깨닫게 된 게 가장 큰 은혜이다.

– 서문진희 간사의 딸 정원이가 휴대폰 액정이 깨진 채로 사용했다. 나는 액정 교체비용을 플로잉하고 싶었으나 정원이가 "우리 아빠 엄마는 공무원이어서 3만 원 이상의 어떤 선물도 받을 수 없어요"라고 했다. 서문진희 간사도 선물을 받으면 다시 나누어주는 삶을 산다. 이 가족이 얼마나 청렴하고 정직하고 투명하게 사는지 내가 증인이다.


## 내일 이맘때 내가 너희를 돌아보리라

아람 왕 벤하닷이 그의 온 군대를 모아 올라와서 북 이스라엘의 수도 사마리아를 겹겹이 에워쌌다. 이는 쥐새끼 한 마리도 성에서 나오거나 들어갈 수 없게 해서 굶겨 죽이겠다는 전략이었다.

전략대로 사마리아 성이 크게 주려서 나귀 머리 하나에 은 팔십 세겔이요, 비둘기 똥 사분의 일 갑에 은 다섯 세겔이 되었다(왕하 6:24,25 참고). 돈을 보따리로 싸가지고 가도 형편없는 음식마저 구할 수 없는 엄청난 물가고에 시달렸다.

얼마나 큰 굶주림이 있었던지 급기야 한 여인이 이스라엘 왕에게 "나의 주 왕이여, 도우소서"라고 외쳐 말했다. 이 여인의 말을 들어보자.

"또 이르되 '무슨 일이냐' 하니 여인이 대답하되 '이 여인이 내게 이르기를 네 아들을 내놓아라 우리가 오늘 먹고 내일은 내 아들을 먹자 하매 우리가 드디어 내 아들을 삶아 먹었더니 이튿날에 내가 그 여인에게 이르되 네 아들을 내놓아라 우리가 먹으리라 하나 그가 그의 아들을 숨겼나이다' 하는지라"(왕하 6:28,29).

이 기막힌 일은 역사적 사실이다. 이때 하나님께서 엘리사에게 말씀하셨다. 그는 그 말씀을 이스라엘 왕에게 전했다.

"엘리사가 이르되 여호와의 말씀을 들을지어다 여호와께서 이르시되, '내일 이맘때에 사마리아 성문에서 고운 밀가루 한 스아를 한 세겔로 매매하고 보리 두 스아를 한 세겔로 매매하리라' 하셨느니라"(왕하 7:1).

하나님께서 큰 굶주림 중에 있는 사마리아 사람들에게 말씀하셨다.

"내일 이맘때 내가 너희를 돌보리라!"

24시간 안에 고운 밀가루 한 스아가 한 세겔로, 보리 두 스아가 한 세겔로 매매된다는 건 양식이 매우 많아질 걸 의미한다. 당신이 지금 사마리아 성에 있다면 엘리사를 통해 선포된 하나님의 말씀에 어떻게 반응하겠는가? 이스라엘 왕이 의지하던 한 장관은 이렇게 반응했다.

"그때에 왕이 그의 손에 의지하는 자 곧 한 장관이 하나님의 사람에게 대답하여 이르되, '여호와께서 하늘에 창을 내신들 어찌 이런 일이 있으리요' 하더라. 엘리사가 이르되, '네가 네 눈으로 보리라. 그러나 그것을 먹지는 못하리라' 하니라"(왕하 7:2).

그 장관은 "여호와께서 하늘에 창을 내신들 어찌 이런 일이 있을 수 있습니까? 불가능합니다!"라고 말했다. 그러나 하나님은 이 일을 멋지게 해결하셨다.


사마리아 성문 앞에 있던 나병환자 네 사람이 "우리가 여기 있어도 죽을 것이고 성읍 안에는 굶주림이 있으니 거기서도 죽을 것이다. 차라리 아람 군대에 항복하자. 그들이 우리를 살려두면 살 것이요, 우리를 죽이면 죽을 것이라"라고 하며 아람 군대에 항복하러 갔다(왕하 7:3,4 참고).

그들이 가는 길이 얼마나 힘들고 지쳤겠는가? 문둥병과 굶주림으로 제대로 걷기나 했겠는가? 나는 예전에 나병환자를 돌보는 봉사를 한 적이 있다. 그들은 정말 손가락, 발가락이 뚝뚝 떨어져 나갔고, 귀가 문드러졌다. 지팡이에 의지해 힘겹게 걷는 것도 직접 보았다.

하나님께서는 아람 군대에 항복하러 가는 네 명의 발소리를 큰 군대와 병거 소리와 말 소리로 바꾸셔서 아람 군대로 듣게 하셨다.

"이는 주께서 아람 군대로 병거 소리와 말 소리와 큰 군대의 소리를 듣게 하셨으므로 아람 사람이 서로 말하기를, '이스라엘 왕이 우리를 치려 하여 헷 사람의 왕들과 애굽 왕들에게 값을 주고 그들을 우리에게 오게 하였다' 하고 해질 무렵에 일어나서 도망하되 그 장막과 말과 나귀를 버리고 진영을 그대로 두고 목숨을 위하여 도망하였음이라"(왕하 7:6,7).

나병환자들이 힘겹게 아람 진영에 도착했을 때 그곳에 한 사람도 없었다.

"그 나병환자들이 진영 끝에 이르자 한 장막에 들어가서 먹고 마시고 거기서 은과 금과 의복을 가지고 가서 감추고 다시 와서 다른 장막에 들어가 거기서도 가지고 가서 감추니라. 나병환자들이 그 친구에게 서로 말하되, '우리가 이렇게 해서는 아니되겠도다. 오늘은 아름다운 소식이 있는 날이거늘 우리가 침묵하고 있도다. 만일 밝은 아침까지 기다리면 벌이 우리에게 미칠지니 이제 떠나 왕궁에 가서 알리자' 하고"(왕하 7:8,9).

하나님께서 엘리사에게 말씀하신 것처럼 '내일 이맘때', 즉 24시간 안에 그대로 이루어졌다. 믿음 없는 장관은 이를 보았지만 먹지 못하고 그날 밟혀 죽었다.

"백성들이 나가서 아람 사람의 진영을 노략한지라 이에 고운 밀가루 한 스아에 한 세겔이 되고 보리 두 스아가 한 세겔이 되니 여호와의 말씀과 같이 되었고… 그의 장관에게 그대로 이루어졌으니 곧 백성이 성문에서 그를 밟으매 죽었더라"(왕하 7:16,20).

하나님의 능력을 제한하지 말라. 그분의 약속을 믿지 않은 장관은 불가능한 환경을 바라보았다. 불신앙이다. 믿음으로 반응하는 법을 배워야 한다. 믿음은 환경을 초월한다. 내 능력의 한계를 뛰어넘는다.

작은 자와 약한 자를 통해 놀라운 일을 행하시는 분은 전능자 하나님이시다.

우리가 훈련되고 영적 근육이 생기는 만큼 하나님의 언약이 우리에게 성취될 것이다.

### 믿음으로 하나님의 약속을 내 것이 되게 하다

"내일 이맘때(24시간 안에) 너희를 돌보리라."

광야에 있을 때 내게 큰 힘이 된 말씀이다. 하나님은 그분의 능력을 제한하지 말라고 하셨고, 믿음으로 사는 삶의 훈련은 순종을 통해 결과로 드러나게 하셨다.

2018년 8월 NCMN 유스 히어로캠프 마지막 날, 오진숙 간사가 내게 왔다.

"간사님, 캠프에서 내려가면 내일 수술이 잘되게 기도해주세요."

"어떤 수술인가요?"

"몸이 이상해서 캠프 전날 병원에 갔어요. 그런데 자궁 안에 주먹 크기의 혹이 대여섯 개 발견되었어요. 의사는 위치가 위험하니 바로 수술로 제거해야 한대요."

순간 가난한 자를 보살피는 자에게 주시는 하나님의 약속의 말씀(시 41:1-3 참고)이 스쳐 지나갔다.

'첫째, 재앙의 날에 건지시리로다. 둘째, 이 세상에서 복 받을 것이라. 셋째, 그를 병상에서 붙드시고 그가 누워있을 때마다 그 병을 고쳐주시리라.'

가난한 자를 잘 섬기는 오 간사의 삶을 옆에서 봤기에 '이때가 하나님의 약속을 경험할 때'라고 생각했다.

"진숙 간사님, 누구보다 가난한 자를 많이 섬겼잖아요. 약속대로 오늘 하나님께서 혹을 없앨 수 있다는 생각은 왜 안 하세요?"

그리고 시편 41편 1-3절을 읽어주었다.

"죄송해요. 의사가 영상을 보여주며 혹의 위치와 크기를 설명하니 잠시 하나님의 약속을 잊었네요. 저는 하나님의 약속과 그분의 능력을 믿습니다."

병은 약이나 수술로 고칠 수도 있고, 하나님께서 직접 고칠 수도 있다. 어떻게 고치든지 다 주님의 선하심이라고 믿는다.

주변에 있는 간사들은 손을 뻗어 기도하고, 나는 진숙 간사의 배에 손을 얹고 기도했다. 내가 고치는 게 아니고, 고칠 능력도 없기에 오래 기도하지는 않았다. 하나님의 약속을 믿는 믿음의 기도를 했다. 그 약속이 우리의 믿음 가운데 능력으로 역사하길, 이 일로 모두가 하나님을 경험하고 주님이 영광 받으시길 기도했다. 기도가 끝난 후에 오 간사가 선포했다.

"혹이 없어진 걸 믿습니다!"

"지금 바로 병원에 가서 확인해보세요."

하루가 지났다. 오 간사가 힘 있고 기쁨이 충만한 목소리로 "할렐루야! 의사 선생님이 혹이 흔적도 없이 모두 사라졌다고 합니다!"라고 말했다. NCMN의 학생들과 간사들은 매주 일어나는 이런 기적들을 당연하게 받아들인다. 심한 약시가 기도 후 치유되고, 못 듣던 귀가 열리고, 수술받아야 하는 다리가 완전히 치유됨을 보았다. 또 의학적으로 불가능한 상황에서 아이를 생산케 하시는 것도 보았다. 믿음이 하나님의 능력을 경험하게 한다.

우리의 마땅한 고백은 "나는 무익한 종입니다. 당신이 하셨습니다! 하나님, 당신은 전능하시며 신실하십니다!"이다.


## 처음 사랑의 회복으로 영적 문둥병을 치료받다

재정적인 부요함이 주를 향한 간절함을 빼앗고, 극심한 가난은 주를 향한 소망을 빼앗는다. 엘리사 때에 아람의 군대장관 나아만처럼 나는 내 문제에 빠진 영적 나병병자였다. 나병에 걸리면 손가락, 발가락이 떨어져 나가도 감각이 없다. 그처럼 내 영적 감각이 사라졌다.

주일에 설교 말씀을 들어도, 부흥회에 참석해도 마음이 냉랭했다. 성경 말씀을 읽어도 감동과 깨우침이 없었다. 찬양도, 봉사도 의무감으로 했을 뿐 주님에 대한 어떤 기대도 없었다. 모든 걸 습관대로 하는 종교인이었다. 나병은 그대로 두면 온몸이 썩고, 심하면 죽는다. 반드시 치료가 필요하다.

하나님은 그런 나를 광야로 몰아내셨다. 광야가 내게 축복이 된 건 내 영적 현주소를 정확하게 깨닫게 해주었기 때문이다. 극심한 기근의 광야는 지푸라기라도 잡고 싶은 간절함으로 주 앞에 나가게 만들었다. 나는 영적 회복이 정말 필요했다. 갈급한 심정이었지만 어디서부터 어떻게 시작해야 할지 몰랐다.

이때 요한계시록 2장 1-7절 말씀으로 "처음 사랑을 회복하라"라는 홍 목사님의 설교 한 편이 영적 회복의 시작점을 알게 해주었다.

**"영적 문둥병을 고치는 길은 처음 사랑을 회복하는 것이다!"**

에베소교회는 놀라운 교회였다. 주를 위해 어떤 상황에서도 참고, 견뎠다. 맡겨진 일에 게으르지 않고 부지런히 섬겼다. 주께서 "내가 네 행위와 수고와 인내를 안다"라고 하실 정도였다.

"내가 네 행위와 수고와 네 인내를 알고… 또 네가 참고 내 이름을 위하여 견디고 게으르지 아니한 것을 아노라 그러나 너를 책망할 것이 있나니 너의 처음 사랑을 버렸느니라"(계 2:2-4).

그럼에도 책망을 받았다. 처음 사랑을 버렸기 때문이다. 놀랍게도 이것 때문에 자칫 촛대가 옮겨질 수도 있다. 주께서 회복의 길을 말씀하셨다.

"그러므로 어디서 떨어졌는지를 생각하고 회개하여 처음 행위를 가지라"(계 2:5).

회복의 길은 처음 행위를 갖는 것이다.

예레미야 2장 2절은 처음 행위를 잘 보여준다.

"가서 예루살렘의 귀에 외칠지니라 여호와께서 이와 같이 말씀하시기를 내가 너를 위하여 네 청년 때의 인애와 네 신혼 때의 사랑을 기억하노니 곧 씨 뿌리지 못하는 땅, 그 광야에서 나를 따랐음이니라."

"네가 광야에서 나를 따랐다", 이것이 바로 처음 사랑을 보여주는 행위이다. 광야는 내가 주님을 얼마나 사랑하는가 증명하는 곳이다.

"광야 곧 사막과 구덩이 땅, 건조하고 사망의 그늘진 땅, 사람이 그곳으로 다니지 아니하고 그곳에 사람이 거주하지 아니하는 땅"(렘 2:6).


## 광야의 특징

- 사막과 구덩이 땅
- 생명의 위협이 있는 곳이다. 불안과 두려움의 땅이다.
- 건조하고 사망의 그늘진 땅
- 물도 없고 식당도 없는 곳이다. 모든 게 궁핍하다.
- 사람이 그곳으로 다니지도, 거주하지도 아니하는 땅
- 길도 없고 환경적으로 살 수 없는 곳이다. 혼란과 외로움만 있다.

이런 광야라 할지라도 불평하지 않고, 두려워하지 않고 오직 하나님을 의지하며 걸어갔다. 주를 향한 사랑 때문이다. 이것이 처음 사랑이다. 예레미야 2장 2절은 처음 사랑 회복의 비결을 말해준다.

첫째, 청년 때의 인애를 기억한다.

인애는 '헌신의 행위'라는 뜻이다. 청년 때 주를 뜨겁게 사랑하여 광야라도 주님과 함께라면 기꺼이, 기쁘게 통과하던 헌신의 행위를 말한다. 바로 처음 행위이다. 이를 회복하는 게 첫사랑 회복의 길이다.

둘째, 신혼 때의 사랑을 기억한다.

신혼 때는 환경이 아무리 어려워도 개의치 않는다. 사랑이 모든 걸 극복한다. 모든 게 모자라고 불편해도 행복하다.

셋째, 씨 뿌리지 못하는 땅, 그 광야에서 하나님을 따른다.

청년 때의 헌신과 신혼 때의 사랑은 광야가 아무리 힘들어도 그곳에서 주를 따르게 한다.

> 청년 때의 헌신과 신혼 때의 사랑, 광야라 할지라도 주를 따르는 헌신과 사랑이 처음 사랑이다. 이때 가졌던 처음 행위를 회복하면 처음 사랑을 회복할 수 있다. 홍성건

영적 나병환자였던 나는 주님을 따르던 '처음 행위'의 회복이 필요했다. 이것이 처음 사랑의 회복이었다. 나는 감정과 환경에 따라 반응하고 행동하던 것부터 그쳤다.

"죽고 싶다!", 이 말을 그쳤다.
"지금 기도할 기분이냐?"라고 말하지 않고,
당장 부르짖는 기도를 시작했다.
"지금 예배드릴 기분이냐?"라고 말하지 않고,
무조건 예배의 자리로 갔다.
"교회 가서 봉사할 마음이 안 생긴다"라고 말하지 않고,
당장 봉사의 자리로 나갔다.

처음 행위의 회복은 바로 처음 사랑의 회복이었다! 주님을 인격적으로 만났던 때의 기도가 살아났다. 모든 게 감사했던 시절의 감각이 돌아왔다. 주님 한 분만으로 만족한다는 고백이 다시 내 입에서 나왔다. 교회의 모든 봉사에 참여하고도 기쁨이 넘쳤던 그 시절이 내게 다시 찾아왔다.

# CHAPTER 2

# 하나님이
# 심방 오시게
# 하라

## 간절한 부르짖음

하나님을 내 삶에 심방 오시게 하는 유일한 방법은, 간절히 부르짖는 것이다. 그분은 아브라함의 씨들이 부르짖는 소리를 들으시고 당신의 언약을 기억하셨다.

여러 해 후에 애굽 왕은 죽었고 이스라엘 자손은 고된 노동으로 말미암아 탄식하며 부르짖으니 그 고된 노동으로 말미암아 부르짖는 소리가 하나님께 상달된지라 하나님이 그들의 고통 소리를 들으시고 하나님이 아브라함과 이삭과 야곱에게 세운 그의 언약을 기억하사 출 2:23,24

하나님은 아브라함의 씨들의 고통을 보고, 듣고, 알고, 내려오셔서 건져내시고 약속의 땅으로 데려가신다.

여호와께서 이르시되 내가 애굽에 있는 내 백성의 고통을 분명히 보고, 그들이 그들의 감독자로 말미암아 부르짖음을 듣고, 그 근심을 알고, 내가 내려가서 그들을 애굽인의 손에서 건져내고, 그들을 그 땅에서 인도하여 아름답고 광대한 땅, 젖과 꿀이 흐르는 땅 곧 가나안 족속…
지방에 데려가려 하노라 출 3:7,8

아브라함의 씨가 부르짖으면 하나님께서 심방 오신다. 우리를 애굽인의 손에서 건지시고, 약속의 땅으로 반드시 데려가신다. 애굽인의 손은 '재정의 파탄, 건강의 이상, 관계의 깨어짐의 고통'이다.

나는 절규하며 부르짖었다. 그러자 하나님께서 내 소리를 들으시고 내 삶 한가운데로 심방 오셨다. 그때부터 수많은 간증이 터졌다. 약속하신 대로 압제자의 손에서 나를 건지셨다. 아무 조건도 없었다. 내가 아브라함의 씨이고, 그 언약에 대한 믿음이면 충분했다. 지금부터 당장 살기 위해 부르짖으라!


## 하나님이 일하시는 방법: 왕벌을 보내신다

'나는 아브라함의 씨이다. 그런데 하나님의 약속이 내게는 왜 성취되지 않는가? 언약이 왜 내게는 더디 이루어지는가?'

이것이 가장 궁금했다. 이 질문에 대한 성경적인 답을 갖고 있어야 한다.

> 하나님이 일하시는 방법을 배우기 위해서,
> - 내 손이 짧으냐?(2부 4장 참고)
> - 내일 이맘때 내가 너희를 돌아보리라!(3부 1장 참고)

불가능을 해결하시는 전능자 하나님, 신실하신 하나님을 보았다. 지금 내가 처한 상황과 환경에서도 하나님의 손은 짧지 않다. 그런데 내게 하나님의 언약이 성취되지 않는 이유를 배우고 싶었다.

내가 왕벌을 네 앞에 보내리니 그 벌이 히위 족속과 가나안 족속과 헷 족속을 네 앞에서 쫓아내리라 출 23:28

그러나 그 땅이 황폐하게 됨으로 들짐승이 번성하여 너희를 해할까 하여 일 년 안에는 그들을 네 앞에서 쫓아내지 아니하고 네가 번성하여 그 땅을 기업으로 얻을 때까지 내가 그들을 네 앞에서 조금씩 쫓아내리라 출 23:29,30

하나님께서는 아브라함과 그의 자손들에게 가나안 땅을 약속으로 주셨다. 거기에는 강한 족속들이 이미 살고 있었다. 하나님은 그 히위 족속, 가나안 족속, 헷 족속을 쫓아내기 위해 백성들에 앞서 왕벌을 보내겠다고 하셨다. 그 벌이 강한 자들을 쫓아낼 것이라고 하셨다.

왕벌은 '하나님의 능력'이다. 그분은 백성들보다 앞서 일하신다. 실제로 그랬다. 앞에서 말했듯이 여리고 성 꼭대기는 전차 두 대가 나란히 지나갈 정도로 견고하게 쌓아 올린 난공불락의 요새였다.

그런 요새가 이스라엘 백성들이 엿새 동안 매일 성 주위를 한 번씩 돌다가 일곱째 날 일곱 번 돌며 제사장들이 나팔을 불고, 다 큰 소리로 외쳐 부를 때 성벽이 무너져 내렸다(수 6:1-21 참고). 하나님의 능력이 여리고 성을 무너뜨렸다. 하나님께서는 믿음의 사람들을 통해 약속을 성취하신다.

그런데 아브라함의 씨이고 언약 백성인 내게는 왜 언약이 빨리 성취되지 않을까? 나는 출애굽기 23장 28절과 29절 사이의 "그러나"에서 답을 얻었다. 29절에서는 하나님의 능력(왕벌)이 백성들보다 앞서 일하시지만 그 일을 너무 서두르지 않겠다고 한 이유가 무엇인지 설명한다.

"그 땅이 황폐하게 됨으로 들짐승이 번성하여 너희를 해할까" 염려하신다고 했다. 이것이 무슨 말인가? 우리가 아직 제대로 훈련되지 않았는데 한꺼번에 문제가 해결되거나 엄청난 재물을 소유하면 맘몬이 가만두겠는가? 빠른 속도로 성부에서 속부가 되고, 믿음보다 돈을 더 좇는 삶으로 타락할 것이다.

하나님이 일하시는 원칙을 다시 보라. 왕벌이 그 땅의 강한 자들을 쫓아낸다. 그러나 너무 빨리 쫓아내면 그 땅이 황폐하여 들짐승들이 우리를 해할까 염려하여, 우리가 번성하여 그 땅을 기업으로 얻을 때까지 우리 앞에서 조금씩 쫓아내신다.

여기서 하나님께서 일하시는 방법을 배울 수 있다. 우리가 먼저 하나님의 원칙을 삶에 적용하여 영육이 강한 자가 되어야 한다. 그러면 하나님께서 강한 자들을 다 쫓아내시고, 내게 그 땅을 유업으로 주신다. 하나님의 방법으로 훈련되는 만큼 그 땅을 조금씩 주신다.

하나님의 언약이 내 것이 되길 원한다면 하나님의 원칙을 내 삶에 적용하여 훈련해야 한다. 성부가 되려면 맘몬과 속부로부터 철저히 떠나 하나님의 재정원칙으로 재물을 다스려야 한다. 우리가 훈련하면 재물을 관리하는 영적 근육이 생긴다. 우리가 청지기가 될 때 하나님은 재물이 조금씩 우리 것이 되게 하신다. 재정 훈련 없이 하나님의 약속만 믿고 아무것도 하지 않으면 광신자이다.

### 훈련! 훈련! 또 훈련! 이명숙

2014년 6월에 내 부동산 사업과 남편이 하던 사업이 임대료를 내지 못해 운영 자체가 멈추었다. 카드 대금은 연체되고, 집과 사무실에 가스가 끊겼다. 카드빚에 따른 크고 작은 빚 독촉이 내 숨통을 막았다. 압류 통지가 날아오고 내용 증명과 경매 안내장이 쉴 새 없이 쏟아졌다. 7월 6일 아침에는 자동차 세금 미납으로 번호판이 뜯겼다.

부동산을 하면서 경매에 재미가 붙어 80퍼센트 대출을 받아서 20채가 넘는 집을 닥치는 대로 샀다. 나는 큰 부자가 된 듯한 착각 속에 살았다. 망하고 나서야 내 현주소를 철저히 깨달았다. 나는 맘몬 덩어리에 속부였다.

왕의 재정을 만나면서 팔리지 않는 집을 헐값에 정리했다. 그래도 약 12억 원의 빚이 남았다. 김미진 간사님이 돌파한 간증이 내게 소망이 되었다. 죽기 살기로 훈련하기 위해 왕의 재정학교에 입학했다.

학교에서는 워크북 사용과 믿음의 예산안 작성으로 돌파를 가르쳤다. 한 번도 들어보지 못한 강의와 적용점들. '정말일까? 엑스트라 머니가 올까?' 의심했다. 그러나 다른 방법이 없었다. 학교에서는 훈련, 훈련, 또 훈련을 통해 영적 근육을 만들라고 했다. 혼자라면 이미 포기했을 텐데 소그룹으로 묶이고, 소그룹 간사님이 불꽃같은 눈동자로 살피니 억지로라도 훈련했다.

놀랍게도 훈련을 통해 내 안정감이 서서히 돈에서 주님께로 옮겨졌다. 충성 훈련은 무척이나 힘들었지만, 작은 것부터 아끼는 삶의 태도로 바뀌었다. '화장지 아껴 쓰기, 자동차 주차 선 지키기, 남의 재정도 내 돈처럼 아끼기' 훈련으로 무너진 삶의 영역이 세워지고, 하나님과 친밀함도 조금씩 회복되었다. 그러자 죄에 대한 예민한 감각이 살아났다.

부동산 사업을 하며 계약의 성사 단계에서 번번이 깨지고, 사람들에게 상처를 주고받으면서 관계훈련도 혹독히 받았다. 재정학교에서는 입술의 훈련도 시킨다.

"범사에 감사하십시오! 감사는 최고의 믿음의 표현입니다. 입의 말을 훈련하십시오."

훈련을 거듭하자 놀랍게도 모두가 변했다. 내 감정도 점점 안정되었고, 주변 사람들과 관계도 회복했다. 그러나 무엇보다 절실한 건 재정 문제였다. 믿음의 예산안을 작성하고 주님 앞에 부르짖었다.

"여호와의 눈은 온 땅을 두루 감찰하사, 전심으로 자기에게 향하는 자들을 위하여 능력을 베푸시나니"(대하 16:9).

이 말씀을 붙잡고 간절히 기도했다. 사고는 내가 쳤지만 주인의 상에서 떨어지는 부스러기 은혜라도 있어야 살 수 있다고 고백한 가나안 여인처럼 간절했다(마 15:21-28 참고). 하나님의 도우심이 아니면 이 늪에서 나올 수 없으니까.

밤낮 왕의 재정 훈련 실천과 부르짖음으로 주님 앞에 전심으로 나갔다. 죽을 만큼 힘들던 어느 날, 하나님께서 손님을 보내주셨다. 그리고 105억짜리 공장 매매 계약을 체결했다. 손님이 대출 없이 현금으로 공장을 매입하는 큰 계약은 처음이었다.

계약 마지막 단계에서 번번이 깨졌던 수익이 한꺼번에 들어왔다. 소름이 돋았다. 내 문제였다. 믿음의 사람, 충성된 사람, 온유한 사람으로 만들어가시는 아버지의 섬세한 손길. 고비마다 도우시는 그분의 손길에 그저 눈물만 났다.

"사람이 감당할 시험밖에는 너희가 당한 것이 없나니 오직 하나님은 미쁘사 너희가 감당하지 못할 시험 당함을 허락하지 아니하시고 시험 당할 즈음에 또한 피할 길을 내사 너희로 능히 감당하게 하시느니라"(고전 10:13).

주님이 주신 시험이 아니라 맘몬에게 걸린 욕심의 올무였기에 면목 없지만 이 말씀이 위로가 되었다.

또 NCMN이 단체 중심이 아니라 교회 중심이어서 감사했다. 훈련생 모두를 다시 본교회로 파송하며 교회 중심의 사역을 하라고 가르쳤다. 나도 왕의 재정 수료 후 교회로 파송 받고 돌아왔다.

여전히 좌충우돌하며 성장하고 있지만 예전보다는 좀 더 성숙한 모습으로 담임목사님의 권위에 위탁하고, 교회와 함께 5K 구제사역을 펼치고 있다. 2018년에는 목사님과 교우들과 함께 이스라엘에 가서 노숙자 사역을 했다. 또한 교회에서 재정 부흥회가 열려 내가 배운 놀라운 재정의 원칙을 교우들과 나눌 수 있기를 기도했는데 19개월 만에 재정 부흥회가 열렸다!

이기적인 나 중심에서 교회 중심, 하나님나라 중심의 삶으로 조금씩 바뀌고 있다. 북한의 복음화를 위해 3-5만 평의 땅이 나를 통해 하나님나라에 드려지길 소망한다. 약 12억 원의 빚을 2년 만에 다 정리하게 하신 주님을 높여드린다.


## 하나님이 주시는 재물의 특징

### 1) 쉽게 얻은 재물을 경계하라

요즘 젊은 청년들은 쉽게 재물을 얻는 데 무척 관심이 많다.

"망령되이 얻은 재물은 줄어가고 손으로 모은 것은 늘어가느니라"(잠 13:11).

"처음에 속히 잡은 산업은 마침내 복이 되지 아니하느니라"(잠 20:21).

"속이는 말로 재물을 모으는 것은 죽음을 구하는 것이라"(잠 21:6).

"자기의 토지를 경작하는 자는 먹을 것이 많으려니와 방탕을 따르는 자는 궁핍함이 많으리라 충성된 자는 복이 많아도 속히 부하고자 하는 자는 형벌을 면하지 못하리라"(잠 28:19,20).

속부들은 쉽게 재물을 얻으려는 근성이 있다. 복권에 소망을 두는 자, 한탕주의 도박으로 속히 부자가 되고 싶은 자, 빚을 내서 주식을 하는 자, 비트코인 등…. 그래서 "금융 다단계 1억을 투자하면 2-3년 후에 몇 배가 됩니다", "투자를 받아오면 수수료 20퍼센트를 드립니다"라는 말에 혹하여 교회를 쑥대밭으로 만들고, 부모 형제와 지인들에게 큰 피해를 입힌다.

금융 다단계 수법은 뉴스에 이슈화되는 사업 내용을 카피해서 미래에 아주 좋은 프로젝트라고 소개하며 회사의 공개적인 펀딩처럼 자금을 모금하는 것이다. 그러나 이들은 거의 페이퍼 컴퍼니(Paper Company, 물리적 실체 없이 서류상으로만 존재하는 기업)들이다.

그들은 "회장님 지분을 지인 몇몇과만 나누기 위해 모셨다"라는 수법을 잘 쓴다. 그런데 그 회장님이 몇 년 후에 몇 배가 되는 주식을 왜 지인들에게 나누어주겠는가? 속이는 게 안 보이는가? 이에 속아서 주변의 모든 돈을 끌어모아 투자했다가 고통을 견디지 못해 스스로 목숨을 끊는 사람들이 많다. 맘몬은 우리를 죽음으로 몰고 간다. 한탕주의를 경계하라! 분별력이 사라진다.

주님이 주시는 재물을 얻으려면 부지런하고, 땀을 흘려야 한다. 이것이 믿음이다(《왕의 재정》 1권, 216쪽 참고).


"손을 게으르게 놀리는 자는 가난하게 되고 손이 부지런한 자는 부하게 되느니라"(잠 10:4).

"부지런한 자의 손은 사람을 다스리게 되어도 게으른 자는 부림을 받느니라"(잠 12:24).

"부지런한 자의 경영은 풍부함에 이를 것이나 조급한 자는 궁핍함에 이를 따름이니라"(잠 21:5).

## 2) 뇌물을 경계하라

뇌물은 주지도, 받지도 말라. 하나님께서 금하셨다. 선물과 뇌물의 차이는 액수가 아니다. 동기와 목적으로 구분된다.

> 선물: 대가를 기대하지 않는다.
>
>    마음의 동기가 사랑, 감사, 존경이다.
>
> 뇌물: 대가를 기대한다.
>
>    마음의 동기에 어떤 결과를 기대하는 목적이 있다.

"뇌물은 그 임자가 보기에 보석 같은즉 그가 어디로 향하든지 형통하게 하느니라"(잠 17:8).

이 말씀의 번역이 혹여라도 뇌물을 긍정적으로 보게 한다면 잘못된 이해다. 이 말씀의 뜻을 현대인의 성경과 쉬운성경이 잘 표현했다.

"어떤 사람은 뇌물을 마법처럼 생각하여 그것이면 무엇이든지 할 수 있다고 믿는다"(잠 17:8, 현대인의 성경).

"뇌물은 그것을 주는 자가 생각하기에 요술과 같아서, 옳지 않은 일을 마음대로 하게 한다"(잠 17:8, 쉬운성경).

출애굽기 23장 8절에서 뇌물에 대해 주께서 명확하게 말씀하신다.

"너는 뇌물을 받지 말라 뇌물은 밝은 자의 눈을 어둡게 하고 의로운 자의 말을 굽게 하느니라."

뇌물은 하나님이 주시는 돈이 아니다. 그리스도인들이여, 주지도 말고 받지도 말라.

하늘의 재물을 움직이는 키워드 - 정직

성도의 사업장 개업 예배를 드릴 때 보면, 가장 잘 보이는 곳에 다음과 같은 현판 놓기를 좋아한다.

네 시작은 미약하였으나 네 나중은 심히 창대하리라 욥 8:7

그러나 나는 그걸 걸어둔 채 쫄딱 망했다. 주의 약속의 말씀을 충분히 이해하지 못했기 때문이다. 주님은 우리를 형통하게 하신다. 그리하여 주의 나라가 확장되기를 원하신다. 그런데 이 놀라운 약속의 말씀에는 조건이 있다. 나는 그걸 소홀히 여겼다. 이 약속의 말씀이 이루어지려면 그 앞의 말씀에 유의해야 한다.

네가 만일 하나님을 찾으며, 전능하신 이에게 간구하고, 또 청결하고 정직하면, 반드시 너를 돌보시고 네 의로운 처소를 평안하게 하실 것이라 욥 8:5,6

첫째, 하나님을 찾고 전능하신 이에게 간절히 기도하라.

둘째, 청결하고 정직하라.

"그는 정직한 자를 위하여 완전한 지혜를 예비하시며 행실이 온전한 자에게 방패가 되시나니"(잠 2:7).

"속이는 저울은 여호와께서 미워하시나 공평한 추는 그가 기뻐하시느니라"(잠 11:1).

"정직한 자의 공의는 자기를 건지려니와 사악한 자는 자기의 악에 잡히리라"(잠 11:6).

"게으른 자의 길은 가시 울타리 같으나 정직한 자의 길은 대로니라"(잠 15:19).

"적은 소득이 공의를 겸하면 많은 소득이 불의를 겸한 것보다 나으니라"(잠 16:8).

"적은 재물로 의롭게 사는 것이, 부정하게 얻은 재물을 쌓아놓고 사는 것보다 낫다"(잠 16:8, 쉬운성경).

"공평한 저울과 접시저울은 여호와의 것이요 주머니 속의 저울추도 다 그가 지으신 것이니라"(잠 16:11).

"한결같지 않은 저울추와 한결같지 않은 되는 다 여호와께서 미워하시느니라"(잠 20:10).

"속이는 말로 재물을 모으는 것은 죽음을 구하는 것이라 곧 불려 다니는 안개니라"(잠 21:6).

우리가 이 땅에서 그의 나라와 그의 의를 구할 때 하나님께서 우리의 먹을 것, 마실 것, 입을 것을 더해주신다.

그러므로 염려하여 이르기를 무엇을 먹을까 무엇을 마실까 무엇을 입을까 하지 말라 이는 다 이방인들이 구하는 것이라 너희 하늘 아버지께서

이 모든 것이 너희에게 있어야 할 줄을 아시느니라 그런즉 너희는 먼저 그의 나라와 그의 의를 구하라 그리하면 이 모든 것을 너희에게 더하시리라 마 6:31-33

하나님의 의는 '정직'이다. 정직한 경영을 통해 하나님의 의가 경제계 안에 드러나도록 하는 삶에 그분이 방패가 되어주신다. 정직한 자의 길은 대로이다. 그럴 때 하나님의 지혜와 재물은 풀어진다.

예를 들어, 녹용즙을 판매할 때 녹용의 일반적 효능을 광고하고는 실제로는 사슴이 목욕한 물 같은 걸 판매하면 부정직한 사업이다. 광고하는 만큼의 내용물이 있는 게 정직이다.

또 수입육을 한우로 둔갑시키는 것, 저울을 속이는 것도 마찬가지다. "밑지고 팔아요"라고 거짓말하지 말고, "덜 남아요"라고 말하라. 정직한 경영은 정직한 말과 청결한 마음에서 나온다. 그럴 때 현판의 약속이 성취될 것이다.


## 하늘의 재물을 움직이는 키워드 - 부지런함

게으른 사람은 핑곗거리를 찾아 출근하지 않고 집에서 뒹군다. 자기에게 맡겨진 일을 소홀히 여긴다. 주님의 약속은 주님의 방법대로 살 때 성취됨을 잊지 말아야 한다.

"게으른 자여, 개미에게 가서 그가 하는 것을 보고 지혜를 얻으라…

먹을 것을 여름 동안에 예비하며 추수 때에 양식을 모으느니라"(잠 6:6,8).

"손을 게으르게 놀리는 자는 가난하게 되고, 손이 부지런한 자는 부하게 되느니라"(잠 10:4).

"부지런한 자의 손은 사람을 다스리게 되어도 게으른 자는 부림을 받느니라"(잠 12:24).

"게으른 자는 그 잡을 것도 사냥하지 아니하나니, 사람의 부귀는 부지런한 것이니라"(잠 12:27).

"게으른 자는 가을에 밭 갈지 아니하나니 그러므로 거둘 때에는 구걸할지라도 얻지 못하리라… 너는 잠자기를 좋아하지 말라 네가 빈궁하게 될까 두려우니라 네 눈을 뜨라 그리하면 양식이 족하리라"(잠 20:4,13).

"부지런한 자의 경영은 풍부함에 이를 것이나, 조급한 자는 궁핍함에 이를 따름이니라. 게으른 자의 욕망이 자기를 죽이나니, 이는 자기의 손으로 일하기를 싫어함이니라"(잠 21:5,25).

"네가 좀더 자자, 좀더 졸자, 손을 모으고 좀더 누워있자 하니, 네 빈궁이 강도같이 오며 네 곤핍이 군사같이 이르리라"(잠 24:33,34).

"게으른 자는 '길에 사자가 있다 거리에 사자가 있다' 하느니라. 문짝이 돌쩌귀를 따라서 도는 것같이, 게으른 자는 침상에서 도느니라"(잠 26:13,14).

"게으른 자는 '사나운 사자가 길에 있으니, 가지 않겠다'고 말한다. 문짝이 돌쩌귀를 따라 돌듯, 게으름뱅이는 침대에서만 뒹군다"(잠

26:13,14, 쉬운성경).

재물을 움직이는 경제 키워드
- 정직
- 부지런함
- 청결한 마음
- 전능자에게 간구함


## 주께서 내 부정직을 책망하셨다

성경적 재정원칙을 모르던 시절, 나는 사업하는 사람들이 뇌물을 주고받는 걸 당연하게 여겼다. 주변의 많은 사람이 그랬으니까. 사업하는 선배들도 이렇게 조언했다.

"돈은 개처럼 벌어 정승처럼 쓰는 거야."

"세금을 꼬박꼬박 내고 어떻게 사업하나?"

"이중장부 정리를 잘해놓아야 해."

내가 망한 이유는 제단생활이 무너진 것과 더불어 성경 말씀을 절대 기준으로 두지 않아서였다. 좋은 경영학 서적들, 선배들의 조언을 듣고 혼합 신앙으로 사업했다.

어느 주일, 목사님의 설교 제목이 "정직한 자에게 주시는 축복"이었다. 그런데 목사님이 설교 도중에 나와 눈이 마주치자 손을 내게 향하며 "하나님은 정직한 자를 축복하십니다. 오늘 회개하고 돌이켜야 합니다"라고 하셨다.

세 번이나 그러서서 은근히 기분이 나빴다. 당시 우리 회사 경리를 보던 친구가 같은 교인이라 그가 내 부정직을 목사님에게 다 말했나 싶어 전화를 했다.

"야~ 네가 목사님께 다 말했냐?"

"아니, 창피해서 말 못한다. 오늘 하나님께서 너를 콕 집어서 말씀하신 게 기회이고 축복이다. 정직해라."

마음이 영~ 찝찝했다. 예배 후 돌아와서 성경을 읽는데 눈에 띄는 말씀마다 '정직'이었다. 기분이 더 안 좋아졌다.

'주님, 한 말씀 제게 내려주세요.'

그리고 성경책으로 점을 치듯 가운데를 펼쳤다.

"속이는 말로 재물을 모으는 것은 죽음을 구하는 것이라"(잠 21:6).

내심 놀랐지만 그래도 돌이키지 않았다. 대신에 '나는 누구보다 선교헌금을 많이 하지 않는가!'라고 스스로 위로했다. 회개할 기회를 놓친 것이다.

쫄딱 망하고 나서야 주께서 돌이킬 기회를 여러 번 주셨음을 깨달았다. 속부의 재물로 그의 후손이 배부르지 못할 것이고 의인에게 옮기신다는 말씀이 뼈저리게 다가왔다. 그때 얻은 재물은 아들에게 10원도 주지 못했고, 부정직하게 얻은 모든 재물은 사라졌다.

네가 어찌 허무한 것에 주목하겠느냐? 정녕히 재물은 스스로 날개를 내어 하늘을 나는 독수리처럼 날아가리라 잠 23:5

아무리 재물에 눈독을 들여도, 재물은 날개가 달린 독수리처럼 창공으로 훨훨 날아가 버릴 것이다 잠 23:5, 쉬운성경

# CHAPTER 3

# 맘몬에게
# 사로잡힌
# 사람들

## 가룟 유다

"열둘 중의 하나인 가룟인이라 부르는 유다에게 사탄이 들어가니"(눅 22:3).

"마귀가 벌써 시몬의 아들 가룟 유다의 마음에 예수를 팔려는 생각을 넣었더라"(요 13:2).

"그때에 열둘 중의 하나인 가룟 유다라 하는 자가 대제사장들에게 가서 말하되, '내가 예수를 너희에게 넘겨주리니 얼마나 주려느냐?' 하니, 그들이 은 삼십을 달아주거늘 그가 그때부터 예수를 넘겨줄 기회를 찾더라"(마 26:14-16).

"유다가 은을 성소에 던져 넣고 물러가서 스스로 목매어 죽은지라"(마 27:5).


사탄은 사람이 스스로 죽거나 아니면 상대를 죽이게 만든다. 돈 문제가 개입되면 부모와 자녀가 서로 죽인다. 우리는 부부, 형제 사이에 돈 문제로 전쟁을 치르는 뉴스를 자주 접한다.

아간

하나님께서는 가나안 땅 전체를 주시고자 이스라엘 백성들에게 그들이 처음 취한 여리고 성을 온전히 바치라고 명령하셨다. 그것을 여호와의 곳간에 들이라고 하셨다.

"은금과 동철 기구들은 다 여호와께 구별될 것이니, 그것을 여호와의 곳간에 들일지니라 하니라"(수 6:19).

그런데 문제가 발생했다. 여리고 성 함락의 기세를 몰아서 그보다 훨씬 공략하기 쉬워 보이는 아이 성을 치려다가 대패했다. 여호수아가 대성통곡하며 주께 나아갔을 때 주께서 말씀하셨다.

"일어나라 어찌하여 이렇게 엎드렸느냐 이스라엘이 범죄하여 내가 그들에게 명령한 나의 언약을 어겼으며 또한 그들이 온전히 바친 물건을 가져가고 도둑질하며 속이고 그것을 그들의 물건들 가운데에 두었느니라"(수 7:10,11).

"그러므로 이스라엘 자손들이 그들의 원수 앞에 능히 맞서지 못하고 그 앞에서 돌아섰나니… 온전히 바친 물건을 너희 중에서 멸하지 아니하면 내가 다시는 너희와 함께 있지 아니하리라… 온전히 바친 물건을 너희 가운데에서 제하기까지는 네 원수들 앞에 능히 맞서지 못하리라"(수 7:12,13).

쉽게 취할 줄 알았던 아이 성 전투의 패배 원인은 맘몬에게 사로잡힌 이가 하나님의 것을 도둑질했기 때문이다. 범인이 누군지 알아내기 위해 제비뽑기를 했을 때 유다 지파의 아간이 뽑혔다. 그가 모두 앞에서 실토했다.

"내가 노략한 물건 중에 시날 산의 아름다운 외투 한 벌과 은 이백 세겔과 그 무게가 오십 세겔 되는 금덩이 하나를 보고 탐내어 가졌나이다"(수 7:21).

아간이 시날 산 외투와 은전과 금덩이를 보는 순간, 맘몬이 그의 생각에 욕심을 넣었다. 그래서 온전히 바쳐야 할 물건을 탐심으로 도둑질했다.

"여호수아가 이스라엘 모든 사람과 더불어 세라의 아들 아간을 잡고 그 은과 그 외투와 그 금덩이와 그의 아들들과 그의 딸들과 그의 소들과 그의 나귀들과 그의 양들과 그의 장막과 그에게 속한 모든 것을 이끌고 아골 골짜기로 가서… 그를 돌로 치고 물건들도 돌로 치고 불사르고 그 위에 돌무더기를 크게 쌓았더니… 오늘까지 아골 골짜기라 부르더라"(수 7:24-26).

아간과 그가 훔친 것들만이 아니라 그의 아들과 딸들, 소와 나귀와 양들 등 그에게 속한 모든 걸 다 아골 골짜기에 묻었다. 얼마나 슬픈가! 맘몬에게 사로잡힌 한 사람으로 인해 그의 모든 소유, 가족까지 엄청난 고통을 당했다. 하나님은 여호수아에게 이 문제를 철저히 다루도록 명하셨다. 온 이스라엘 백성들에게 혹독하게 가르치셨다.

왜 이것이 중요한가? 꼭 이렇게 해야만 했을까? 너무 잔인하다고 생각하는가? 만일 우리의 몸에 암세포가 발견되면 완전히 제거될 때까지 모든 희생을 각오한다. 방치하면 온몸으로 퍼져 결국 죽음에 이르기 때문이다. 마찬가지로 아간의 요소를 소홀히 여기면 민족 전체가 망한다. 홍성건 아간을 돌무더기에 묻은 후에야 비로소 첫 번째 여리고 성을 온전히 드릴 수 있었다. 하나님은 그 후에 열 개의 성을 주셨다. 모든 걸 주시고자 첫 번째 것을 온전히 바치라고 하신 것이다. 십일조와 흡사하다. 가나안 땅에 거하는 강한 족속을 물리치고 약속의 땅을 취하려면 아간의 요소를 철저히 제거해야 한다. 이는 탐심과 욕심에서 비롯된 '하나님께 온전히 드리지 않는 삶'이다.

### 게하시: 엘리사의 사환

아람의 군대장관 나아만이 문둥병에 걸려 엘리사에게 도움을 요청했을 때, 그가 나아만에게 말했다.

"요단 강에 몸을 일곱 번 씻으라 네 살이 회복되어 깨끗하리라"(왕하 5:10).

나아만이 요단 강에 몸을 일곱 번 잠그니 어린아이의 살처럼 깨끗해졌다. 그가 엘리사에게 예물을 주려 했으나 엘리사는 거절했다.

"내가 섬기는 여호와께서 살아계심을 두고 맹세하노니 내가 그 앞에서 받지 아니하리라 하였더라. 나아만이 받으라고 강권하되 그가 거절하니라"(왕하 5:16).

나아만은 엘리사에게 더욱 공손히 인사하고 귀국길에 올랐다. 조금 후에 엘리사의 사환 게하시가 그에게 거짓말을 했다.

"우리 주인께서 나를 보내시며 말씀하시기를, '지금 선지자의 제자 중에 두 청년이 에브라임 산지에서부터 내게로 왔으니 청하건대 당신은 그들에게 은 한 달란트와 옷 두 벌을 주라' 하시더이다"(왕하 5:22).

이 말을 들은 나아만은 몹시 기뻐서 은 한 달란트가 아니라 두 달란트를 주었다. 맘몬에 사로잡히면 돈을 위해서 어떤 거짓말도 서슴지 않고, 양심도 팔아버린다.

> 달란트는 무게로 약 34킬로그램에 해당한다. 화폐로는 은으로 된 달란트와 금으로 된 달란트가 있었다. 은 달란트의 경우 3천 세겔의 가치가 있었다. 은 한 세겔을 40만 원으로 계산하는 경우, 은 한 달란트는 12억 원에 해당하는 거액이다. 나아만은 게하시가 요청한 금액의 두 배인 24억 원어치의 은을 주었다. 홍성건

나아만은 이 엄청난 무게의 은 두 달란트를 두 전대에 넣어 게하시의 두 사환에게 지고 가게 했다. 게하시는 그걸 받아 집에 감추고 사환들을 보낸 후에 엘리사에게 갔다(왕하 5:23-25 참고).

엘리사는 "게하시야, 네가 어디서 오느냐?"라고 질문했다.

"아무 데도 가지 않았습니다."

엘리사가 게하시에게 말했다.

"지금이 어찌 은을 받으며 옷을 받으며 감람원이나 포도원이나 양이나 소나 남종이나 여종을 받을 때이냐? 그러므로 나아만의 나병이 네게 들어 네 자손에게 미쳐 영원토록 이르리라 하니, 게하시가 그 앞에서 물러나오매 나병이 발하여 눈같이 되었더라"(왕하 5:26,27).

게하시 본인만 나병에 걸린 게 아니라 자손에게로 흘러갔다. 엘리사

는 게하시에게 "지금이 은이나 옷을 받을 때냐?"라고 했다. 그때는 아람이 이스라엘을 상대로 전쟁을 준비하는 초긴장 상태였다. 그러므로 기도하며 하나님께 무릎 꿇을 때였다.

엘리사가 나아만이 주는 선물을 거절한 이유는 하나님의 재물이 아니라 세상의 재물이기 때문이었다. 그러나 게하시는 엘리사가 왜 받지 않았는지 몰랐다. 때를 분별하지 못하고 깨어있지 못했다. 맘몬이 그의 마음을 사로잡았기 때문이다. 그 결과 자손 대대로 혹독한 대가를 치르게 되었다.

## 아나니아와 삽비라

아나니아와 삽비라는 소유를 팔아 주님께 드리기로 헌신했다. 그런데 맘몬이 이들의 마음을 사로잡아 온전한 순종을 하지 못하게 했다. 그들은 거짓말을 했다.

"그 값에서 얼마를 감추매 그 아내도 알더라. 얼마만 가져다가 사도들의 발 앞에 두니 베드로가 이르되, '아나니아야 어찌하여 사탄이 네 마음에 가득하여 네가 성령을 속이고 땅 값 얼마를 감추었느냐… 어찌하여 이 일을 네 마음에 두었느냐? 사람에게 거짓말한 것이 아니요 하나님께로다' 아나니아가 이 말을 듣고 엎드러져 혼이 떠나니 이 일을 듣는 사람이 다 크게 두려워하더라"(행 5:2-5).

세 시간쯤 지나서 그의 아내가 그 일어난 일을 알지 못하고 들어와서 똑같이 거짓말을 했다.

"베드로가 이르되, '그 땅 판 값이 이것뿐이냐? 내게 말하라' 하니 이르되, '예, 이것뿐이라' 하더라. 베드로가 이르되 '너희가 어찌 함께 꾀하여 주의 영을 시험하려 하느냐? 보라, 네 남편을 장사하고 오는 사람들의 발이 문 앞에 이르렀으니 또 너를 메어 내가리라' 하니 곧 그가 베드로의 발 앞에 엎드러져 혼이 떠나는지라"(행 5:8-10).

맘몬에 사로잡힌 사람들의 전형적인 행태이다.


### 헌금 돌려주세요

교회 재정을 맡은 친구가 전화를 해서 기막힌 일이 있었다고 했다. 교인이 이사를 가면서 그동안 낸 헌금을 다 돌려달라고 했단다. 또 한 번은 교회 건축을 위해 땅을 바친 중직자가 사업이 어려우니 땅을 돌려달라고 했단다. 이런 얘기를 종종 들었으나 믿고 싶지 않았다.

그런데 NCMN에서도 동일한 일이 몇 건 발생했다. 홍 목사님이 그들을 이해시키려고 했지만 "내가 헌금한 내 돈을 왜 안 돌려주느냐"라고 따지는 사람들을 보면서 몹시 걱정이 되었다.

교회나 단체 입장에서는 돌려주면 된다. 그렇다고 전혀 타격을 받지 않는다. 타격은 본인이 받는다. 맘몬에 걸렸기 때문이다. 이런 행동은 하나님의 성물을 내 것처럼 생각하게 하는 맘몬의 계책이다. 헌금은 드리는 순간 하나님의 것이기에 '성물'이라고 한다. 하나님께 드린 걸 절대 돌려달라고 하면 안 된다.

목사님은 그들을 맘몬으로부터 구하고 싶어 하셨다. 그러나 오히려 공격하는 자세를 취하는 그들을 보면서 참으로 마음이 안타까웠다. 헌금을 적금 넣는 것처럼 생각하면 안 된다. 돌려달라는 사람들은 급한 곳에 사용하거나 더 필요해 보이는 선교지에 헌금을 하겠다고 말했다(원하는 대로 헌금은 돌려주었다).

사탄에게 속지 말라! 이는 하나님을 인정하지 않는 불신앙이며 맘몬이 넣어주는 '내가 돈의 주인이다'라는 생각에 딱 걸린 것이다. 그러면 마지막에는 망한다. 자기 자신만 아니라 자녀까지 망하게 하는 게 맘몬의 전략이다.


속부2

《왕의 재정》 1권 '속부를 제거하라'(172쪽)와 '맘몬이 만들어가는 부자, 속부'(199쪽)를 먼저 읽고 속부2를 공부하자.

- 속부의 정의
- 자신에게는 부요하고 하나님과 사람들에게 인색한 삶을 산다.
- 거짓되며 부정직한 삶을 산다.

- 속부를 청산하는 방법
- 정직과 주는 법을 훈련해야 한다.
- 성경에서 속부의 삶을 강력하게 경고하신다.

## 1) 부자 청년 이야기

한 부자 청년이 예수께 질문했다.

"선한 선생님이여, 내가 무엇을 하여야 영생을 얻으리이까"(막 10:17).

"네게 있는 것을 다 팔아 가난한 자들에게 주라 그리하면 하늘에서 보화가 네게 있으리라 그리고 와서 나를 따르라"(막 10:21).

영생의 길을 묻는 부자 청년에게 예수님은 재물로 답하셨다. 청년은 주의 말씀을 따르지 않고 자기의 길을 갔다. 영생은 오직 예수를 믿는 믿음으로 사는 것이다. 믿음은 주의 말씀에 순종하는 삶이다. 이 장면은 마치 창세기 3장 사건이 부자 청년 앞에 펼쳐진 것 같다.

하나님께서 아담에게 말씀하셨다.

"선악을 알게 하는 나무의 열매는 먹지 말라 네가 먹는 날에는 반드시 죽으리라"(창 2:17).

뱀(사탄)이 여자에게 말했다.

"너희가 결코 죽지 아니하리라 너희가 그것을 먹는 날에는 너희 눈이 밝아져 하나님과 같이 되어"(창 3:4,5).

창세기 3장의 선악과 사건은 '네 주인이 누구냐'라는 믿음의 영역을 말하고 있다. 아담과 하와는 사탄의 말에 순종함으로 스스로 그의 종이 되었다.

"너희 자신을 종으로 내주어 누구에게 순종하든지 그 순종함을 받는 자의 종이 되는 줄을 너희가 알지 못하느냐"(롬 6:16).

부자 청년도 동일한 사건이다.

"네가 누구의 말에 순종하느냐? 네 주인이 누구냐? 예수 그리스도냐, 재물이냐?"

예수님, "네게 있는 걸 다 팔아 가난한 자들에게 주라."
맘몬, "아니야, 이 돈은 네 것이야."

"그 사람은 재물이 많은 고로 이 말씀으로 인하여 슬픈 기색을 띠고 근심하며 가니라"(막 10:22).

"예수께서 둘러보시고 제자들에게 이르시되, '재물이 있는 자는 하나님의 나라에 들어가기가 심히 어렵도다' 하시니… 낙타가 바늘귀로 나가는 것이 부자가 하나님의 나라에 들어가는 것보다 쉬우니라' 하시니"(막 10:23,25).

여기서 말하는 부자는 성부가 아니라 속부이다. 성부는 당연히 하나님나라를 유업으로 받는다. 다윗은 늙도록 부했으며 존귀를 누렸다(대상 29:28 참고). 이삭은 농사를 지을 때에 100배의 수확을 거두었고, 창대하고 왕성하여 거부가 되었다(창 26:12,13 참고).

부자 청년 이야기의 초점은 돈이 아니라 '네 주인이 누구냐' 하는 것과 '누가 하나님의 나라에 들어갈 수 있느냐'이다.

## 2) 부자와 거지 나사로 이야기

예수님은 '부자와 거지 나사로' 이야기를 통해 천국과 지옥을 비교하셨다. 둘 다 죽었을 때 거지 나사로는 아브라함의 품에 있었고, 부자는 음부의 고통 중에 있었다. 음부의 불꽃 가운데서 고통스러운 부자는 아브라함에게 부탁했다.

"내 형제 다섯이 있으니 이 고통 받는 곳에 오지 않도록 나사로를 보내어 증언해달라"라고 했다. 아브라함은 이미 모세와 선지자들이 있으니 그들에게 들으라고 했다. 그들이 만일 모세와 선지자들의 말을 듣지 않으면 나사로가 가서 권해도 듣지 않을 것이라고 했다(눅 16:19-31 참고).

이 이야기 역시 '네 주인이 누구냐'의 문제를 다룬다. 대문 앞에 버려진 나사로를 돌보지 않은 부자가 죽어서 지옥에 간 이야기는 우리의 경각심을 일깨운다.


### 3) 양과 염소의 비유

예수님은 양과 염소를 들어 천국과 지옥을 비유하셨다(마 25:31-46 참고). 이 세상 사람들은 누구나 그날이 오면 영벌에 들어갈 사람과 영생에 들어갈 사람으로 나뉜다. 그 기준은 절대 필요가 있는 사람들을 돌본 것과 돌보지 않은 데 있다. 예수님은 영생에 들어간 사람들에게 말씀하신다.

"너희는 내가 주릴 때 먹을 것을 주었고, 목마를 때에 마시게 했고, 나그네 되었을 때에 영접했고, 헐벗었을 때에 옷을 입혔고, 병들었을 때에 돌보았고, 옥에 갇혔을 때에 와서 보았다."

또한 영벌에 들어간 사람들에게 말씀하신다.

"너희는 내가 주릴 때 먹을 것을 주지 아니했고, 목마를 때에 마시게 하지 아니했고, 나그네 되었을 때에 영접하지 아니했고, 헐벗었을 때에 옷을 입히지 아니했고, 병들었을 때와 옥에 갇혔을 때에 돌보지 아니했다."

그리고 놀라운 비밀을 말씀한다.

"내 형제 중에 지극히 작은 자 하나에게 한 것이 곧 내게 한 것이니라"(마 25:40).

가난한 자를 돌보는 걸 넘어서서 '네 주인이 누구냐?', '네 믿음이 어디 있느냐?'를 물으시며 우리에게 믿음의 삶을 말씀하신다.


4) 장차 올 진노를 피하라

세례 요한이 세례 받으러 나아오는 무리에게 이르되 "독사의 자식들아 누가 너희에게 일러 장차 올 진노를 피하라 하더냐 그러므로 회개에 합당한 열매를 맺고"라고 했다(눅 3:7,8). 어떻게 하면 장차 올 진노를 피할 수 있을까? 회개에 합당한 열매는 무엇일까? 이 말을 들은 무리가 와서 질문했다.

"그러면 우리가 무엇을 하리이까"(눅 3:10).

"옷 두 벌 있는 자는 옷 없는 자에게 나눠줄 것이요, 먹을 것이 있는 자도 그렇게 할 것이니라"(눅 3:11).

한마디로 가난하고 궁핍한 사람들을 돌아보라는 것이다. 세리들도 와서 물었다.

"우리는 무엇을 하리이까"(눅 3:12).

"부과된 것 외에는 거두지 말라"(눅 3:13).

한마디로 부정직한 속부의 삶을 청산하라는 것이다. 군인들이 와서 질문했다.

"우리는 무엇을 하리이까"(눅 3:14).

"사람에게서 강탈하지 말며, 거짓으로 고발하지 말고, 받는 급료를 족한 줄로 알라"(눅 3:14).

세례 요한을 통해 장차 올 진노를 피하는 방법을 설명하는데 모두 '돈'으로 말씀하셨다. 이 역시 '네 주인이 누구냐'의 문제를 다루고 있다. 하나님께서는 성경을 통해 속부의 삶을 청산하라고 강력하게 말씀하신다.


## 맘몬에게 사로잡힌 속부의 삶

맘몬에게 영향을 받은 속부들의 삶의 특징은 무엇일까?

### 1) 주인이 바뀐 삶을 산다

"한 사람이 두 주인을 섬기지 못할 것이니 혹 이를 미워하고 저를 사랑하거나 혹 이를 중히 여기고 저를 경히 여김이라 너희가 하나님과 재물(맘몬)을 겸하여 섬기지 못하느니라"(마 6:24).

- 맘몬의 목표 – 주인 바꾸기(마 6:24; 눅 16:13)
- 맘몬의 전략 – 돈을 사랑하게 만든다(딤전 6:10)
- 맘몬이 원하는 결과 – 믿음에서 떠나게 된다(딤전 6:10)

"돈을 사랑함이 일만 악의 뿌리가 되나니 이것을 탐내는 자들은 미혹을 받아 믿음에서 떠나 많은 근심으로써 자기를 찔렀도다"(딤전 6:10).

맘몬은 돈을 사랑하는 마음을 넣는다. 이는 '일만 악의 뿌리'가 된다. 여기에서 모든 악한 것들이 발생한다. 뿌리에 의해 열매가 맺힌다. 악한 뿌리는 악한 열매를, 선한 뿌리는 선한 열매를 맺는다.

맘몬의 전략은 돈을 사랑하게 만들어 믿음에서 떠나 결국 파멸에 이르게 하는 것이다. 돈을 위해, 돈에 의해, 돈을 따라가는 삶에 모든 에너지와 시간을 쓰게 한다. 그러면서도 하나님나라를 위해 산다고 말할 수는 있다. 그러나 말뿐인 사람으로 만든다. 믿음 없는 삶을 살기 때문이다.

이를 해결하기 위해 사랑의 대상을 바꾸어야 한다. '돈 사랑'에서 '하나님 사랑'으로. 내 삶의 주인이 맘몬이 아니라 오직 하나님이어야 한다.

"나를 사랑하는 자들이 나의 사랑을 입으며 나를 간절히 찾는 자가 나를 만날 것이니라 부귀가 내게 있고 장구한 재물과 공의도 그러하니라… 이는 나를 사랑하는 자가 재물을 얻어서 그 곳간에 채우게 하려 함이니라"(잠 8:17,18,21).

모든 것의 주인은 하나님이시다(레 25:23; 신 10:14; 대상 29:11,12; 시 24:1, 50:10-12; 학 2:8; 고전 10:26 참고).


### 2) 빚으로 맘몬에 묶여 영향력 없는 삶을 산다

나는 백화점과 홈쇼핑을 '맘몬의 성전'이라고 부른다. 그곳에만 가면 사람들이 정신을 못 차린다. 백화점 전략 기획팀은 당신의 주머니를 털기 위해 백화점 카드를 만들어 오면 즉시 할인 이벤트를 열고, 무슨 방법을 동원해서라도 당신을 충동구매에 빠뜨려 빚쟁이로 만들려고 한다. 홈쇼핑을 즐기지 마라. 빚지게 된다. 맘몬의 정체를 파악하고 카드 돌려막기를 이제 그만 끝내자. 카드로 빚지는 사람은 카드를 잘라버려라!

### 3) 인색함으로 산다

맘몬의 영향을 받으면 인색한 마음으로 바뀐다. 남에게 주는 삶, 베푸는 삶보다는 오직 자신을 위해서만 재물을 사용한다. 물건을 효용성이 아니라 탐욕과 욕심으로 산다. 꼭 필요해서 사는 게 아니다. 더 좋은 차와 집과 가구 등등. 옷장에는 일 년에 한 번 입는 옷이 넘친다.

### 4) 돈을 위해서라면 부정직함을 개의치 않는다

우리는 이미 부정직한 삶의 결과와 정직한 삶이 주는 약속을 살펴보았다. 속부는 돈을 갖기 위해 수단과 방법을 가리지 않는다.

### 5) 행복의 조건을 돈에 둔다

맘몬은 속부에게 끊임없이 속삭인다.

"돈이 너를 행복하게 해줄 거야."

거짓말이다. 돈은 절대로 우리를 행복하게 해주지 못한다. 행복의 삶은 오직 예수 그리스도 안에 있다. 맘몬을 대적하고, 속부를 청산하라!

PART 4

# 믿음의
## 다음세대를
# 일으켜라

CHAPTER 1

# 자족하는
# 삶의 비결

## 자족하라

주께서 내게 끊임없이 가르치신 과목이 '자족하는 삶'이었다. 나는 지금도 배우고 있다. 자족하는 삶은 맘몬의 영향력을 끊고 속부의 삶에서 벗어나게 한다. 이것이 성부의 삶을 살아갈 수 있는 근본적인 영적 근육임을 나는 나중에 알았다.

자족하는 삶은 나를 영적, 물질적으로 크게 부요하게 만들었다. 자족하는 삶은 나누는 삶, 후하게 베푸는 삶에서부터 출발한다.

히브리서 13장 5절은 자족하는 삶의 비결을 말씀한다.

"돈을 사랑하지 말고 있는 바를 족한 줄로 알라 그가 친히 말씀하시기를 내가 결코 너희를 버리지 아니하고 너희를 떠나지 아니하리라 하셨느니라."

**첫째, 돈을 사랑하지 않는 것이다.**

그럴 때 탐심과 욕심으로 다가오는 맘몬에게 걸려들지 않는다.

**둘째, 있는 게 족한 줄 아는 것이다.**

"자족하는 마음이 있으면 경건은 큰 이익이 되느니라. 우리가 세상에 아무것도 가지고 온 것이 없으매 또한 아무것도 가지고 가지 못하리니, 우리가 먹을 것과 입을 것이 있은즉 족한 줄로 알 것이니라. 부하려 하는 자들은 시험과 올무와 여러 가지 어리석고 해로운 욕심에 떨어지나니, 곧 사람으로 파멸과 멸망에 빠지게 하는 것이라. 돈을 사랑함이 일만 악의 뿌리가 되나니 이것을 탐내는 자들은 미혹을 받아 믿음에서 떠나 많은 근심으로써 자기를 찔렀도다"(딤전 6:6-10).

자족하는 삶의 기준은 "우리가 먹을 것과 입을 것이 있은즉 족한 줄로 알 것이니라"에 있나(딤선 6:8). 주님은 아주 단순한 기준을 주셨다. 먹을 것과 입을 게 바로 자족하는 삶의 기준이 된다.

자족하는 삶은 경건에 큰 이익이 된다. 경건이란 무엇인가? 나는 경건한 삶, 경건한 사람에 대해 오해를 했었다. 성경책을 옆구리에 끼고 천천히 걸으며, 큰 소리로 말하지 않는 게 경건한 사람의 모습이라 생각했다. 그런데 홍 목사님의 말씀을 통해 경건의 비밀을 깨달았다.

디모데전서 3장 16절은 경건한 삶이 무엇인지 말씀한다.

"크도다, 경건의 비밀이여! 그렇지 않다 하는 이 없도다. 그는 육신으로 나타난 바 되시고, 영으로 의롭다 하심을 받으시고, 천사들에게 보이시고, 만국에서 전파되시고, 세상에서 믿은 바 되시고, 영광 가운데서 올려지셨느니라."

'육신으로 나타나신 예수 그리스도'가 경건의 비밀이다. 경건한 사람은 그의 삶에서 예수 그리스도가 나타나는 사람이다. 사랑, 나눔, 용납, 겸손, 온유와 같은 그분의 모습이 그의 삶에서 드러난다. 나는 자족하는 삶이 경건에 큰 유익이 된다는 말씀을 이렇게 이해했다.

**셋째, 내 안정감을 오직 주님께 두는 것이다.**

"내가 결코 너희를 버리지 아니하고, 너희를 떠나지 아니하리라"(히 13:5)라고 하신 주의 말씀은 내 마음을 평강으로 인도한다. 그리고 "감사합니다"라는 고백이 저절로 나온다. 주님을 향한 믿음은 내가 풍부하거나 궁핍하거나 한결같이 흔들리지 않는 안정감을 준다. "절대 너를 버리거나 떠나지 아니하리라"라는 약속의 말씀 때문이다.

사도 바울의 강력한 사역의 비결도 이 '자족하는 삶'에 있었다.

"내가 궁핍하므로 말하는 것이 아니니라 어떠한 형편에든지 나는 자족하기를 배웠노니 나는 비천에 처할 줄도 알고 풍부에 처할 줄도 알아 모든 일 곧 배부름과 배고픔과 풍부와 궁핍에도 처할 줄 아는 일체의 비결을 배웠노라"(빌 4:11,12).

내 모든 만족이 돈, 명예, 세상의 것에 있는 게 아니라 오직 하나님으로부터 나는 걸 알았다. 이것이 나로 충분히 자족하는 삶을 살 힘을 준다.

우리가 그리스도로 말미암아 하나님을 향하여 이같은 확신이 있으니 우리가 무슨 일이든지 우리에게서 난 것같이 스스로 만족할 것이 아니니 우리의 만족은 오직 하나님으로부터 나느니라 고후 3:4,5

이것이 자족하는 삶의 비결이다.

높은 이자 받기를 그쳐라

재정학교에 온 두 자매가 내게 동일한 내용으로 상담을 청했다.

"파산이 성경적으로 합법입니까?"

그들은 오래전에 교회 권사님에게 1억 원을 월 200만 원의 이자를 주기로 하고 빌렸다. 사업이 그럭저럭 굴러가서 5년이나 이자를 주었단다. 그런데 자매의 남편 사업이 갑자기 어려워지면서 본인의 매장도 힘들어졌다. 그래서 채권자인 권사님을 찾아가 "이자로 드리던 돈을 지금부터는 원금을 갚는 것으로 해주세요"라고 부탁했다.

이미 지난 5년간 지급한 이자가 원금 1억 원을 넘은 상태였다. 하지만 권사님은 원금을 당장 주든지, 이자 약속을 지키라고 단호히 거절했다. 그리고 이자를 단 한 푼도 깎아주지 않았다.

자매는 같은 교회에서 이 문제로 시끄러워지는 게 덕이 되지 않을 것 같아 이자를 빚내서 주었다. 그러자 빚이 눈덩이처럼 불어났다. 더는 빚낼 데가 없고 갚을 수도 없어서 온 가족이 고통의 시간을 보냈다. 죽을 결심도 했지만 지옥에 가는 게 두려웠다. 결국 파산을 신청하기로 했다.

나는 채권자, 채무자를 다 이해할 수 있었다. 내가 망했을 때, 보증을 서서 진 빚도 많았다. 또한 내 돈을 빌려간 사람도 많았다.

"중한 변리로 자기 재산을 늘이는 것은 가난한 사람을 불쌍히 여기는 자를 위해 그 재산을 저축하는 것이니라"(잠 28:8).

"고리대금으로 재산을 늘리는 자는, 가난한 자에게 후히 베푸는 사람을 위해 재산을 늘릴 뿐이다"(잠 28:8, 쉬운성경).

하나님은 속부의 재산을 의인들에게 이동시키신다.

"가난하고 궁핍한 자를 학대하거나 강탈하거나 빚진 자의 저당물을 돌려주지 아니하거나 우상에게 눈을 들거나 가증한 일을 행하거나 변리를 위하여 꾸어주거나 이자를 받거나 할진대 그가 살겠느냐 결코 살지 못하리니 이 모든 가증한 일을 행하였은즉 반드시 죽을지라 자기의 피가 자기에게로 돌아가리라"(겔 18:12,13).

성경 여러 곳에서 높은 이자 받기를 멈추고, 채무자가 가난해졌다면 이자를 탕감하라고 경고한다. 이자를 원금보다 많이 받았다면 원금도 줄여주는 게 하나님나라의 원칙이다(신 15:1; 느 5:1-13 참고).

"악인은 꾸고 갚지 아니하나 의인은 은혜를 베풀고 주는도다"(시 37:21).

"고리대금하는 자가 그의 소유를 다 빼앗게 하시며 그가 수고한 것을 낯선 사람이 탈취하게 하시며 그에게 인애를 베풀 자가 없게 하시며 그의 고아에게 은혜를 베풀 자도 없게 하시며 그의 자손이 끊어지게 하시며 후대에 그들의 이름이 지워지게 하소서"(시 109:11-13).

### 채권자의 태도

채무자의 형편을 살펴야 한다. 가난한 자에게 높은 이자를 받으면 자기 자신에게 해가 된다. 은혜를 베푸는 너그러운 마음을 가져라.

### 채무자의 태도

빌린 돈은 반드시 갚아야 한다. 갚지 않기 위해 재산을 도피시키면,

성경에 "네가 감추어도 보존되지 못하겠고 보존된 것은 내가 칼에 붙일 것이며"(미 6:14)라고 말씀한다.

악인의 특징이 꾸고 갚지 않는 것이다.

"그러므로 천국은 그 종들과 결산하려 하던 어떤 임금과 같으니, 결산할 때에 만 달란트 빚진 자 하나를 데려오매 갚을 것이 없는지라… 그 종의 주인이 불쌍히 여겨 놓아 보내며 그 빚을 탕감하여 주었더니, 그 종이 나가서 자기에게 백 데나리온 빚진 동료 한 사람을 만나 붙들어 목을 잡고 이르되, '빚을 갚으라' 하매 그 동료가 엎드려 간구하여 이르되, '나에게 참아주소서 갚으리이다' 하되 허락하지 아니하고 이에 가서 그가 빚을 갚도록 옥에 가두거늘 그 동료들이 그것을 보고 몹시 딱하게 여겨 주인에게 가서 그 일을 다 알리니 이에 주인이 그를 불러다가 말하되 악한 종아 네가 빌기에 내가 네 빚을 전부 탕감하여 주었거늘 내가 너를 불쌍히 여김과 같이 너도 네 동료를 불쌍히 여김이 마땅하지 아니하냐 하고 주인이 노하여 그 빚을 다 갚도록 그를 옥졸들에게 넘기니라"(마 18:23-34).

1달란트는 오늘날 가치로 18-20억쯤 된다. 그러니 1만 달란트 탕감은 계산이 안 되는 엄청난 사건이다. 1데나리온은 오늘날 노동자의 하루 품삯에 해당한다. 100데나리온은 3개월 급여 정도이다.

어느 날, 나는 이 천국의 비유를 깊이 묵상했다. 내가 1만 달란트 빚을 탕감받은 자라는 걸! 나는 내 죄를 전부 탕감받고, 용서받았다. 그러니 당연히 다른 사람을 용서해야 한다.

남의 재물에 충성하라

부끄러운 고백이 있다. 나는 교회학교 교사 시절에 교회에서 악보를 복사하면서 개인적으로 필요한 것도 복사해서 사용했다. 광야는 나를 정결하게 하는 시간이었다. 그 행동이 기억나서 회개했다. 나중에 몇 배로 주님께 갚았다.

쫄딱 망하고 홍성건 목사님을 통해 성경적 재정원칙을 배웠다. 내 마음을 사로잡은 건 하늘은행이 있다는 거였다. 망한 나로서는 이자율이 높다는 말에 흥미를 느꼈다. 나는 하늘은행에 입금하기로 했다. 홍 목사님은 입금할 수 있는 세 구좌를 소개해주셨다.

가난한 자, 절대 필요가 있는 자
하나님의 사람(일꾼: 성빈)
하나님의 나라 프로젝트

이곳에 재정을 드리는 게 하늘은행에 심는 거였다. 나는 아르바이트를 했다. 6개월간 점심 도시락을 들고 다니면서 식비 30만 원을 모았다. 그리고 내가 망했을 때 힘이 되어준 존경하는 목사님 부부를 최고의 한우집으로 모셨다.

그런데 이게 웬일인가? 아이들 5명도 함께 나왔다. 1인분에 6-7만 원 하는 한우만 판매하는 집이었다. 상에 차려진 기본 찬을 아이들이 먼저 먹고 있었다. 나는 몹시 당황했다. 사모님이 주문을 하셨다.

"아주머니, 한우 꽃등심으로 5인분 주세요~."

순간, 머릿속으로 돈을 계산하니 숨이 턱 막혔다.

"사모님, 된장찌개와 밥을 시킬까요?"

"아니요, 고깃집이니 고기를 먼저 먹고 밥 먹어야지요~."

우리는 8명이었다. 5인분은 커가는 아이들에게 턱없이 부족했다.

"아주머니, 5인분 더 주세요~."

나는 한 점도 먹지 않았는데 금세 10인분이 사라졌다.

"아주머니, 5인분 더 주세요~."

나는 절망했다. 일곱 살 남자아이가 너무 많이 먹어서 고기를 뱉어내니 사모님이 새로 구운 고기를 입에 밀어 넣으며 한마디 하셨다.

"이때 한우 실컷 먹어야 해. 언제 또 먹겠니?"

식사를 마치고 목사님 식구를 먼저 보내드리고, 나는 식당에 잡혀 있었다. 도움을 요청하기 위해 친구들에게 전화했으나 아무도 받지 않았다. 결국 망하기 전에 함께 일하던 부장님이 와서 카드 10개월 할부로 해결해줘서 간신히 빠져나올 수 있었다. 지금도 그날을 생각하면 씁쓸한 웃음만 나온다.

한 친구가 자기가 커피를 살 때는 가장 싼 커피를 골라 마시고, 다른 친구가 계산하면 가장 비싼 걸 시켰다. 나는 그와 깊이 교제하고 싶지 않았다. 이런 사람들과는 중요한 사역이나 사업도 같이 하고 싶지 않다. 하나님께서는 지극히 작은 것에 충성할 때 큰 걸 맡기신다. 재물에 충성할 때 참된 걸 맡기신다. 남의 것에 충성할 때 자기의 것을 받는다(눅 16:10-12 참고).

광야가 오히려 내게 복이 되었다. 그때 배운 원칙들이 나를 더 존경

받는 사람으로 만들어주었다. 남의 것에 어떻게 충성하는가? 내 것처럼 아껴주면 된다. 나는 광야에서 남의 걸 내 것처럼 소중히 여기는 법을 배웠다.

## 하나님나라의 균등

할 마음만 있으면 있는 대로 받으실 터이요 없는 것은 받지 아니하시리라 이는 다른 사람들은 평안하게 하고 너희는 곤고하게 하려는 것이 아니요 균등하게 하려 함이니 이제 너희의 넉넉한 것으로 그들의 부족한 것을 보충함은 후에 그들의 넉넉한 것으로 너희의 부족한 것을 보충하여 균등하게 하려 함이라 기록된 것같이 많이 거둔 자도 남지 아니하였고 적게 거둔 자도 모자라지 아니하였느니라 고후 8:12-15

이 말씀은 균등으로 모자라지 않게 하는 게 초점이다. 하나님께서는 재물이 물의 흐름처럼 다루어지길 원하신다. 물이 개천에서 흘러내리면 모든 부분을 다 채우고 나서야 비로소 더 낮은 곳으로 흘러간다. 낮은 곳을 다 채우면 더 낮은 곳으로 흘러간다. 물의 흐름의 원칙은 빈틈없이 골고루 다 채우는 것이다.

하나님께서는 우리가 재물을 물의 흐름처럼 사용하길 원하신다. 많이 가진 사람과 갖지 못한 사람의 높낮이가 다르다. 그것을 균등하게 하기 위해 많이 가진 사람은 흘려보내서 부족한 사람의 필요를 채워

모자람이 없도록 하라고 하신다.

먼저는 믿는 자 안에서 채우고, 그다음에는 이웃(반경 5킬로미터 안의 사람)을 채우고, 더 확장해서 채우게 하신다. 교회 안을 먼저 채우고, 교회 밖도 채우게 하신다. 남한을 채우고, 다음에는 북한을 채우고, 더 나아가 열방의 최전방 선교지를 채우게 하신다. 내 것으로 남의 필요를 채우기 위해 우리를 풍성하게 채워주신다.

하나님은 그의 백성들에게 조금도 부족함이 없게 만나를 주셨다. 놀랍게도 많이 거둔 자도 남지 않고, 적게 거둔 자도 모자라지 않았다. 만나를 거두어보니 그렇더라는 말이 아니다. 몸이 아파서 만나를 거두지 못한 사람도 있었을 것이다. 거둔 걸 서로 나누어주었다는 말이다. 혹, 많이 거둔 자가 욕심을 부려서 다 못 먹고 남기면 다음 날 벌레가 생기고 냄새가 나는 게 만나의 특징이었다.

아주 간혹 이상한 상담을 해오는 사람들이 있다. 빚내고, 마이너스 통장을 대출받고, 신용카드 현금서비스를 받아서 교회와 사역자들을 섬겼는데 자기는 늘 부족하다고 거의 불평 수준으로 말한다.

하나님께서는 빚을 내서 남을 섬기라고 하시지 않는다. 그분은 "없는 것을 받지 않으신다"라고 성경은 말씀한다. 할 마음만 있으면 내게 있는 대로 받으신다. 없는데도 억지로 빚내서 주면 결국 불평과 불균형이 생긴다. 하나님께서는 우리가 평안하게 하길 원하신다(고후 8:12,13 참고).

서로 돌아보고 섬기며 나눔의 삶을 사는 게 진정한 예수님 제자의 삶이다. 역사 안에서 항상 문제가 되는 빈부격차의 해결법은 '나누는 삶'에 있다. 오직 기독교 정신밖에 없다. 세상은 '사고파는' 나라지만 하나님나라는 '주고받는' 나라다.

　우리가 말씀을 실천할 때, 하나님은 우리의 사업을 축복하셔서 넘치게 부으신다. 우리의 부요한 것을 부족한 곳으로 흘려보내서 가난한 자들과 짐을 나누기를 원하시기 때문이다.

　"균등"이라는 단어는 1/N을 말하는 게 아니라, '필요한 사람에게 필요한 만큼'을 말한다. 이것이 기독교 재정원칙의 기본이다. 예를 들면, 무엇을 위한 필요 경비를 거둘 때 각자의 형편에 맞게 거두는 것이다. 많은 자가 조금 더 내고, 없는 자가 조금 덜 낼 수 있다. 이것이 하늘나라의 균등이다. 무엇을 받을 때도 많은 자가 덜 받고, 없는 자가 더 받는 것이다.

〈세상의 균등〉

〈하나님나라의 균등〉

일본 집회에 갔을 때의 일이다. 우리가 섬긴 교회는 재정 형편이 넉넉지 않은 작은 교회였다. 부목사님의 간증을 잊을 수가 없다.

"담임목사님이 저보다 사례비를 적게 받으십니다. 제게 '나는 아이들을 다 키웠네. 당신의 세 자녀는 지금 돈이 가장 많이 들어갈 때가 아닌가'라고 하십니다."

조선 후기의 거상 임상옥의 삶에도 기독교 정신이 녹아있음을 알 수 있다. 그가 즐겨 사용하던 잔에 "재물은 평등하기가 물과 같고 사람은 바르기가 저울과 같다"라는 글이 적혀있었다고 한다.

재물은 물 같기에 높은 곳에서 낮은 곳으로 흘러간다. NCMN 5K 운동을 통해 나누는 삶이 전국으로, 세계 열방으로 급속히 확산되고 있다. 이 일을 위해 남한 8도에 NCMN 5K 지부가 세워졌고, 해외에도 빠르게 세워지고 있다. 물과 같이 흐르는 재물을 독점하려고 하면 반드시 그 재물로 인해 망할 것이다. 사업을 바르고 정직하게 하지 않으면 언젠가는 파멸한다.

### 빚에서 빛으로 나오다 신희재

나는 왕의 재정 강의를 동영상으로 들었다. 당시 2개의 사업장을 운영하고 있었다. 제법 수입이 있는 사업장에서 돈을 벌어서 건강빵 프랜차이즈(빠빠맹) 사업에 뛰어들었다. 그런데 큰 기대를 했던 빵 사업에서 계속 적자가 났다. 잘되는 사업장에서 벌어서 적자를 메우다 보니, 두 사업체 직원들의 힘이 빠졌다. 내게 새로운 돌파구가 필요했다. 왕의 재정학교에 입학하여 김미진 간사님에게 사업 상담을 신청했다. 주님이 사업의 돌파구를 인도해주실 걸 기대했다.

그런데 간사님이 내 상황을 듣더니 "나 같으면 빵 사업 안 합니다"라고 말했다. 한마디로 빵 사업을 접으라는 거였다. 나는 마지못해 "예"라고 대답했으나 투자한 액수도 크고, 이미 4개의 사업장을 운영 중이어서 고민이 되었다. 그리고 중요한 사업 상담을 딱 한마디로 접으라고 하니 섭섭하기도 했다.

그 후로 간사님과 마주칠 때마다 "가급적 빨리 접으소~"라고 해서 신경이 쓰였지만 조금만 더 열심히 하면 잘될 것 같아 접지 못했다. 2년이 지나면서 빵으로 20억의 적자가 났다. 빚이 28억으로 늘었다. 정말 참담했다. 다시 간사님에게 상담을 청했다.

"뭔 고집이요? 내가 망해봐서 안 되는 사업은 보인다니까!"

결국 나는 빵 사업을 접었다. 그리고 성경적 재정원칙으로 철저히 살아내기로 다짐했다. 빚 갚기가 최우선 과제였다.

어느 날, 기도하는데 하나님께 뭔가를 드리고 싶은 마음이 계속 들었다. 영등포에 있는 지하 1층, 지상 3층짜리 건물을 드리고 싶었다. 간사님에게 상담했더니 역시 깔끔하게 딱 한마디, "주님이 주라고 하시는 곳에 드리소"라고 하셨다.

"얼마 전에 부동산에서 48억 원에 계약서를 쓰자고 하던데 어떻게 할까요?"

"방금 주님께 드리고 싶다고 했잖아요. 후회하지 말고 주님이 하라는 걸 하소~."

가족회의를 했더니 모두 기뻐했다.

"여보, 주님께 드리세요~."

"아빠, 기뻐요! 주님께 드리세요~."

휴~ 나만 믿음이 없다. 기도하니 기독교 문명개혁운동을 주도할 NCMN 본부 사무실로 드리고 싶은 마음이 들었다. 가족 모두가 기뻐했다. 이 결정을 간사님에게 말했다.

"주님 감사합니다! 선한 마음을 주신 분도 주님이시고, 선한 일을 행할 능력도 주님이 주셨으니 그저 감사만 하소~."

다른 사람 같으면 좀 섭섭했을 것이나 나는 옆에서 홍 목사님과 간사님을 보아왔던 터라 건물을 받아준 것만으로도 감격했다. 몇 년 전에 어떤 사람이 120억 원짜리 건물을 기부한다고 했으나 두 분은 받지 않았다. 또 좋은 땅도 받지 않았다. NCMN에서 기도했던 위치의 건물과 땅이 아니니 섬기는 교회에 기부하라고 말씀했다.

지금은 빚 28억도 주님의 은혜로 다 정리되었다. 주님께 무한 감사를 올려드린다.

## 믿음으로 확신하기 신용선

우리는 결혼한 지 2개월 된 신혼부부입니다. 성빈으로 살기 위해 신학대학원에 진학하며 직장도 내려놓아서 수입이 전혀 없었기에 더 절박했습니다. 믿음의 예산안으로 살기를 결심하고 2시간 정도 되는 예산안 강의를 0.3배속으로 보며 정리했습니다.

왕의 재정학교에서 배운 믿음의 예산안을 짜야 하는데 주변에 자문을 구할 사람이 없었습니다. 강의 내용을 토대로 맥을 잡고 아내와 함께 짜기 시작했지요. 조금 모아놓은 돈의 일부를 마중물과 긴급자금으로 편성했습니다. 우선 그중 100만 원을 사용하기로 했지요. 생활비는 20만 원, 개인 용돈은 2만 원으로 책정했습니다.

수입 편성은 100만 원이었으나 믿음의 예산안의 금액은 '175만 원'이었습니다. 쓸 수 있는 돈이 지출해야 할 금액보다 훨씬 많았지만, 심고 거둠(하늘은행)도 믿음으로 편성했습니다. 그런데 예산안을 작성하던 날, 놀랍게도 장학금이 들어온다는 소식을 들었습니다. 필요한 서류는 제출했지만, 행정절차를 밟는 중이어서 정확한 금액은 알 수 없었기에 하늘은행 통장에는 기록하지 않았던 항목이었습니다.

어느 날 아내와 함께 MY 5K 행사 준비를 위해 홍대입구역에 갔을 때입니다. 주변 포장마차에서 떡볶이를 팔고 있었습니다. 너무나 먹고 싶었지만 예산대로 살기 위해 눈물을 머금고 눈을 돌렸습니다. 회사 다닐 때는 2,3천 원을 아무렇지 않게 썼는데…. 서글픈 마음이 들었습니다.

아내에게도 미안해서 눈물이 났습니다. 그래도 살아내겠다고 마음먹고 기대하며 나아갔습니다. 그날 최선을 다해 행사 준비를 하며 소망이 충만해졌습니다. 그런데 준비하는 중에 김명자 간사님이 연습에 참여한 간사들을 위해 떡볶이를 주문해주셨습니다. 우리는 얼마나 감사했는지 모릅니다.

예산안으로 살기를 결정한 후에 아끼던 신발 밑창이 떨어져 버렸습니다. 고칠 방법도 없었습니다. 예산안을 짜기 전이었으면 새 신발을 샀을 텐데 그럴 수가 없었지요. 평소에는 옷차림에 신경을 쓰는 편이었지만 어쩔 수 없이 유일하게 남아있던 신발 하나로 버텼습니다. 고향 집에 있던 신발을 택배로 받아서 다행히 잘 신고 다녔습니다. 그리고 머리가 많이 자랐지만 예산안에 이 부분이 없어서 자르지 않고 버텼습니다.

한 친구에게서 귤 1개를 받았는데 입에 넘어가지 않아 집에 갖고 와서 아내에게 주었더니 아내가 하늘은행 통장에 500원으로 환산하여 적었습니다. 커피 1,900원도 적었습니다. 10원짜리 하나라도 놓치지 않겠다는 마음이었지요.

또 입금 항목도 열심히 기록했습니다. 적는 내용이 사소하게 느껴질 때도 있었으나 포기하지 않았습니다. 건축헌금도 내고 위로금도 보냈습니다. 교회의 5K 사랑 나눔 박스에도 물품을 넣었습니다.

예상하지 못한 30만 원의 용돈과 말레이시아 재정학교 1기 출신인 교회 동생으로부터 20만 원, 또 다른 용돈 25만 원을 받았습니다. 월세도 85만 원을 받았습니다. 또 대구의 한 전도사님이 5만 원을 생활비로 보내주었습니다.

초창기에 필요한 금액들이 순식간에 채워졌지요. 여윳돈을 놓고 기도할 때 주께서 머리를 자르라고 하셔서 저렴하면서 실력 좋은 미용사를 찾아 커트를 했습니다. 예산이 없어서 십일조는 한동안 못할 줄 알았는데 놀랍게도 하게 되었습니다.

3주 차쯤 되었을 때 마음이 흐지부지해졌지만 다시 기도하면서 다잡았습니다. 놓쳤던 부분을 하늘은행 통장에 기록하고, 일일 금전출납

부도 완성했지요. 다시 결산하여 총액을 더해보았더니 하늘은행 통장 출금이 219만 원이었습니다.

금액과 물품을 다 포함하여 놀랍게 채워진 걸 보면서 감격했습니다. 또 그다음 입금을 계산해보니 7만3천 원으로, 처음 목표한 5만 원보다 많아 감사했습니다. 설마 하는 마음으로 219만 원 나누기 30을 했더니 놀랍게도 7만3천 원이었습니다. 하나님께서 정확히 30배를 맞춰주셨습니다.

돌아보니 돌파의 핵심은 '믿음으로 확신하는 것'이었습니다. 이로써 그 믿음이 실제가 됨을 경험했습니다. 말씀하신 대로 30배, 60배, 100배로 열매 맺게 하시는 신실한 하나님이셨습니다. 눈물로 시작한 '믿음의 예산안으로 살기' 한 달이 하나님을 경험하는 계기가 되었습니다.


## 대한민국 안에 선한 마음을 깨우라

2년 전부터 통일을 위해 기도하면서 우리나라 안에 있는 선한 마음을 일깨워야 한다는 부담이 있었다.

'예수 믿는 사람과 믿지 않는 사람들 안에 잠들어있는 선한 마음을 어떻게 깨울까?'

주께서 전략을 주시도록 홍 목사님과 기도했다. 주님의 전략은 간단했다. 견고한 여리고 성이 무너지도록 '일곱 바퀴를 돌며 행진하라'라고 하셨다.

'주님, 어디를 일곱 바퀴 돌고 행진합니까?'

'서울시청 광장이다.'

간단해 보이는 이 전략을 실행하려면 탁월한 액팅리더가 필요했다. 우리는 사람을 보내주시기를 기도했다. 이때 내 눈에 들어온 이가 사업가 신희재 간사였다. 그런데 만나보니 '빚쟁이 신희재'였다. 빵 프랜차이즈 사업으로 빚을 잔뜩 진 상태라 빨리 정리하라고 했는데도 계속 경영했다. 그런데 이 고집이 내 흥미를 자극해서 그를 유심히 지켜보았다.

'주님, 정말 신희재 간사가 이 일에 적임자입니까?'

상담하면서 보니, 그는 빚의 심각성에 대한 삼각이 없어 보였다. 세속 주시하면서 그를 위해 기도했다.

'중요한 일에 쓰시려면 빚부터 갚을 마음을 주시고, 믿음의 삶을 철저히 살아가게 하옵소서.'

그렇게 2년이나 지켜보았다. 놀랍게 주께서 그를 만지시고, 가족 전체를 믿음의 삶으로 이끌고 계심이 보였다. 우리는 그가 적임자임을 확신하고 액팅리더로 세우기로 결정했다. 나는 그가 적임자인지 한 번 더 확인하고 싶어서 지나가는 말로 "희재 간사님, 우리 주님을 위해 한 번 걸읍시다"라고 했더니 바로 다음 날, "주님을 위해 걸으려면 서울 한복판에서 걸읍시다"라는 답이 왔다. 하나님께서는 당신의 일을 성취하기 위해 언제나 사람들을 보내주셨다.

## 함께 걸어요 MY 5K 신희재

NCMN으로부터 프로젝트가 하나 맡겨졌다.

"대한민국 안에 잠자는 선한 마음을 깨우라!"

나는 바로 팀 조직에 들어갔고, 새로운 일에 흥미와 자신감이 넘쳤다.

이 프로젝트를 위한 리더십 미팅 중에 미진 간사님이 말했다.

"희재 간사님, 힘 빼소~. 사역을 맡겨놓았더니 사업처럼 하는구먼."

이때까지도 나는 이 말의 뜻을 전혀 알아듣지 못했다.


'함께 걸어요' MY 5K 걷기 캠페인

주관 : NCMN

주최 : 5K 운동본부

목적 : 대한민국 안의 선한 양심을 깨워 이웃사랑을 실천한다

코스 : 5Km - 서울시청 광장에서 전쟁기념관 평화의 광장까지

키워드 : 사랑, 동행, 변화, 기적

참여 인원 : 5천 명(평화의 광장에서 모일 수 있는 최대 인원)

날짜 : 2019년 4월 20일

후원 : NCMN 왕의 기업, ㈜엔씨그룹, OREGIN(오레진), 극동방송, 국민일
　　　보, 규장출판사, 한국장애인방송연기자협회, 서울특별시장애인체육회

협찬 : 창암복지재단


서울시청 광장 사용이 허락되었다. 출발지와 도착지의 모든 행사를
자세히 점검했다. 자원봉사자 500명을 모았고, 모든 팀이 각자의 역

할을 너무나 잘해주었다. 시울시 경찰청의 도로 사용 허가만 남았다.
그런데 거절되었다. 민간단체에서 한 번도 서울시 한복판에서 도로 차
선을 막으면서 행진한 적이 없다고 했다.

몇 번이나 허가 신청서를 들고 갔지만 거절이었다. 가장 중요한 도로
사용 허가에서 막혔다. 내가 아는 모든 인맥을 동원했지만 소용이 없
었다. 할 수 없이 사실대로 간사님에게 보고했다.

"힘 빼소~. 하나님의 일은 내 힘, 내 능력으로 하려고 하면 안 됩니
다."

이 말에 진짜 힘이 빠져버렸다. 하나님께서 하라고 하셨다는데 도무
지 길이 열리지 않는 게 이해되지 않아서 물었다.

"하나님께서 이 행사 하라고 하신 게 맞나요?"

간사님이 웃으면서 한마디 했다.

"힘 빼라고 했더니 믿음까지 다 뺐구먼. 하나님이 길을 여실 것입니다.
우리는 순종만 하면 됩니다. 간사님은 계속 진행하면서 금식 기도하
소~."

'아니, 어떻게 저렇게 태평한가? 걷는 길이 열리지 않으면 모든 게 허사
가 되는데….'

나는 입이 바싹바싹 말랐다. 다시 지인들을 연결해서 경찰청에 도로
사용 허가를 요청했으나 거절되었다. 45일이 남았는데 큰일이었다.
이미 걷기에 참여할 인원 모집이 상당히 진행되었다. 그날 입을 티셔츠
5천 장도 발주했고, 용산 평화의 광장 사용료도 지불한 상태였다. 행
사의 80퍼센트 이상이 진행되었다.

다시 미진 간사님을 찾아갔지만 사업과 사역은 다르니 주님께 길을 열어달라고 간절히 기도하라고만 했다.

'도로가 열리지 않는데 그냥 기도만 하라니…. 도대체 사업과 사역의 차이는 뭐지?'

3월 19일, 장애인들과 함께 걷고 봉사하는 장면의 촬영을 위해 우리 팀이 제주도에 있는 창암복지재단을 방문했다. 그런데 일기예보에 강수 확률이 90퍼센트였다. 18일 저녁에 제주에 도착하니 이미 비가 오고 있었다. 미진 간사님이 저녁 식사로 흑돼지 구이를 섬기겠다고 해서 식당으로 갔다. 모두가 맛있게 먹는데 나는 고기가 목으로 넘어가지 않았다. 촬영팀도 내려왔고, 감독님도 비가 오면 안 된다고 했다.

"간사님, 내일 강수 확률이 90퍼센트랍니다."

"희재 간사님만 힘 빼면 비가 안 오겠지. 특히 날씨를 위해 우리가 주님께 많이 기도했잖아요. 일단 식사 맛있게 하소~."

나는 속이 타 들어갔다. 숙소에서 잠을 자는 둥 마는 둥 하다가 새벽 4시에 밖으로 나갔다. 비가 여전히 오고 있었다. 숙소 주변 공원으로 올라가 하늘을 향해 두 팔을 들고 간절하게 기도했다.

"주님, 날씨는 전적으로 하나님의 영역 아닙니까? 우리를 도우소서."

숙소로 돌아오니, 미진 간사님이 아침 식사를 가자고 했다.

"희재 간사님, 걱정 마소. 우리가 복지센터에 도착하면 주께서 그들을 잘 섬기도록 가장 좋은 날씨를 주실 겁니다."

정말 그랬다! 복지재단 이사장이신 임상필 목사님도 제주의 1년 날씨 중 다섯 손가락에 꼽을 정도로 바람 없고 햇볕이 좋다고 하셨다. 나는 이런 크고 작은 일들을 통해 하나님과 함께 일하는 법을 배워갔다. 힘 빼라는 간사님의 말도 조금 이해되었다.

장애우들을 섬기고 있는데 전화 한 통이 왔다. 서울 경찰청의 어느 분이 빨리 청으로 들어와 보라고 했다. 서울로 올라와 몇몇 간사들과 함께 들어갔더니 한 지위 높은 사람이 말했다.

"'함께 걸어요 MY 5K' 도로 사용을 위해 누구에게 어떤 말로 부탁했습니까?"

나는 윗선을 전혀 모르고, 할 수 있는 방법을 다 동원했으나 거절당해서 오직 하나님께 기도만 하는 중이라고 솔직하게 말했다. 그기 놀리며 말했다.

"그럼 하나님이 길을 여셨네요."

눈물이 왈칵 쏟아졌다. 예수 믿지 않는 이의 입으로 하나님께서 영광 받고 계셨다. 길을 여신 하나님께서 장애인의 날을 맞이하여 그들을 위로하도록 육군사관학교와 수도방위사령부의 군악대까지 보내셨고, 멋진 퍼포먼스로 작은 자들을 위로해주셨다.

4월 20일 장애인의 날에 우리는 온 국민이 지켜보는 가운데 그들과 함께 걸었다. 우리가 걷는 것 자체가 세상을 향한 메시지였다.

사랑-사랑이 우리를 함께 걷게 합니다.
동행-사랑은 나눔이고 나눔은 동행입니다.
변화-함께 걷는 동행은 세상을 변화시킵니다.
기적-함께 걷는 당신이 기적의 주인공입니다.

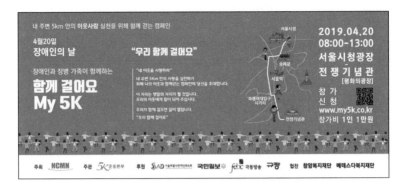

〈'함께 걸어요' MY 5K 걷기 캠페인 포스터〉

장애우, 노숙인, 사회 각 영역의 인사 등 유아부터 노년까지 우리는 멋
지게 어우러졌다. MY 5K 프로젝트에 한국교회와 각 영역의 단체들이
함께 참여하여 대한민국에 선한 마음을 일깨웠다. 오직 주님께만 영광
돌린다. 함께 수고해준 리더십 간사들과 500명 이상의 자원봉사자에
게 감사를 드린다.

NCMN의 5K 운동본부에서는 교회들과 네트워크하여 현재 전국
300여 지역에서 빨간 조끼를 입고 가난한 자를 섬긴다. 2019년 말까
지 400개 지역, 2023년까지 1,159개 지역으로 확대하는 게 목표다.

또 북한 지역을 반경 5킬로미터씩 나누었더니 1,159개 지역이 나왔
다. 5K 구제사역팀은 일대일로 북한 지역과 결연을 맺고 있다. 매년
분기별(1년에 4회)로 '교회&기업 네트워크 5K 분양식'이 있다.

북한의 문이 열리면 가장 먼저 5K 팀이 들어갈 것이다. 1,159개의
구제사역팀이 한 손에 주먹밥(빵)을, 한 손에 복음을 들고 즉시 들어갈

준비를 하고 있다.

마찬가지로 지역교회와 기업들이 분양받은 북한 지역(섹터)을 위해 재정을 준비하고 있다. 5K 구제사역팀, 지역교회, 기업이 연합하여 분양받은 해당 지역에 들어가 섬길 것이다(NCMN 홈페이지를 통해 교회, 기업, 구제사역팀이 북한 5K 섹터 분양을 신청할 수 있다).


## 5K 사랑 나눔 운동의 열매 신희재

파주 지역 NCMN 5K 운동팀 간사들은 매주 한 번 어르신들께 반찬을 나누어드리며 청소도 해드렸다. 그분들 중에 뇌출혈로 일어서는 건 물론 걷지도 못하시는 이배근 할아버지가 계셨다(지금은 봉사자들의 보살핌으로 조금씩 걷고 움직이신다).

그런데 이 댁에 대순진리회 액자와 기도상이 있었다. 어느 날, 가스레인지를 설치해드리면서 조심스럽게 그것들을 치우면 어떻겠냐고 물었다. 감사하게도 할아버지가 허락해주셔서 그 자리에 십자가를 걸었다. 할아버지가 연신 "감사합니다"라고 말하는 모습을 보며 사랑의 수고가 기적을 만들고 있음을 실감했다.

한번은 5K 사랑 나눔 버스에 사랑 나눔 박스 46개와 냉장고, 가스레인지 등을 가득 싣고 파주의 한 동네로 갔다. 꼭 필요한 가정에 물건을 전달하며 예수님의 사랑을 흘려보내기 위해서였다.

그때까지 가스레인지 없이 살던 여섯 가정에 설치할 계획이었다. 대체 공휴일임에도 LPG 가스 설치를 위해 사장님이 직접 왔다. 그는 배관

공사와 가스 설치를 위해 약 두 시간 동안 우리와 함께했다.

거리가 꽤 먼 집도 있었는데 그는 싫은 내색 없이 무거운 가스통을 짊어진 채 다녔다. 그런데 마지막 점검을 끝낸 사장님이 아무 말 없이 가버렸다. 대금 결제를 위해 연락했더니 그가 "당신들은 잘 모르지만, 사역 현장을 보니 나도 무언가 섬기고 싶은 마음이 들었습니다. 가스 대금은 받지 않겠습니다"라고 했다.

내가 어떻게 그런 결심을 했는지 묻자 "오늘 함께한 걸로 족합니다. 저도 이 나눔과 섬김으로 하나님께 복을 받겠습니다. 감사합니다"라고 했다. 우리의 작은 사랑 나눔으로 하나님께서 오병이어 기적을 만들고 계신다.

〈5K 사랑 나눔 버스〉

CHAPTER 2

# 하나님의
# 나라와
# 세상의
# 나라

## 믿는 자의 삶에 중간지대는 없다

너희는 믿지 않는 자와 멍에를 함께 메지 말라. 의와 불법이 어찌 함께
하며 빛과 어둠이 어찌 사귀며 그리스도와 벨리알이 어찌 조화되며 믿는
자와 믿지 않는 자가 어찌 상관하며 하나님의 성전과 우상이 어찌 일치
가 되리요 우리는 살아계신 하나님의 성전이라 고후 6:14-16

| 하나님의 나라 | 세상의 나라 |
|---|---|
| 믿는 자의 나라 | 믿지 않는 자의 나라 |
| 의 | 불법 |
| 빛 | 어둠 |
| 그리스도 | 벨리알 |
| 하나님의 성전 | 우상 |

하나님의 나라와 세상의 나라는 완전히 반대다. 믿는 자의 삶에 중간
지대는 없다. 하나님의 말씀을 따라 믿음으로 살 것인가, 교회에는 나가
지만 하나님이 없는 세상 사람들처럼 환경과 돈을 따라 살 것인가?

|  | 하나님의 나라 | 세상의 나라 |
|---|---|---|
| 경제관 | 정직<br>주고받는 삶 | 부정직<br>사고파는 삶 |
| 삶의 태도 | 부지런함<br>성실함<br>관대함 | 게으름<br>불성실함<br>인색함 |
| 중심의 태도 | 겸손<br>소망, 인내, 오래 참음 | 교만<br>낙심, 불안, 조급함 |
| 미래 | 믿음, 평안, 형통함 | 두려움 |
| 수학 공식 | 5+2=5000+12<br>1×1억=1억<br>하나님의 능력 | 5+2=7<br>0×1억=0<br>내 힘, 내 능력 |

## 성부의 재물로 자녀에게 유산을 상속하라

성경은 악인(속부)의 재산으로 그 자녀가 배부르지 못할 것이라고 경고하셨다. 속부의 재산을 의인들에게 주신다고 강하게 말씀하셨다 (욥 27:13-17; 미 6:10-16 참고, 그 외 여러 말씀이 있다).

"선인은 그 산업을 자자손손에게 끼쳐도 죄인의 재물은 의인을 위하여 쌓이느니라"(잠 13:22).

"집과 재물은 조상에게서 상속하거니와 슬기로운 아내는 여호와께로서 말미암느니라"(잠 19:14).

그러나 성부의 재물에 대해서는 상속하라고 말씀한다. 어떻게 상속할 것인가? 계획을 세우라. 재물만 물려주면 자식이 망한다.

- 성경적 재정원칙을 먼저 가르쳐라.
- 믿음의 예산을 세워 집행하는 법을 가르쳐라.
- 빚지지 않는 법을 가르쳐라.
- 가난한 자들을 긍휼히 여기고 나누는 삶을 가르쳐라.
- 재물로 사람과 하나님을 섬기는 법을 가르쳐라.
- 돈을 다루는 법을 알 때까지 큰 유산을 상속하지 말라.
- 가급적 45세 이전에 너무 큰 유산을 상속하지 말라.

## 다른 세대가 아닌 다음세대를 일으켜라

자녀를 정말 사랑하는가? 준비되지 않은 자녀에게 돈을 물려주지 말라. 자녀를 망치는 길이다. 우리가 다음세대에게 믿음을 물려주지 못하면 자녀들은 바알(맘몬)을 섬기며 우상숭배에 빠지고, 하나님의 손이 그들에게 재앙을 내리신다.

> 전에 여호수아가 백성을 보내매 이스라엘 자손이 각기 그들의 기업으로 가서 땅을 차지하였고 백성이 여호수아가 사는 날 동안과 여호수아 뒤에 생존한 장로들 곧 여호와께서 이스라엘을 위하여 행하신 모든 큰 일을 본 자들이 사는 날 동안에 여호와를 섬겼더라 삿 2:6,7

• 여호수아 세대와 장로들 세대의 두 가지 특징
첫째, 하나님을 알았다.
둘째, 하나님의 능력을 경험했다.
결과, 하나님을 섬겼다.

오랜 시간이 지난 뒤, 그들은 다 그 조상들에게로 돌아갔다.
"그 세대의 사람도 다 그 조상들에게로 돌아갔고, 그 후에 일어난 다른 세대는 여호와를 알지 못하며 여호와께서 이스라엘을 위하여 행하신 일도 알지 못하였더라"(삿 2:10).

믿음의 선배들이 다 소천한 후에 믿음의 다음세대가 일어나야 하는데 '다른' 세대가 일어났다.

• 다른 세대의 특징
첫째, 하나님을 알지 못했다.
둘째, 하나님의 능력도 경험하지 못했다.
결과, 악을 행하며 우상숭배에 빠졌다.

그들은 영향을 주는 삶이 아니라 영향을 받는 삶을 살았다.
"이스라엘 자손이 여호와의 목전에 악을 행하여 바알들을 섬기며… 다른 신들 곧 그들의 주위에 있는 백성의 신들을 따라 그들에게 절하여 여호와를 진노하시게 하였으되 곧 그들이 여호와를 버리고 바알과 아스다롯을 섬겼으므로"(삿 2:11-13).

하나님께서 악을 행하며 우상숭배에 빠진 이스라엘의 다른 세대들을 어떻게 돌아오게 하시는지 보라.

"여호와께서 이스라엘에게 진노하사 노략하는 자의 손에 넘겨주사 그들이 노략을 당하게 하시며 또 주위에 있는 모든 대적의 손에 팔아넘기시매 그들이 다시는 대적을 당하지 못하였으며 그들이 어디로 가든지 여호와의 손이 그들에게 재앙을 내리시니… 그들의 괴로움이 심하였더라"(삿 2:14,15).

하나님께서 사람을 다루시는 방법은 한 번도 변한 적이 없다. 완고한 자를 깨뜨리는 방법으로 병을 보내시고, 재산에 기근이 들게 하신다. 오늘날도 마찬가지다. 이것은 하나님의 사랑이다. 회개하고 돌이키는 자는 싸매시고, 회복시키시고, 고치시고 축복하신다.

자녀를 사랑한다면 돈이 아니라 믿음을 상속하라. 가정에서부터 양육하고, 세상에서부터 건져내라!

## 이삭을 바친 순종

2019년 5월 13일, 대전은총교회 집회 중에 한 자매가 나를 찾아왔다. 그녀는 영상 강의와 《왕의 재정》 1권과 워크북에서 배운 대로 믿음의 예산을 짜고 살아내어 3년 만에 23억의 빚을 다 갚았다고 했다. 그 증인으로 한 집사님과 그녀의 아들, 딸과 함께 왔다. 나는 우리 사역자 오진숙 간사와 그녀를 만났다.

자매는 자신의 간증을 하면서 하염없이 울었다. 공황장애와 불면증으로 불안한 시간을 보내다가 왕의 재정을 만나면서 극복하고 돌파했다고 말했다. 그러면서 자녀들에게 유산으로 주려고 했던 건물의 등기부 등본을 내게 주며 사역에 사용해달라고 했다. 주님의 크신 사랑에 비하면 너무나 작은 과부의 기름병 같다며 죄송하다면서.

　등기부 등본을 보는데 자매의 그간의 수고가 가슴 찡하게 다가왔다. 아브라함이 이삭을 바치는 심정의 순종! 그래서 그걸 받아 축복기도하고 그 자리에서 다시 돌려주면서 말했다.

　"자매님, 이 건물을 제가 받았고, 다시 자매님께 플로잉합니다. 자매님이 교회와 함께 주님 사역에 사용하시면 됩니다. 우리 하나님은 아브라함이 이삭을 바친 순종을 받으시고, 이삭을 아브라함 품으로 돌려주셨지요."

　자매는 아무 말 없이 울었고, 자녀들은 건물이 다시 돌아오는 걸 놀라워했다. 나는 건물의 재산 규모에는 관심 없었다. 나를 한 번도 만나지 못한 유튜브 제자가 주께 순종하는 모습에 크게 감동했다.

　그날 저녁, 자매가 교회 집회에 참석했기에 등기부 등본을 들고 함께 찍은 사진을 교인들에게 보여주며 간증했다. 순종하는 자들을 통해 새로운 간증과 역사를 만들어가시는 주님을 지극히 높여드리기 원한다.

히어로 캠프의 영웅들

NCMN에는 '히어로 300영웅 캠프'가 있다. 그중 청년 대학생 중심의 '청년 히어로 300캠프'는 매년 1월에, 청소년 중심의 '유스 히어로 300캠프'는 7월 말이나 8월 초에 열린다. 홍성건 목사님과 리더들은 다음세대에 대한 큰 부담을 느껴 주님께 구체적인 전략을 얻기 위해 기도했다. 주께서 간단히 말씀하셨다.

첫째, 예배에 화려한 조명을 없애고, 오직 주님만 모셔라.
둘째, 3박 4일 동안 소그룹 조원들과 함께 소리 내어
　　　신약 통독을 마쳐라.
셋째, 프로그램을 단순화하라(새벽 영성 훈련, 오전 재정 훈련, 오후 신
　　　분과 사명 훈련, 저녁 영웅집회).

캠프는 연령을 초월하여 같은 일정으로 진행된다. 매일 강의 8시간, 식사 시간을 포함한 예배 5시간, 성경 통독 6시간, 수면 5시간으로 24시간이 촘촘히 채워진다. 이 일정을 소화하기 위해서는 휴대전화를 소지할 수 없다. 캠프가 시작될 때 수거하고, 수료 후에 돌려준다.

각 캠프는 300-350명으로 이루어지며 5,6명을 한 소그룹으로 묶는다. 한 그룹당 2명의 간사가 배정되어 학생 대 간사 비율이 3 대 2 정도이며, 총 500여 명이 움직인다. 소그룹별로 간사와 학생들이 함께 먹고, 자고, 성경을 몇 구절씩 돌아가면서 소리 내어 읽는다. 3박 4일의 일정과 함께 신약 일독을 마친다.

과연 이런 캠프가 성공할 수 있을까? 주님으로부터 얻은 운영 방향을 믿고 확신하기 위해서는 많이 기도해야 했다. 이 시대의 아이들을 보라. 주께서 우리에게 명령하신 걸 성공시키려면 오직 성령의 능력으로만 가능했다. 우리의 목표는 이 캠프를 통해 믿음의 영웅들을 탄생시키는 것이었다.

캠프 시작 6개월 전부터 1천 명의 중보기도자를 모아 기도로 돌파하기로 선언했다. 수천 명의 중보기도자가 기도로 지원했다. 캠프 기간에는 금식하며 중보기도하는 수십 명의 특공부대도 함께 캠프 자리를 지켰다. 이렇게 시작된 1기 캠프에 난리가 났다. 참석자 중 목회자와 교회 중직자 자녀가 많았다. 모태신앙이 주를 이루었고, 자원병보다 징집병이 더 많았다. 부모들의 강압에 못 이겨 들어온 아이들은 휴대전화 수거에 항의했다. 3박 4일간 신약 일독을 해야 수료할 수 있다는 말에 몇 명은 집으로 돌아가버렸다.


## 말씀의 빚이 묶인 아이들을 풀다

생각보다 성경 일독을 하지 않은 청년이 많았다. 창세기가 어디에 있는지, 마태복음이 신약인지 구약인지 몰랐다. 홍 목사님과 강사들이 금식에 들어갔다. 오직 성령의 능력만이 이들을 십자가 앞으로 이끌 수 있기에 우리는 간절했다.

정말 감당이 안 되는 아이들이 많았다. 내가 히어로 캠프 강사라는 건 포스터와 현수막을 보면 누구나 알 수 있는데, 반말 비슷하게 "아줌마 누구야? 이 캠프 무지 짜증나네"라고 하는 아이가 있었다. 또 한쪽 귀에 귀걸이를 8개나 한 녀석도 있었다. 그를 한참 물끄러미 바라보는데 주께서 약속의 말씀을 주셨다.

"주의 권능의 날에 주의 백성이 거룩한 옷을 입고 즐거이 헌신하니 새벽 이슬 같은 주의 청년들이 주께 나오는도다"(시 110:3).

'내가 저 아이를 쓸 것이다'라는 주님의 말씀에 내 귀를 의심했다. 엠블레포의 눈(주님이 시몬을 베드로라고 부르실 때 갈대같이 흔들리기 잘하는 겉사람 시몬이 아닌 반석 같은 속사람 베드로를 보시듯)이 필요했다. 난 그에게 "야, 너! 주께서 미래의 지도자로 부르셨단다. 넌 아주 멋진 놈이 될 거래"라고 말했다. 나중에 또 그 녀석과 마주쳤다.

"너! 주께서 쓰신대. 훈련을 더 받아라. 캠프 마치고 스쿨로 와라!"

내 말에 씨익 비웃기만 하던 녀석이 캠프 기간에 점점 변해갔다. 그 모습이 눈에 보일 정도였다. 캠프 후에는 정말 왕의 재정학교에 왔다. 귀걸이가 무겁고 귀찮다며 한 개씩 빼더니 지금은 한 개도 하지 않는다. 그 아이는 지금 청소년들을 섬기기 위해 신학대학 진학을 준비 중이다.

앞서 말했듯 캠프 수료 조건에 신약 일독이 포함되어 있다. 소리 내어 빨리 읽어야 정해진 시간 안에 완독할 수 있다. 아이들이 성경을 빨리 읽다가 혀가 꼬이면서 방언과 회개가 터졌다. 성령을 받으니 게임, 음란, 성 중독이 끊어졌다. 말씀을 읽고 기도하는 중에 정신과 육체의 질병이 나았다. 수많은 캠프 수료생이 이 글을 보증해줄 것이다.

한 청년은 자살하기 직전에 캠프에 왔다. 살 이유가 없다며 캠프를 마지막으로 세상을 떠나기로 했단다. 부모는 아들의 상태를 전혀 몰랐다. 우리도 나중에 간증을 통해 알았으니까. 그러나 그는 말씀을 통해 정체성과 사명을 깨닫고 우울증에서 해방되었다. 어두움의 영이 더는 그를 붙잡지 못했다. 말씀이 어둠을 몰아냈다. 지금 그는 예수께 헌신하며 섬김의 자리에 있다.

## 키즈 재정학교를 통해 변화된 나 정아인

저는 초등학교 6학년입니다. 키즈 재정학교에 오기 전에는 스스로 교회에 열심히 다녀서 주님이 보시기에 충성된 사람이라고 생각했어요. 그러나 재정 강의를 듣고 나서 제가 그렇지 못하다는 걸 깨달았어요. 용돈을 받으면 무조건 제가 사고 싶은 걸 먼저 다 사고, 남은 돈을 주일 헌금으로 드렸어요. 돈이 없을 때는 친구들에게 빌려서 쓰고 나중에 갚았어요. 지극히 작은 것(심부름, 방 청소, 숙제 등)에 충성하지도 않으면서 하나님께서 큰 걸 주시기만 기다렸어요. 그리고 부모님에게 용돈을 드리는 건 상상조차 하지 못했고, 가난한 자들에게 베풀어야 한다는 생각도 없었습니다.

그러던 제가 키즈 재정학교의 뜨거운 예배를 통해 방언을 받았어요. 그동안 주일 헌금으로 늘 1천 원만 냈는데 재정학교 이후 2천 원씩 드리기 시작했고, 십일조도 꼬박꼬박 드렸습니다. 그러자 2만 원 받던 한 달 용돈을 3만 원 받는 축복을 얻었지요. 그리고 제가 정말 아끼던 것도 기쁨으로 드릴 수 있게 되었어요.

키즈 재정학교 4주 차에 이런 음성이 들렸습니다.

'딸아, 내가 너를 기뻐한다. 내가 너를 사랑한다. 내가 너를 택하였으니 전 세계에 나 여호와를 전파하라. 두려워하지 말라. 내가 너와 함께하리라.'

그런데 이 말씀이 주님이 제게 하신 말씀인지, 아니면 스스로 지어낸 건지 확신이 서지 않았어요. 그래서 이렇게 기도했어요.

'하나님이 진정으로 제게 하신 말씀이라면 오늘 지정 플로잉을 받게 해주세요.'

거짓말처럼 그날 제가 기도한 대로 지정 플로잉이 들어오는 걸 보며 주님이 정말 살아계시는 걸 알았어요.

재정 훈련을 받으며 처음으로 빚에 대해 배웠습니다. 그리고 우리 집의 빚이 갚아지길 기도했습니다. 빚 갚을 수 있는 돈이 있어도 갚지 않는 아빠를 위해 기도했어요. 주님은 빚을 갚게 하신다고 약속하셨고, 그 주에 저는 10만 원을 플로잉 받았어요.

1만 원을 십일조로 드리고, 9만 원은 아빠에게 빚 갚는 데 써달라고 드렸어요. 아빠는 제가 기특하다며 400만 원을 보태어 빚을 갚았습니다. 주님이 아빠의 마음을 만져주셨어요.

재정 훈련을 마치면서 저는 우리 집 빚을 갚는 데 제 용돈의 일부를 쓰겠다고 다짐했어요. 아빠는 제가 드린 돈의 2배를 보태서 빚을 갚겠다고 했습니다. 때로는 훈련받은 대로 돈을 사용하는 게 참 힘들어요. 그러나 재정 훈련을 받은 사람으로서 앞으로도 '하나님과 상의하며 예산을 짜는 재물에 충성된 사람'이 되고 싶습니다.

불신자로 왔다가 헌신자로 바뀌는 아이들

첫 히어로 캠프에 은혜가 컸다는 소문을 들은 부모들이 자녀를 무작정 캠프에 집어넣었다. 첫날 아이들은 방관자로 일관하며 예배 때 찬양도 부르지 않았다. 예수님이 누구인지 관심도 없었다. 그런데 이들이 충격을 받는 순간이 있었다. 바로 매일 오전 내내 이어지는 왕의 재정 강의였다.

하나님 말씀 앞에 자신의 소유를 필요한 청년들에게 나누고, 모르는 친구에게 간단한 메모와 함께 플로잉을 했다. 집안 형편이 어려워서 아르바이트로 등록금을 해결해야 했던 어떤 청년은 은혜로 등록금이 공급되는 걸 경험했다. 주님께 기도드리면서 자기 소유를 깨뜨려 서로에게 흘려보내는 현장은 사도행전의 장면을 방불케 했다.

3박 4일간 약 1억 원이 서로에게 흘러갔다. 커피 한 잔 값도 내지 않는 인색함 가운데 살던 청년들이 새로운 법칙이 작동되는 하나님의 세계에 빠져들었다. 기적의 연속이었다. 헌금 시간이 따로 없었다. 말씀을 들은 청년들이 주님의 마음을 따라 서로의 필요를 채워주었다.

캠프에서는 헌금을 10원도 걷지 않고, 받지도 않았다. 나는 놀라운 성령의 현장에서 말씀, 예배, 기도 시간을 통해 그들의 완강한 마음이 깨지고 회복되는 걸 보았다. 또 이들은 오후에 진행되는 정체성과 사명 강의를 통해 예수를 구주로 영접했다. 매 캠프가 진행될 때마다 수십 명의 청년이 이전과는 다르게 살기로 결단했다.

캠프에서 만난 이들과 많은 대화를 통해 그들의 고민을 들었다. 그러고 보면 부모가 자녀를 가장 모르는 것 같다. 어느 장로님의 딸이 말했다. 고3이 되자 부모가 중요한 시기이니 공부에 집중하고 교회는 대학에 들어간 후에 나가라고 했단다. 그 길로 교회를 떠났고, 대학에 들어가서는 교회 가는 게 흥미가 없어졌단다. '대학보다 중요해 보이지 않는 교회에 왜 가야 하나'라는 생각이 떠나지 않았다고 했다. 부모가 자녀의 믿음을 망쳐 놓을 수도 있고, 존경스러운 믿음의 선배가 될 수도 있다.

내가 잘 아는 목사님과 선교사님의 자녀들이 캠프에 왔다. 두 명 모두 교회에서 열심히 봉사하며 섬기는 청년이었다. 그런데 캠프 마지막 날, 이 두 녀석이 무대로 올라와 예수를 구주로 영접하며 우는 게 아닌가! 나는 놀라서 그들을 따로 불렀다.

둘 다 예수님이 믿어지지 않았지만 습관적으로 교회에 나가 봉사했다고 고백했다. 그들은 기도 중에 방언이 터지면서 눈물을 주체할 수 없었다고 한다. 지금은 모두 담대히 고백한다.

"예수님은 나의 구주입니다!"


준비된 영웅들이 캠프에 오다

해가 갈수록 처음 캠프와 달리 믿음의 가정에서 잘 준비된 영웅들이 많이 왔다. 믿음은 가정에서부터 성공해야 한다. 가장 좋은 믿음의 선배는 부모이기 때문이다. 이렇게 준비된 아이들은 셋째 날 밤 "히어로! 히어로! 히어로!" 집회 때 완전히 영웅으로 태어났다.

첫째 날 밤, 누가 내 진정한 히어로인가? 그는 오직 예수!

둘째 날 밤, 누가 내 영웅 예수를 목숨 걸고 따라갈 것인가? 영웅들이 탄생하는 밤이다.

셋째 날 밤, 누가 또 다른 영웅들을 배가할 것인가? 이 땅의 세속적인 문화를 하나님의 문화로 바꾸는 영웅! 누가 개혁자, 변혁자로 살 것인가? 세상 문화에 기독교 문명개혁운동을 일으킬 영웅들로 태어나는 밤이다.

매일 밤 홍 목사님은 이들을 이 세상이 보기에 타국인으로 헌신시킨다. 타국인의 특징은 언어, 문화, 삶의 원칙, 목적의식, 가치관, 세계관, 결정 기준이 보통의 세상 사람들과 다르다.

하나님은 바벨론을 심판하는 데 타국인을 사용하셨다(렘 51:1-3 참고). 목사님은 청년들의 마음을 사로잡아 십자가 앞에 항복하는 영웅들로 헌신시키셨다. 그리고 캠프 수료증에는 "타국인 ○○○"으로 각자의 이름을 적어주었다.

> 나는 이 세상에서 타국인으로 살겠습니다!
> 나는 이 세상과는 다른 언어를 사용하겠습니다!
> 나는 이 세상과 다른 문화를 만들어내겠습니다!
> 나는 이 세상과는 다른 삶의 원칙으로 결정하겠습니다!
> 나는 이 세상과는 다른 목적의식으로 살겠습니다!
> 나는 내가 있는 곳에 주님의 나라를 세우겠습니다!

'믿음의 다음세대를 일으킬 것이다. 두려워 떠는 자는 가라! 기드온

의 300용사를 일으킬 것이다. 다음세대를 무장시키고 전 세계를 섬기는 코리아로 준비시켜라.'

히어로 캠프에서 주께서 약속하신 내용이었다. 하지만 나는 유스 히어로 캠프 날짜가 다가올수록 걱정이 태산이었다. 소위 '외계인'이라고까지 불리며 반항의 극치를 달리는 중고생들에게서 휴대전화를 걷고, 신약 일독을 시켜야 했다. 더구나 오전에 3시간씩 그들이 관심 없는 돈과 재물을 강의해야만 했다. 너무 큰 부담에 굶식은 자동으로 금식이 되었다.

나도 이 시기의 아들을 키워보았기에 주께 무릎 꿇는 것밖에 할 수 있는 게 없음을 잘 알았다. 무력했다. 머리는 텅 비었다. 그러나 한편으로는 가장 열정적인 아이들을 만난다는 기대에 가슴이 뜨거웠다.

강사와 간사, 부모 등 수천 명의 중보기도자에게 띠 금식을 선포했다. 캠프를 섬기는 액팅리더는 하루에 한 끼(양은 절반)만 먹는 100일 금식을 했다. 모두가 주님 앞에 엎드렸다. 그리고 뚜껑을 열었다. 대박이었다! 청년 히어로 캠프 에너지의 10배로 폭발했다.

지금도 마지막 헌신의 밤을 결코 잊지 못한다. 나는 대한민국의 소망을 보았다. 주께 강하게 발목 잡힌 아이들은 절대 멀리 못 간다. 만약 간다고 해도 반드시 돌아온다. 부모는 자녀가 주님을 만날 수 있는 시간을 꼭 만들어주어야 한다. 공부만 시키지 말고 교회와 건강한 단체에서 진행하는 캠프에 참여할 기회를 만들어줘라.

## 3일간 지워지지 않은 이름 김난희(가명)

나는 불교 집안에서 자랐다. 2016년 12월 말, 한 지인이 내게 어떤 설명도 없이 "김미진, 김미진"이라고 말했다. 나는 무슨 영문인지도 모른 채 그 이름을 손바닥에 적고 집으로 돌아왔다. 그런데 사흘이 지나도 글씨가 지워지지 않았다. 희미하게 남아있는 이름을 인터넷으로 검색했다.

그날부터 왕의 재정 강의를 들었다. 강의를 들을수록 교회에 가야 한다는 부담이 사라지지 않았다. 그래서 집 앞에 있는 교회에 갔는데 문이 잠겨있었다. 다시 가도 마찬가지였다. 그러다 2017년 4월, 지금 다니는 교회를 알게 되어 출석하는데 말씀이 어려워서 신앙생활에 깊이 들어가기가 힘들었다. 교회에 다녀오면 TV를 켜고 누워있곤 했다.

'이러면 안 되겠다' 싶어 대구 NCMN 왕의 재정학교에 입학했다. 과제가 주어졌다. 매일 성경 10장씩 소리 내어 읽고 녹음한 것과 성경 말씀 묵상과 강의 내용 요약을 소그룹 톡방에 올려야 했다.

다른 사람들은 직장도 다니면서 척척 해내는 과제가, 불교에 젖어있던 내게는 여간 어려운 게 아니었지만 재미도 있었다. 과제를 하느라 TV도 안 보고 방에서 5-6시간씩 소리 내어 성경을 읽었다.

남편은 매일 TV 앞에서 쓰러져 있던 내가 입시생처럼 공부하는 모습을 보면서 처음에는 비웃었다. 하지만 꾸준히 하는 걸 보며 점점 신기해했다. 훈련을 통해 매일 바뀌어가는 나를 보면서 뭔가 있는 것 같다며 흥미를 보였다.

왕의 재정학교 아웃리치 기간에 소그룹 조원들이 우리 집을 방문했다.

남편은 그 모습이 보기 좋았는지 어느 날, "여보, 나도 그 왕의 재정학교에 가보고 싶네"라고 했다. 교회에 같이 가자고 하면, "야, 너나 잘다녀. 내 사업 잘되라고 기도나 해라"라고 하던 그가 먼저 왕의 재정학교에 가고 싶다는 말을 한 건 기적이었다.

나는 이때다 싶어 "여보, 왕의 재정학교에 들어가려면 일단 교회부터출석해야 해"라고 하며 뭐든지 새걸 좋아하는 그에게 성경책을 사주었다. 남편은 멋쩍어하면서도 교회에 따라 나오기 시작했다. 또 내가"여보, 왕의 재정학교에 입학하려면 가난한 자를 먼저 섬겨야 해"라고하자 "입학이 뭐가 그리 까다롭냐?"라고 했다.

그러던 남편이 지금은 가난한 자를 섬기는 5K 구제사역에 나와 빨간조끼를 입고 담배꽁초를 줍고, 가난한 자에게 배식을 한다.

오직 왕의 재정학교 입학을 위해 교회에 나가던 남편이 NCMN 3기 광주 왕의 재정학교에 입학하더니 실시간으로 변해갔다. 나보다 말씀에더 집중하고, 재정의 51퍼센트는 하나님나라의 다음세대를 세우는 데헌신했다. 고3이 되는 딸이 히어로 캠프에서 강한 성령의 역사를 경험하는 걸 현장에서 보면서 다음세대를 주께로 돌아오게 하는 일에 헌신하게 되었다.

친정은 아직도 제사를 지낸다. 하지만 반드시 복음을 전할 것이다. 내가 예수님을 만나도록 《왕의 재정》을 출판해준 규장출판사와 홍성건목사님, 김미진 간사님에게 감사드린다. 우리 부부는 하나님나라를확장하는 데 남은 생을 드릴 것이다.

# 부의 이동
# 타이밍을 잡으라

부의 이동을 대비하라

사역을 시작하기 전에 주께서 큰 황금 산을 보여주셨다.

'주님, 이것이 무엇입니까?'

'큰 부의 이동이 있을 것이다. 준비시켜라.'

'어떻게 준비시킵니까?'

'왕의 재정 책을 쓰고, 왕의 재정학교를 개설하고, 왕의 기업을 일으 켜라. 하나님만 주인 되는 기업들을 일으켜라. 큰 부의 이동이 있을 것 이다.'

'왜 부의 이동이 있습니까?'

'남북이 하나 되고 세계를 섬기는 코리아로 준비하라.'

사역 초기에 주께 들은 말씀이었다.

어느 날 강의할 때, 주님이 보여주신 곳에 땅을 사서 주님의 나라를 준비하라고 했더니, 어떤 사람이 땅 투기가 아닌가 질문했다. 투기와 투자는 다르다. 둘 다 이익을 추구한다는 점은 같지만, 투자는 생산활동을 통한 이익 추구이고, 투기는 생산활동 없이 오직 이익을 추구하는 것이다.

성경적 관점으로 설명하면 투기는 '없는 돈을 빚내서 욕심으로 사는 것'이고, 투자는 '여유자금으로 합법적으로 사는 것'을 말한다. 가장 좋은 투자는 하늘은행에 입금하는 것이다.

내가 땅을 사라고 한 건 저렴한 가격일 때 좋은 위치의 땅을 구입하여 교회나 선교단체에 기증하라는 뜻이다. 미리 자리를 확보하여 좋은 위치에 교회가 먼저 세워지길 원했다. 세상이 좋아하는 건물이 들어서기 전에 하나님나라의 확장을 위한 건물이 들어서야 하기 때문이다. 그곳에 하나님의 나라 프로젝트가 시행되어야 한다.

나는 실제로 주께서 보여주신 곳에 아주 저렴하게 땅을 사서 기증했다. 지금은 땅값이 너무 올라서 살 수도 없다. 그런 의미에서 땅을 사라고 한 것이다. 집을 사고팔 때 아주 신중해야 한다. 집값이 올라가서 서민들이 더 어려워질 수 있기 때문이다.

나는 《왕의 재정 2》 집필을 위해 7일간 금식하며 기도원에 올라갔다. 그때 주께서 나라와 열방에 일어날 일들을 보여주셨다.

첫째, 마지막 때에 재정으로 흔들 것이다. 부의 이동이 있을 것이다.

부가 이동될 때 땅과 건물의 주인이 바뀔 것이다.

둘째, 음란한 세대 안에서 거룩한 세대를 일으켜라.

바알과 아세라를 찍어내야 한다.

셋째, 통일을 준비하고 나아가 세계를 섬기는 코리아로 준비하라.

주께서 큰 부의 이동이 있을 것이라고 하셨다. 세계의 부가 한국으로 몰려오는 그림을 보여주셨다. 빚 있는 사람은 빚부터 빨리 갚아야 한다. 주께서 재정으로 흔드실 때 빚 있는 사람과 기업은 뿌리째 흔들릴 것이다. 사업 아이템은 통일 안에서 찾고 계획하라. 주 안에 깨어있어 부의 이동 타이밍을 잡아야 한다.

### 하나님의 사랑이 나를 강권하시는도다

하나님의 사랑이 나를 바꾸어놓았다. 자꾸 내 안에 긍휼한 마음을 넣어주신다. 연약한 자, 병든 자들을 보면 예수님의 사랑이 내 안에서 흘러간다. 그들을 품에 안고 "예수님이 당신을 사랑하십니다"라고 속삭이면 성령께서 그들을 두려움에서 건지시고, 그들을 잡고 있던 병이 떠나는 걸 자주 목격하게 하셨다.

예수님의 사랑이 흘러가는 곳에 포로 된 자들이 자유케 되었다. 어둠이 그분의 사랑에 견디지 못하고 떠나는 걸 보게 하셨다.

연약하고 병든 것의 원인은 '사랑의 결핍'이다. 이는 어둠에게 틈을 주어 두려움을 만들고, 그들을 묶어버린다. 그래서 부모는 자녀에게 사랑한다는 말을 많이, 자주 해야 한다.

"주의 사랑으로 사랑합니다."

이것을 서로 말하라고 하면 "내 안에 주의 사랑이 없어서 못 해요"라고 말하는 사람이 있다. 이는 성경을 몰라서 하는 교만한 말이다.

> 새 계명을 너희에게 주노니 서로 사랑하라 내가 너희를 사랑한 것같이 너희도 서로 사랑하라 너희가 서로 사랑하면 이로써 모든 사람이 너희가 내 제자인 줄 알리라 요 13:34,35

주님은 우리에게 새 계명을 주셨다.

"서로 사랑하라. 내가 너희를 사랑한 것같이 서로 사랑하라."

내 속에 사랑은 없지만, 주의 사랑은 언제나 내 속에 있다. 내가 주의 말씀에 순종하여 손을 내밀어 "주의 사랑으로 사랑합니다"라고 하는 순간, 나를 통해 사랑이 흘러간다. 말씀에 순종하여 믿음으로 반응할 때, 나를 통해 그분의 사랑이 흘러간다.

> 사랑 안에 두려움이 없고 온전한 사랑이 두려움을 내쫓나니 요일 4:18

평강의 왕 그분이 이 세상에 오셨다. 예수 그분은 사랑으로 오셨다.

전에 고통받던 자들에게는 흑암이 없으리로다… 흑암에 행하던 백성이 큰 빛을 보고 사망의 그늘진 땅에 거주하던 자에게 빛이 비치도다… 그들이 무겁게 멘 멍에와 그들의 어깨의 채찍과 그 압제자의 막대기를 주께서 꺾으시되… 한 아기가 우리에게 났고… 그의 이름은 기묘자라, 모사라, 전능하신 하나님이라, 영존하시는 아버지라, 평강의 왕이라 할 것임이라 사 9:1-6

평강의 왕 우리 주 예수께서 오셔서,
- 고통받는 자들에게 흑암을 없애겠다. 고통을 제하겠다.
- 사망의 그늘진 땅에 거주하는 자에게 빛을 비추겠다.
  기쁨, 소망, 생명을 주겠다.
- 무거운 멍에와 압제자의 막대기를 꺾어버리겠다. 자유케 하리라.

예수의 영이 있는 곳에 자유함이 있다. 예수 안에서 자유하라! 그분은 평강의 왕으로 오셨다. 예수! 그분 자체가 사랑이시다!

내가 진실로 진실로 너희에게 이르노니 나를 믿는 자는 내가 하는 일을 그도 할 것이요 또한 그보다 큰 일도 하리니 이는 내가 아버지께로 감이라 너희가 내 이름으로 무엇을 구하든지 내가 행하리니 이는 아버지로 하여금 아들로 말미암아 영광을 받으시게 하려 함이라 내 이름으로 무엇이든지 내게 구하면 내가 행하리라 요 14:12-14

나는 초등학교 때부터 이 말씀이 이해가 되지 않았다.

'정말 믿음만 있으면 내가 예수님이 하신 일을 다 하고, 그보다 큰 일도 한단 말인가?'

그래서 빵을 손에 들고 예수님처럼 기도한 후 친구들에게 떼어 주었지만 언제나 빈손이었다.

1. 예수님은 보리떡 5개와 물고기 2마리로 5,000명을 먹이고 12광주리를 거두셨다.
2. 예수님은 죽어 사흘이나 지나 냄새나는 나사로를 살리셨다.

20년 동안이나 이 말씀은 내게 비밀로 덮여 있었다(그래서 하나님나라는 비밀이라고 하는가 보다).

나는 쫄딱 망한 후 굶는 날이 많았다. 교회 주방에서 설거지를 돕고 남은 밥을 얻어왔다. 한 숟가락 퍼서 먹으려는데 내 신세가 불쌍해서 눈물이 났다. 그리고 나와 같은 신세인 주변의 노숙자들이 떠올랐다. 차마 밥이 넘어가지 않아서 얻어온 밥에 물과 김치를 넣고 죽을 끓여서 그들과 나누기 위해 나갔다.

겨울이라 지하상가 바닥에 박스를 깔고 신문지를 덮고 떨고 있는 이들에게 따뜻한 죽 한 그릇을 나눠주고, 한 여성 노숙자와 같이 나도 먹는데 눈물이 흘렀다.

'딸아, 고맙다. 주변을 보아라. 오늘 너를 통해 오병이어 기적이 일어난 것을….'

이 음성은 지금도 잊을 수 없는 큰 감동이며 새로운 계시였다. 그날 나 혼자 먹을 밥으로 50여 명이 함께 먹었다.

매년 아프리카 선교를 간다. 2018년에는 심장병으로 죽어가는 한 아이를 만났다. "나를 믿는 자는 내가 한 일을 그도 할 것이요", 주님의 말씀이 기억났다. 우리 회사에서 수술할 수 있게 도왔고, 아이는 살았다. 그리고 모슬렘 아이가 기독학교에 입학했다.

예수님의 사랑이 아이에게 전해졌다. 그분이 하신 일을 우리도 한 것이다. 살아난 아이와 그 엄마는 연신 예수님의 사랑에 감사했다. 요한복음 12장 12절의 그 일(예수님이 하신 일)을 위해 하신 12장 13,14절의 "내 이름으로 무엇을 구하든지 내가 행하리니 이는 아버지로 하여금 아들로 말미암아 영광을 받으시게 하려 함이라"라는 말씀이 비로소 이해되었다!

또한 느헤미야서 9장 9,10절의 "이적과 기사를 베푸사… 주께서… 명예를 얻으셨나이다"와 연결되면서 확실히 이해되었다. 우리가 구하는 것의 대부분은 기적이 일어나야 한다. 그러면 하나님의 이름이 명예를 얻고, 아버지는 영광을 받으신다.

주님이 정말 내게 원하시는 삶은, 나눔을 통해 오병이어 기적을 만드는 것이다. 50명이 돈을 모아 빵과 우유를 갖고 거리로 나가면 가난한 자 5,000명이 먹고도 12광주리를 거둘 것이다. 우리는 당장 기적의 주인공이 될 수 있다. 이를 위해 무엇이든지 구하면 주께서 주신다. 하나님 아버지께 영광을 드리기 위해서이다. 예수님이 하신 그 일, 그 기적이 당신을 통해 일어날 것이다! 당신을 기적의 주인공으로 초청한다.

# 70년 만에
# 내가 너희를 돌아오게 하리라

성경에는 한 주기를 70년으로 하는 경우가 있다.

바벨론 포로와 포로 귀환 시기

예레미야는 유다 왕국의 멸망 시기에 활동했다. 그는 유다 왕과 백성들에게 끊임없이 바벨론에게 항복하라고 했다. 하나님이 계속 불순종하는 그의 백성을 심판하기 위해 바벨론 제국을 일으키셨기 때문이다. 아마 이 말을 선포해야 하는 예레미야가 더 괴롭지 않았을까. 그러나 그에게는 큰 소망이 있었다. 바로 하나님의 긍휼하심과 자비로우심이었다.

내 마음이 그것을 기억하고 내가 낙심이 되오나, 이것을 내가 내 마음에 담아두었더니 그것이 오히려 나의 소망이 되었사옴은 여호와의 인자와 긍휼이 무궁하시므로 우리가 진멸되지 아니함이니이다. 이것들이 아침마다 새로우니 주의 성실하심이 크시도소이다. 내 심령에 이르기를, '여호와는 나의 기업이시니 그러므로 내가 그를 바라리라' 하도다

애 3:20-24

하나님은 예레미야에게 선포하라고 명하셨다.

이 모든 땅이 폐허가 되어 놀랄 일이 될 것이며 이 민족들은 칠십 년 동안 바벨론의 왕을 섬기리라 렘 25:11

여호와께서 이와 같이 말씀하시니라 바벨론에서 칠십 년이 차면 내가 너희를 돌보고 나의 선한 말을 너희에게 성취하여 너희를 이곳으로 돌아오게 하리라 렘 29:10

하나님은 자기 백성이 바벨론에서 포로생활하는 기간을 70년으로 한정하셨다. 실제로 이 일은 역사 속에서 일어났다. 유다가 바벨론의 포로로 잡혀가기 시작한 건 BC 606년부터이고 유다가 귀환하기 시작한 시기는 BC 536년으로, 70년 만이다. 예루살렘의 솔로몬 성전이 파괴된 때는 BC 586년이고, BC 516년에 포로 귀환자들이 스룹바벨 성전을 세웠다. 70년 만이다.

다니엘은 제1차 바벨론 포로 시기에 바벨론으로 끌려갔다. 당시 그는 10대 소년이었다. 어느 날 그가 예레미야서를 통해 연수를 깨닫고

주의 말씀의 성취를 위해서 금식 기도에 돌입했다(단 9장 참고).

한편 에스겔은 바벨론 포로생활 중에 예언한 선지자다. 하나님께서는 그를 통해 이스라엘의 회복을 약속하시며 예언 성취의 필수요소로 기도를 말씀하셨다.

주 여호와께서 이같이 말씀하셨느니라 그래도 이스라엘 족속이 이같이 자기들에게 이루어주기를 내게 구하여야 할지라 겔 36:37

## 공산주의의 시작과 멸망

칼 마르크스와 레닌은 성경에서 공산주의 아이디어를 얻었다. 빈부 차이가 없는 사회, 계급이 평등한 사회를 이루고자 했다. 이러한 사회를 기치로 일어난 혁명이 성공했고, 공산주의 사회가 시작되었다. 당시 서구사회는 봉건제도가 무너지고 산업혁명을 맞이하던 때였다.

그러나 경제구조는 조금도 달라지지 않았다. 봉건주의의 영주와 소작농 관계가 산업사회 속에서 고용주와 고용인 관계로 바뀌었을 뿐 근본적인 변화가 없었다. 부의 대부분이 편중되었고, 빈부 차이가 극심한 사회가 형성되었다. 부의 90퍼센트가 10퍼센트에 불과한 고용주의 것이었고, 나머지 10퍼센트를 다수의 90퍼센트 시민들이 나누었다.

이에 분노한 시민들이 1917년 공산주의 혁명을 일으켰고, 1920년에 성공을 거두었다. 이를 볼셰비키 혁명이라고 한다. 볼셰비키 혁명은 기독교 국가인 러시아에서 비롯되었다. 아이로니컬하게도 그들은 성경에서 공산주의 아이디어를 얻었지만, 성경과 하나님과 교회를 완전히 제외해버렸다.

이 혁명가들은 고용주가 아닌 기독교를 겨냥했다. 유럽인들에게 본격적으로 복음이 전파되기 시작한 건 AD 4세기부터였다. 20세기 초에는 유럽 대부분이 기독교 국가가 되었다. 공산주의자들은 이런 극심한 빈부 차이의 원인을 기독교에 두었다. 이들은 오해했으나 기독교 국가를 표방한 나라들은 사실 변명의 여지가 없었다. 실제로 유럽의 기독교 국가들은 많은 영역에서 성경적 기반 위에 세워졌다.

그러나 치명적인 오류를 범했다. 빈부 차를 무시한 것이다. 왕족과 귀족, 교회와 목회자들이 90퍼센트의 부를 차지한 소수 10퍼센트에 속한 사람들이었다.

사도행전에 나타난 초대교회의 모습은 이와 다르다. 교회가 먼저 나누는 모습을 보여주었다. 그리스도인들은 열심히 돈을 벌어 가난하고 궁핍한 사람들을 돌아보며 빈부 차이를 줄여나갔다. 그러나 이러한 성경적 재정원칙은 서구 교회에서 점점 사라졌다. 가장 큰 걸 놓쳤다.

기독교 국가였던 대 러시아 제국은 역사에서 사라지고 거대한 소비에트 연방 공화국(소련)이 탄생했다. 그런데 1987년, 소련 서기장 고르바초프는 공산주의 종말을 선언했다. 세계가 놀랐다. 그는 말했다. "우리는 지난 70년 동안 공산주의를 표방하며 이상적인 세계를 이루려고 열심히 노력했다. 그러나 이제 결론을 내린다. 이 이론은 절대 이루어질 수 없다. 실현 불가능한 이론일 뿐인 휴지 조각과 같다."

1990년에 소련이 역사에서 사라졌고, 세계정세가 급변했다. 거대한 소비에트 연방은 해체되어 순식간에 20개 나라로 독립했다. 사실 서구의 교회들은 공산주의가 무너지기를 오랫동안 기도했다. 그 이유는 공산주의 아래에서 교회는 사라지고, 성경은 불태워지고, 목회자들은 감옥에 들어갔기 때문이다.

그러나 그렇게 기도해도 응답이 없었다. 그래서 공산주의를 "철의 장막"이라 불렀다. 1980년대에는 전 세계의 상당히 많은 국가들이 공산주의화되었다. 하지만 절망의 때에 하나님께서 기도하는 그의 백성들에게 이전에 당신이 하신 일을 기억하게 하셨다. 바로 예레미야가 선포한 '70년'이다. 서구 교회는 이를 붙잡고 기도했고, 응답이 왔고, 성취되었다.

볼셰비키 혁명 1917년
공산주의 종언 1987년

공산주의 종주국 소련 등장 1920년
공산주의 종주국 소련 사망 1990년

하나님은 그의 백성들의 부르짖음을 들으셨다.

## 이제는 우리 차례다

공산주의 이론은 모든 이들에게 환영받았다. 빈부 차가 없는 사회, 계급 차이가 없는 사회! 얼마나 아름다운가? 그러나 왜 실패했는가? 칼 마르크스와 레닌은 이 아이디어를 성경에서 얻었으나 가장 중요한 핵심을 놓쳤다. 비유하면 갓난아이를 목욕시키고 목욕한 물과 함께 어린아이를 버린 것과 같다.

사도행전의 초대교회가 나누는 삶을 살 수 있었던 건 성령의 능력 때문이었다. 이런 사회는 성경 중심, 하나님 중심, 성령 중심일 때 가능하다. 이제 우리는 안다. 하나님의 계획은 이런 사회를 이루는 것이다. 이는 오직 나누는 삶, 베푸는 삶, 선을 행하는 삶을 통해서 가능하다. 가난하고 궁핍한 사람들을 돌아보는 삶에서 가능하다.

그러나 이미 언급했듯이 핵심을 놓쳐서는 안 된다. 바로 하나님 중심, 성경 중심일 때 가능하다는 걸. 그 때문에 NCMN에서는 '5K 운동'을 펼친다. 욕심과 탐욕, 이기심, 이기주의를 버리기 위해서다.

세상은 열심히 돈을 벌어야 한다고 말한다. "돈 벌어 남 주냐?"라고 한다. 한마디로 내가 번 돈은 내 것이다. 내가 돈의 주인이 되어 내 필요를 위해 사용하는 건 당연하다. 그러나 성경은 "돈 벌어 남 주자"라고 말씀한다. 내가 이해한 성경 말씀은 이보다 더 강력하다.

"남 주기 위해 열심히 돈 벌자."

나는 이것을 "가장 정신"이라고 말한다. 각 가정의 가장은 새벽부터 저녁까지 열심히 일한다. 가족의 필요를 채워주고자 하는 사랑의 희생이다. 우리 그리스도인들은 이런 정신으로 살아야 한다.

NCMN에서 운영하는 '왕의 재정학교'는 이를 목적으로 세워졌고, '5K 운동'은 실천사항이다. 기독교 문명개혁운동이다. 거창한 일을 하는 게 아니다. 입을 옷과 먹을 양식이 있다면 누구나 이 운동에 참여할 수 있다. 굉장한 부자가 벌이는 운동이 아니다. 높은 지위에 있어야만 가능한 게 아니다.


대한민국이여, 일어나라!

70년 주기가 성경에서만 일어난 게 아니라 최근 서구사회에도 나타남을 보면서 2012년부터 나는 주 앞에 나아가 간절히 기도하기 시작했다.

"이 주기를 우리나라 대한민국에도 일어나게 해주소서!"

일제의 해방을 맞이한 기쁨도 잠시, 우리나라는 큰 내분으로 둘로 나뉘었다. 1948년은 대한민국 단독정부 수립 곧 남북이 단절된 절대적인 시기다. 나는 2018년은 단절된 시기를 넘어서 서로 깊이 있는 대화를 시작하는 시기가 되기를 기도했다.

그런데 2017년 말에는 오히려 핵전쟁이 날 분위기였다. 하지만 2018년, 대반전이 일어났다. 남북이 핵문제를 두고 본격적으로 대화하기 시작한 것이다. 이제 시작이다. 70년이다.

1950년에 한국전쟁이 일어났다. 우리 민족에게 가장 비극적인 해다. 그때 천만 명 이상이 남하했다. 나는 2020년에 전쟁이 종식되기를 기도한다. 70년이다. 1953년에 휴전이 선포되고 남북은 완전히 단절

되었다. 2023년에 남북이 자유롭게 왕래하길 기도한다. 70년이다.
그러나 한 가지가 필수다.

주 여호와께서 이같이 말씀하셨느니라 그래도 이스라엘 족속이 이같이
자기들에게 이루어주기를 내게 구하여야 할지라 겔 36:37

우리도 다니엘처럼 금식하고 기도하며 주의 얼굴을 간절히 구해야
한다. 이것이 우리의 기도문이다.

내 마음이 그것을 기억하고 내가 낙심이 되오나, 이것을 내가 내 마음에
담아두었더니 그것이 오히려 나의 소망이 되었사옴은, 여호와의 인자와
긍휼이 무궁하시므로 우리가 진멸되지 아니함이니이다. 이것들이 아침
마다 새로우니 주의 성실하심이 크시도소이다. 내 심령에 이르기를, '여
호와는 나의 기업이시니 그러므로 내가 그를 바라리라' 하도다

애 3:20-24

홍성건

## NCMN을 시작할 때 하나님이 보여주신 것

한국 안에 길이 생겼고, 이 길이 대도시, 소도시, 농촌과 산골짜기, 어촌, 섬들을 지나 급속히 뻗어 나가 열방까지 이어졌다. 또한 한국에서 흘러나가기 시작한 물이 길이 난 곳을 채우며 열방으로 세차게 흘러갔다. 물길이 얼마나 센지 물이 닿는 곳에 사는 불교인, 힌두교인, 무슬림이 휩쓸려 들어왔다. 그리고 그 물은 열방을 덮어 버렸고, 입이 큰 물고기 떼가 하늘을 향해 찬양하고 있었다.

이는 물이 바다를 덮음같이
여호와의 영광을 인정하는 것이
세상에 가득함이니라 합 2:14

NCMN은 기독교 문명개혁운동을 주도하는 단체로서 2017년 10월 종교개혁 500주년을 지나며 다시 500년을 준비한다.

○ 왕의 재정 운동

– 왕의 재정학교

　서울 왕의 재정학교 15기(2019년 5월) 수료

　→ 매 기수 학생, 간사 500명 총 7,500명

　광주 왕의 재정학교 3기 수료

　→ 매 기수 학생, 간사 350-400명 총 1,050-1,200명

　대구 왕의 재정학교 3기

　→ 매 기수 학생, 간사 400명 총 1,200명

　호주 시드니 왕의 재정학교 4기

　말레이시아 왕의 재정학교 1기

　캄보디아 왕의 재정학교 3기

　아프리카 케냐 왕의 재정학교 2기

　일본 동경 왕의 재정학교 3기


– 체인저 리더십학교(변화를 주도하는 지도력학교)

　서울 체리스쿨 9기 매 기수 학생, 간사 500명 총 4,500명


– 쉐마말씀학교(2019년)

　서울 쉐마말씀학교 9기 학생, 간사 500명 총 4,500명

　서울 키즈 쉐마말씀학교 3기 학생, 간사 90명 총 270명


○ 세미나

– 하나님 음성 듣는 삶

　서울 6기, 광주 1기 서울, 광주 총 3,400명

- 영적 전쟁 중보기도

  서울 4기, 대전, 대구, 일본, 영국 런던, 호주 시드니 등 총 3,000명


- 성령 축제(성령의 능력으로 사는 삶)

  서울 5기, 광주, 대구, 호주 시드니, 일본 총 3,500명


- 영적 권위(축복과 생명의 통로)

  서울, 광주 총 1,000명


○ 다음세대

- 키즈 왕의 재정학교

  서울 11기 수료, 매 기수 학생, 키즈 간사 70명 총 770명

  광주 2기 수료, 매 기수 학생, 키즈 간사 70명 총 140명

  대구 3기 수료, 매 기수 학생, 키즈 간사 70명 총 210명

  호주 시드니 키즈 왕의 재정학교 1기

  영국 런던 키즈 왕의 재정학교 1기

  말레이시아 키즈 왕의 재정학교 1기

  일본 동경 키즈 왕의 재정학교 1기


- 키즈 체인저 리더십학교

  서울 1기 80명

○ 캠프

– 유스 히어로 300캠프(청소년 영웅 캠프)

　서울 2기 학생 700명(2019년 5월)


– 청년 히어로 300캠프(청년 대학생 영웅 캠프)

　서울 4기 1,200명

　시드니 1기 300명(2019년 12월 예정)


○ 말씀 배가 운동

《말씀 관통 100일 통독》으로 매일 말씀 10장을 읽는 운동이다. 교회와 연합하여 현재 수천 개의 소그룹이 참여하고 있으며 그 수가 배가되고 있다.


○ 10만 중보기도 운동

나라와 열방을 위해 10만 명의 중보기도자를 일으키고 있다.


○ 체리 배가운동

각자가 처한 사회 각 영역에서 변화를 일으키는 지도력을 발휘해 건강한 지도력으로 바로 서기 위한 운동이다.


○ 왕의 기업

– 모든 것의 주인은 오직 하나님

– 하나님이 소유하시는 기업

– 기업 순 이윤의 51퍼센트 남 주기 운동

– 기업 순 이윤의 90퍼센트 남 주기 성부 기업들의 모임

- 경제 영역에 하나님의 성품인 '정직'이 기반되는 운동
- 현재 약 400개 기업이 참여하여 훈련 중

○ 5K 운동

각 교회 5킬로미터 반경, 북한 5킬로미터 반경, 최전방 선교지 5킬로미터 반경에 예수님의 4대 사역(교육, 의료, 구제, 복음 전파) 실천하기. 현재 이 운동은 수많은 교회와 연합하여 국내 300여 개 지역과 해외 수십 개국에서 펼쳐지고 있다.

○ NCMN 비전센터

기독교 문명개혁운동을 펼치는 센터로 강원도 고성에 부지 5만 평을 매입해 현재 건축 중이며, 2020년 3월 입주 예정이다.

- NCER(Nations-Changer)를 배가시켜 국내외 사회 각 영역으로 파송
- 목회자를 위한 재교육
- 신학 교육
- 캠프 운영

○ NCMN 기독학교
- 초등, 중등, 고등 과정

홈페이지 www.ncmn.kr
NCMN 후원계좌 신한 140-012-482733 엔씨엠엔
ARS후원번호 060 707 0500 1통화 1만 원

# 왕의 재정 2

초판 1쇄 발행　2019년 6월 4일
초판 29쇄 발행　2024년 12월 4일

지은이　　　김미진

펴낸이　　　여진구
책임편집　　김아진
편집　　　　이영주 박소영 최현수 구주은 안수경 김도연 정아혜
책임디자인　마영애 노지현 | 조은혜
홍보 · 외서　진효지
마케팅　　　김상순 강성민　　　　　　　　마케팅지원　최영배 정나영
제작　　　　조영석 허병용　　　　　　　　경영지원　　김혜경 김경희

303비전성경암송학교 유니게 과정
이슬비전도학교 / 303비전성경암송학교 / 303비전꿈나무장학회

펴낸곳　　　규장

주소 06770 서울시 서초구 매헌로 16길 20(양재2동) 규장선교센터
전화 02)578-0003　　팩스 02)578-7332
이메일 kyujang0691@gmail.com　　　　홈페이지 www.kyujang.com
페이스북 facebook.com/kyujangbook　　인스타그램 instagram.com/kyujang_com
카카오스토리 story.kakao.com/kyujangbook
등록일 1978.8.14. 제1-22

ⓒ 저자와의 협약 아래 인지는 생략되었습니다.
이 출판물은 저작권법에 의해 보호를 받는 저작물이므로 무단 전재와 무단 복제를 할 수 없습니다.

책값　뒤표지에 있습니다.
ISBN 978-89-6097-587-3 03230

## 규 | 장 | 수 | 칙

1. 기도로 기획하고 기도로 제작한다.
2. 오직 그리스도의 성품을 사모하는 독자가 원하고 필요로 하는 책만을 출판한다.
3. 한 활자 한 문장에 온 정성을 쏟는다.
4. 성실과 정확을 생명으로 삼고 일한다.
5. 긍정적이며 적극적인 신앙과 신행일치에의 안내자의 사명을 다한다.
6. 충고와 조언을 항상 감사로 경청한다.
7. 지상목표는 문서선교에 있다.

하나님을 사랑하는 자 곧 그의 뜻대로 부르심을 입은 자들에게는 모든 것이 合力하여 善을 이루느니라(롬 8:28)

규장은 문서를 통해 복음전파와 신앙교육에 주력하는 국제적 출판사들의
협의체인 복음주의출판협회(E.C.P.A:Evangelical Christian Publishers
Association)의 출판정신에 동참하는 회원(Associate Member)입니다.